ढोल और अपने पार

ढोल और अपने पार

राजेन्द्र यादव

राधाकृष्ण प्रकाशन

ISBN : 978-81-7119-651-7

ढोल और अपने पार

पहला संस्करण : 1986
पहला राधाकृष्ण संस्करण : 2004
तीसरा संस्करण : 2024

मूल्य : ₹895

प्रकाशक
राधाकृष्ण प्रकाशन प्राइवेट लिमिटेड
जी-17, जगतपुरी, दिल्ली-110 051
शाखाएँ : अशोक राजपथ, साइंस कॉलेज के सामने, पटना-800 006
पहली मंजिल, दरबारी बिल्डिंग, महात्मा गांधी मार्ग, प्रयागराज-211 001
1, अनमोल सोराबजी संतुक लेन, धोबी तलाव, मरीन लाइंस, मुम्बई-400 002

वेबसाइट : www.radhakrishnaprakashan.com
ई-मेल : info@radhakrishnaprakashan.com

मुद्रक
बी.के. ऑफसेट
नवीन शाहदरा, दिल्ली-110 032

DHOL AUR APNE PAAR
Stories by Rajendra Yadav

गिरिराज किशोर के लिए

ढोल और अपने पार

पुस्तक, ज़ाहिर है, दो संग्रहों को एक साथ प्रस्तुत करती है—बाक़ी संग्रहों को एकरूपता देने की योजना के तहत।

'अपने पार' की कहानियाँ '66-'67 के दौरान लिखी गई। वे ज़्यादा यथार्थवादी और कहीं-कहीं आत्मकथात्मक-सी हैं। ठीक इनके विपरीत हैं 'ढोल' संग्रह की कहानियाँ—स्वप्न-कथाओं, रूपकों और परी-कथाओं जैसी—मगर अपने तथ्य में उतनी ही वास्तविक। पता नहीं, इन प्रयोगों के पीछे—दिखाई देते यथार्थ को वेधकर पार जाने की आकांक्षा थी; सिर्फ़ शिल्प-प्रयोग का आग्रह था या अपने 'अज्ञातवास' में जाने की प्रक्रिया थी। बहरहाल, ये अपने रूपगत विलोम के कारण ही एक जगह हैं—शायद विविधता की दृष्टि से भी।

नया संग्रह 'वहाँ तक पहुँचने की दौड़' तैयारी में है—इसी वर्ष प्रकाशित होगा।

—राजेन्द्र यादव

क्रम

अपने पार

ढोल

अपने पार

कहानियाँ, जो शायद मैं न लिखूँ

"बिजॉन का सम्बन्ध अपनी चचेरी बहन से हो गया और दोनों भागकर एक छोटे-से क़स्बे में चले गए। वहीं पति-पत्नी की तरह रहने लगे।" समरसोम ने अपनी रौ में कहानी जारी रखी—"धीरे-धीरे लड़का बीमार रहने लगा। उसे शक हुआ कि कहीं टी.बी. तो नहीं हो रही। इस बीमारी का शक उसे बहुत दिनों से था। वहाँ के डॉक्टर से जँचवाया, शहर जाकर अपनी परीक्षा कराई, एक्स-रे लिया। कहीं कुछ भी नहीं था; लेकिन लड़का सूखता जा रहा था और अक्सर बीमार रहता था। समझ में नहीं आता था कि उसे हुआ क्या है? नाउ, कैन यू इमेजिन, उसे क्या बीमारी थी?" समर ने सिगरेट का कश लगाकर अपनी आकर्षक विजय-मुस्कान से मुझे देखा। मैंने इनकार में सिर हिला दिया तो कुछ देर रुककर एक गहरा कश और लिया, एश-ट्रे में सिगरेट ठूँसी, कॉफ़ी का एक सिप लिया, बचा हुआ धुआँ निकाला और तृप्तभाव से कुछ देर का अन्तराल देकर रहस्य खोला—"उसे कोई बीमारी नहीं थी। बिजॉन को कुछ नहीं हुआ था। अपनी सगी चचेरी बहन से शरीर-सम्बन्ध रखने की पाप-भावना थी जो धीरे-धीरे उसे खा रही थी। बुद्धि से उसने मनौती को प्रेयसी और पत्नी स्वीकार कर लिया, लेकिन उसके भीतर का हिन्दू-संस्कार...मुसलमान होता तो कोई बात नहीं थी।"

एक कहानी...मेरे भीतर के रडार पर जैसे एक बिन्दु चमक उठा....कोई बाहरी जहाज़ अपने रेंज में आ गया है। मैं मन-ही-मन बेचैन हो उठा, यह तो बहुत ही ख़ूबसूरत और शक्तिशाली कहानी है। अनायास ही पूछ लिया, "कौन लिख रहा है इस कहानी को?"

"कोई नहीं। मुझे मिहिर आचार्य ने एक घटना बताई थी और मैं इस पर एक कहानी सोच रहा हूँ।" प्रकट निर्लिप्तता से समर ने जवाब दिया। आँख मेरे ऊपर पड़ते प्रभाव पर थी। लेकिन मेरे सामने समर नहीं थे।

समर को बातें करने की आदत है। अक्सर लगातार बोलते हैं, कभी-कभी शायद उन्हें ख़ुद नहीं पता होता कि क्या बोलते हैं। अपना सारा पढ़ा, देखा, सुना-सोचा बोलते रहते हैं। सम्पादकों के पास क़िस्सों की क्या कमी! अगर कोई

काम सिर पर न हो तो मुझे उनकी बातों से अधिक हर पल यह सोचते रहना अच्छा लगता है कि आगे ये क्या बताएँगे? जैसे ही एक क़िस्सा अन्त की ओर आने लगता कि मेरी उत्सुकता बढ़ जाती, यह बात तो ख़त्म हो रही है, अगली अब क्या होगी? आसाम के जंगलों में अपने छिपकर भागने से लेकर, हेमिंग्वे के नायकों की तरह इलाहाबाद से विन्ध्याचल तक बरसते पानी में शराब पीते हुए कार-यात्रा के अनेक क़िस्से हैं। लेकिन उस दिन उनकी इस कहानी से मैं अजब-सी बेचैनी महसूस करता रहा...

फिर जब ठंडे दिमाग़ से सोचा तो पाया कि कहानी 'आइडियावादी' है—कम-से-कम मुझ तक जो छनकर आया है वह आइडिया ही है। अगर इसी तरह का मेरा भी कोई 'अपना अनुभव' हो तो थोड़े-बहुत हेर-फेर के साथ मैं इसे अपना बना सकता हूँ, तब शायद यह आइडिया स्वयं ही मेरी अनुभूति में ढलकर अपने को कहानी के रूप में विकसित कर सकता है, लेकिन इस समय तो इसका एक प्रारम्भ और बाक़ायदा एक परिणति है जो एक निश्चित निष्कर्ष की ओर संकेत करती है। आइडिया—यानी प्रारम्भ, परिणति और निष्कर्ष वाली इन कहानियों ने ज़िन्दगी को इतना सिम्प्लीफाई—सपाट—कर दिया है कि उनमें विकास के अनगढ़ रेशे और ख़म ख़त्म ही हो गए हैं। सारी चीज़ इतनी जनरलाइन्ड होकर घिस गई है कि इनमें व्यक्तिगत अनुभव की गरम ताज़गी और प्रामाणिकता का वातावरण देने के नाम पर कुछ घिसे-पिटे मुहावरे और वर्णन ही दिये जा सकते हैं। धूप और परछाइयों के 'वास्तविक और सच्चे' विवरण यहाँ-वहाँ बैठाकर सारी चीज़ को 'असली' बनाया जा सकता है; लेकिन दुनिया भर के कहानीकारों ने जो ज़िन्दगी की हर स्थिति को कुछ विचित्र षड्यंत्र के साथ आइडियाओं में निचोड़ लिया है, उस सबसे कैसे बचा जा सकता है? हर 'आइडिया' पर कहीं-न-कहीं कोई-न-कोई कहानी लिख चुका है। हो सकता है कि समर ने कहीं कहानी पढ़ ली हो, या जिससे सुनी हो उसे ख़ुद ही याद न हो कि इसका स्रोत कहाँ है? इस तरह के सुने-सुनाए आइडिया पर मैं अगर कहानी लिखने की कोशिश भी करूँ तो समरसैट मॉम के 'बुक-बैग' जैसी घटनाओं-दुर्घटनाओं-भरी बाजीगरी ही तैयार होगी...

मैंने तय कर लिया कि मैं इस कहानी को नहीं लिखूँगा।

यही नहीं, कमल की उस कहानी को भी नहीं लिखूँगा जो उसने बहुत विश्वास में लेकर मुझे बताई थी...कि कैसे जब वह उन्नीस साल की थी तो उसका एक पड़ोसी लड़के से प्यार हो गया था, कैसे वे लोग किताबों में चिट्ठियाँ दिया-लिया करते थे, किस प्रकार पहली बार वे छत पर मिले थे और जब दूसरी-तीसरी बार में ही पकड़ लिये गए, मार पड़ी और प्रतिबन्ध लगे तो कैसे कमल कँटीदार तार फलाँगकर उसके कमरे की खिड़की के नीचे पहुँच जाती थी, फिर दोनों लॉन की अँधेरी बेंच पर बैठे-बैठे भविष्य की योजनाएँ बनाया करते थे। आज वह पच्चीस की

है और बाक़ायदा नौकरी करती है; लेकिन उस प्यार को मन से निकाल नहीं पाती। उसे आज भी विश्वास है कि किसी दिन 'वह' ज़रूर आएगा। कमल ने लगातार पत्रों में अपने इस प्यार के महीन, नाजुक और ख़ूबसूरत डिटेल्स भेजे थे और उन सारी भावनाओं को कन्फ़ैस किया था जो किसी भी लड़की की अपनी व्यक्तिगत और गोपनीय भावनाएँ हो सकती हैं। कमल का आग्रह था कि मैं इस पर कोई बहुत ही ट्रैजिक-सी कहानी लिखूँ लिख सकता हूँ, क्योंकि उसने मेरी अमुक-अमुक कहानियाँ पढ़ी हैं। नाम भले ही बदल दूँ, लेकिन चाहूँ तो शहर और मुहल्ला, या मिलने की जगहें ज्यों-की-त्यों रख सकता हूँ...हो सकता है कि कभी 'वह' पढ़ ले और उसे ख़याल हो आए कि कहीं कोई है जो उसके प्यार को छाती से लगाए अभी भी उसकी राह देख रही है...

परोपकार...कहानी की सारी भावुकता के बावजूद मोह हुआ था...इस कहानी पर कोशिश कर देखने में क्या हर्ज़ है? हो सकता है, प्रयत्न सफल ही हो जाए। मुझे एक कहानी मिले और कमल को खोई हुई ज़िन्दगी...कला का इससे बड़ा सामाजिक लक्ष्य और क्या होगा कि माँ को अपना बिछुड़ा हुआ बेटा मिल जाए, प्रेमी को प्रेमिका...? लेकिन फिर सवाल उठने लगे कि जिस लड़की का चेहरा मैंने नहीं देखा, जिस प्रेमी की परिस्थिति-प्रकृति का मुझे अन्दाज़ा नहीं है, उस पर कहानी कैसे लिखूँगा? जगहें तो ख़ुद जाकर देख सकता हूँ। कमल से मिल भी लूँ, लेकिन उस छह साल पहले वाली कमल से कहाँ मिलूँगा? हो सकता है, वह रूप और मन से सुन्दरता-असुन्दरता की ओर बहुत ही बदल गई हो और उसके भीतर से उन्नीस साल की किशोरी को खोज निकालना आसान न हो...फिर कहानी लिखते समय, सोचते समय, किस लड़की और लड़के की तसवीर मेरे मन में आएगी? जो भी कुछ कल्पना में आएगा वह 'एक लड़की और एक लड़का' आएँगे, कमल और उसका प्रेमी उसमें कहाँ होंगे? या तो वे मेरे प्रतिरूप होंगे या फिर 'वे उस उम्र के सारे प्रेमी-प्रेमिका' होंगे, सोचकर मैं कला की सार्वभौमिकता के तर्क से अपने को बहका लूँगा। अपने प्रतिरूप वाले लड़के-लड़की को लेकर, मेरे मन में और भी कोई ज़्यादा सशक्त कहानी हो सकती है। उसे यहाँ क्यों ज़ाया किया जाए? उधर वह 'अनदेखी, अनभोगी' सार्वभौमिकता क्या हवाईपने का दूसरा नाम नहीं हो जाएगी? जब कोई शैडो-प्ले लिखूँगा तो इस कहानी का भी ख़याल कर लूँगा। चाँद के धब्बों या सँझाते आसमान में बादलों के टुकड़ों को हर कोई अपने मन की आकृति में छाँट लेता है, वह उनकी सार्वभौमिकता है? अगर है, तो कोरा काग़ज़ सबसे अधिक सार्वभौमिक है, जो मन हो सो लिख-पढ़ लो...

मान लिया, कि अमृता प्रीतम और शिवानी ही इस कमल का उद्धार कर सकती हैं, मेरे वश का नहीं है। इतने आँसू और दर्द मैं कहाँ से लाऊँगा? भीतर कहीं भय

भी लगा अपने आप से : क्या हर कहानीकार के भीतर कोई शेर जैसा हिंस्त्र भी है जो सिर्फ़ अपना मारा हुआ शिकार ही खाता है? या कम-से-कम विश्वास कर लेना चाहता है कि शिकार उसी ने मारा हैं? दूसरों का मारा, या स्वयं मरा उसके लिए बेकार है? लेखक की मानवीय संवेदना...आँसू और दर्द...?

'मेरे आँसू और दर्द तुम्हारे लिए सिर्फ़ एक कहानी हैं न?' किसी ने कभी मुझे लिखा था—'मेरे दुर्भाग्य और यातना के स्तर तुम्हें केवल कहानी के लिए मसाला भर देते हैं न? मेरे चारों ओर छाई अन्धकार, निराशा और अवसाद की मेरी नियति सिर्फ़ किसी कथानक का सजीव वातावरण बनाते हैं? तुम्हें छूता कहीं कुछ भी नहीं है? नहीं...नहीं, मैं तुम्हारी और अपनी ज़िन्दगी में केवल एक कहानी देने नहीं आई। मैं तुम्हारे उन पाठक-पाठिकाओं की सूची का एक नाम नहीं बनना चाहती जो चित्रकार को एक अमर चित्र, कवि को एक कविता या तुम्हें एक कहानी देकर अपने अस्तित्व को सार्थक मान लें। बस, एक प्रार्थना है, मेरे ऊपर कभी कुछ लिखकर मुझे अपने और दूसरों के सामने हल्का, व्यर्थ और अन-हुआ मत बनाना...'

और ईमानदार दर्द से भरी यह आवाज़ मेरी कोंचती आत्मा का प्रतीक बन गई थी, आत्मभर्त्सना का वह टीसता अहसास बनकर मुझे उद्वेलित रखने लगी थी... जो इतना पवित्र, निष्ठावान है, इतना आत्मीय और निकट व्यक्तिगत है उसके साथ 'छल' नहीं करूँगा। दर्जी अच्छे-से-अच्छे और क़ीमती-से-क़ीमती कपड़े को जिस निस्संगता के साथ अपनी ज़रूरत के मुताबिक काट लेता है वही कुछ लेखक को भी करना पड़ता है...वरना कपड़ा और तैयार वस्त्र, दोनों बेकार हो जाएँगे, मगर जो कपड़े की जगह अपनी खाल ही दे गया है उस पर कैंची चलाते हुए मेरा हाथ काँपता है जो सिर्फ़ मेरा अपना है, उसे सबका बनाते हुए अपना ओछापन लगता है; मन होता है, इस कपड़े को तो केवल गैरिक-अंशुक में लपेटकर किसी निहायत अपने कोने में अगरबत्तियों और धूप की गन्ध के नीचे ही रखा जा सकता है...नहीं, सबको वहाँ जूते पहनकर आने की इजाज़त नहीं है, वह मेरी अन्तर्यात्रा का एक गुमनाम-सा सम्बल है...जब कभी...

जब कभी भी मैं कुछ लिखने बैठता हूँ, मेरे सामने कलकत्ता के शुरू के दिनों की एक नौकरानी आ जाती है। उसका पति आइसक्रीम बेचता था और वह सारे दिन बिल्डिंग में काम करती थी। बीच में सिन्धी थे, सबसे ऊपर मकान-मालिक और हम। सबसे नीचे एक पंजाबी परिवार। '54-'55 की बात है। उस पूरी बिल्डिंग और विशेष रूप से उस नौकरानी को लेकर पूरी एक कहानी मेरे सामने साफ़ है और मेरे सामने यह भी साफ़ है कि मैं उस कहानी को ज़रूर लिखूँगा। अनेक बार कोशिश भी की है, हर बार आठ-दस पन्ने से आगे नहीं चली, लगा कि वे सारे अनुभव एक उपन्यास का विस्तार माँगते हैं। उपन्यास भी तीस-पैंतीस पन्ने चला

और रुक गया...आज भी मैं नहीं चाहता कि उसे यों ही छोड़ दूँ। अक्सर दो साल पहले तक ऐसा मेरे साथ कम ही हुआ है कि कोई चीज़ अधूरी लिखकर छोड़ दी हो...या तो प्रारम्भ ही नहीं किया कुछ, और एक बार जब काग़ज़ पर अपने को कमिट कर लिया है तो प्रायः वह चीज़ पूरी ही हो गई है। (वही लेखन का अन्तिम रूप भी होता है। बाद में तो प्रतिलिपियाँ निकाली जाती हैं।) इसलिए हर नई या पुरानी चीज़ लिखते या पढ़ते समय आज तक ध्यान आता है कि वह कहानी अधूरी है, उसे पूरा करना है, और इस समानान्तर चिन्ता के साथ-साथ कहानी-दर-कहानी पूरी होती जाती रही है। एक बार भैरव जी और एक बार पित्ती जी को बाक़ायदा सूचना भेज चुका हूँ कि विशेषांक के लिए आनेवाली कहानी का शीर्षक है—'नौकरानी'। मगर वह न भेजकर दूसरी चीज़ भेज दी है। लगता है, उसमें मन को अटकाए रखकर दूसरा सब कुछ लिखते चले जाना मेरा मानसिक अभ्यास बन गया है, कि हर चीज़ के साथ उस पर भी सोचना मेरी एक लेखन-प्रक्रिया का ऐसा अंग है कि बिना उसके मेरी कोई नई रचना पूरी ही नहीं होती। कभी-कभी इन दिनों तो डर भी लगने लगा है कि मान लो किसी उत्साह या दबाव में मैं उस कहानी को पूरा कर डालूँ तो फिर क़लम उठाते समय किस पर सोचूँगा? कहीं ऐसा तो नहीं होगा कि फिर कोई नई चीज़ लिखने के लिए 'आधार' ही न मिले। 'जहाँ लक्ष्मी क़ैद है' से लेकर आज तक जो बराबर मेरे मन को अटकाए रहा है, वही अब लिखने की शर्त न बन गया हो...बहुत लोगों के लिए कोई खिड़की, कुछ फूल, कोई विशेष स्थान, मुद्रा, लेखन की शर्त बन जाते हैं...मेरे लिए वहीं कहानी ऐसा कुछ रूप तो नहीं रखती...

लेकिन उस तरह की शर्त में यही अकेली कहानी नहीं है, और भी बहुत कुछ है, और भी बहुत लोग रहे हैं, 'खेल-खिलौने' से लेकर आज तक, बहुत-सी जगहें, बहुत-से अनुभव जो या तो इस तरह जाकर गुज़र गए हैं कि मुझे उनकी याद ही नहीं है, या इस तरह याद रहते हैं और इतने अपने हैं कि उनसे मिलते डर लगता है, किसी रचना को पूरा कर लेने के बाद की निरर्थकता, उस अनुभव से टूटकर अलग और उदासीन हो जाने की आशंकित अनुभूति जैसा त्रास...नहीं, उन कहानियों को पूरा करके उनसे मुक्त हो जाने, उनसे अपरिचित हो जाने की स्थिति को मैं बर्दाश्त नहीं कर पाऊँगा...मुझे और मेरे अस्तित्व को उन अधूरी कहानियों का साथ चाहिए...वे किसी निश्चित परिणति तक न पहुँचें, अन्तिम साँसों तक साथ रहें, केवल मेरी ही धरोहर बनकर...और उनके होने की स्मृति मुझे लगातार कोंचती आगे ले जाती रहे...

यही अभ्यास मुझे कभी दीदी के पत्रों को लेकर हो गया था। पत्रों में ऐसा विशेष कुछ भी नहीं होता था लेकिन किसी ने मुझे इतना विश्वास दिया है और मेरे लिए कहीं इतना कनसर्न है यही भ्रम अस्तित्व के सन्तोष के लिए पर्याप्त था...

मगर सन्तोष ही काश, पर्याप्त होता....जब आवै सन्तोष धन, सब धन धूरि समान...

'घोड़ा घास-दाने से यारी करेगा तो खाएगा क्या?' इस ग्रामीण कहावत से बल लेकर जब मैं...परिवार को देखता हूँ, उनके सम्पर्कों को तौलता हूँ तो कोई मेरा हाथ पकड़ लेता है—एक ऐसा मेधावी व्यक्ति, जिसने बहुत बड़े सपनों, महत्त्वाकांक्षाओं और शायद सामर्थ्य के साथ ज़िन्दगी शुरू की थी, क्रमशः घर-परिवार की ज़िम्मेदारियों के प्रति ईमानदारी में एक पुर्जा-भर रह गया है, अभी भी दुनिया भर की ग़लत-सही योजनाओं, नौकरी छोड़ने की—समय-समय—आकांक्षाओं में ही उस एनर्जी को सही साबित कर लेता है। लेकिन बढ़ती उम्र, थकान और कर्तव्यनिष्ठता के बढ़ते आयामों में वह यह भी जानता है कि अब कुछ भी होना सम्भव नहीं है, कुछ भी नहीं होगा। शायद अपने आप में यह एक अच्छा कथानक है, उस पर मुझे ज़रूर कुछ लिखना चाहिए—इस प्रेरणा से जब-जब मैंने क़लम उठाई है, कोई मेरा हाथ पकड़ लेता है। नहीं, जो आज तक किसी का व्यक्तिगत दुःख है, उसे अपने भीतर की गहराइयों में दफ़नाकर वह भूल जाना चाहता है, उसे भरे बाज़ार में सबके साथ खोलना, उसका मज़ाक़ उड़ाना है, भीड़ के बीच खड़ा करके अपराधी सिद्ध करना है और वह में नहीं करूँगा। कम-से-कम अपनी मैत्री और उस परिवार से मिली सद्भावना के कारण नहीं कर पाऊँगा। उस व्यक्ति की इस चेतावनी के बावजूद कि 'कमबख़्त, एक घर तो डाकिन भी छोड़ती है...' मैं शायद उस घर को भी नहीं छोड़ता; लेकिन लेखक को क़ाज़ी का पद देकर फ़तवे बुलवाना मुझे अपनी स्थिति का दुरुपयोग लगता है। लिखना सब कुछ हो सकता है, लेकिन आत्मीयों को शत्रुओं में बदलने का सचेत तरीक़ा नहीं...'एक इंच मुस्कान' में तो ऐसा कुछ भी नहीं था, फिर भी...

मगर जिन्होंने मन-ही-मन अपना व्यक्तिगत शत्रु माना है, उन्होंने मेरे सामने एक और संकट उपस्थित कर दिया है...यह स्वनामधन्य जिन्होंने आज से पन्द्रह साल पहले मुझे एक ढाई सौ की नौकरी के उपयुक्त नहीं समझा था, वे सज्जन जो बाक़ायदा सदल-बल मारने आए थे, वह अशिक्षित व्यक्ति जिसे मैंने लेखक मानने से इनकार कर दिया था और बाद में जिसने अपनी ज़िन्दगी का लक्ष्य ही मेरे विषय में अश्लीलतम और बीभत्स बातें लिखना बना लिया था, वह 'मेधावी' जो देशी-विदेशी लेखकों से चुराई चीज़ों के द्वारा ही हिन्दीवालों पर अपनी प्रतिभा का सिक्का जमाने में ख़ून-पसीना एक किये हुए था, लेकिन हर चोरी की चीज़ का रंग-रोगन छुड़ाकर अपना मार्का देते हुए जिसे न जाने क्यों मेरा ख़याल आ जाता है, क्योंकि उसकी किसी ब्लैकमेलिंग के सामने मैं नहीं झुका...ये, और भी न जाने कितने ऐसे हैं जो मेरे लिखने के लिए कठिनतम परीक्षा के क्षण रहे हैं, बार-बार उन्हें 'खींचने' की दुर्दमनीय प्रतिहिंसा मन में जागी है, बार-बार मन में आया है

कि ज़रा और भी तो देखें कि ये वस्तुत: हैं क्या...पर तभी एक अंकुश आ गया है, हो सकता है वे ऐसे न हों और व्यक्तिगत सन्दर्भ में ही मैंने उन्हें ऐसा पाया हो... लिखना क्या अपना निजी बदला लेने और देने का हथियार है? दोस्त अगर मुझे शराब पीने को पैसे नहीं देता तो दाँत पीसकर मन-ही-मन कहना—'साले आज ही कहानी में तेरा पर्दाफ़ाश करूँगा...वो जूते लगाऊँगा कि नानी याद आ जाएगी...' आपका प्रस्ताव जो लड़की ठुकरा दे उसे चरित्रहीन और बाज़ारू कहते फिरना अपनी ही पुरुषत्वहीन कुंठा का ढिंढोरा पीटना नहीं है? या जो कुछ साक्षात् नहीं कर पाया उसका काल्पनिक मुर्दा जलाकर भीतर के अन्धविश्वास को सहलाना ही तो यह नहीं है कि 'उसे तो मैंने मार दिया...' लेखन को व्यक्तिगत कमज़ोरियों के हवाले कर देने के सिवाय और क्या है यह? या कला की गरिमा को ब्लैकमेलिंग के कोठे पर बैठा देना...प्राकृत जन के गुणगान न करने जैसी कोई भ्रान्ति न भी हो, तो भी व्यक्ति पर तभी शायद लिख सकूँगा जब अपने से हटकर यह मान लूँ कि वह किसी 'प्रवृत्ति की अभिव्यक्ति' है—एक ऐसी बात है जो मेरी ही नहीं, सभी की है। अपनी व्यक्तिगत सीमाओं और कमज़ोरियों से हट पाने के लिए मैंने लेखन को लिया है, उसे अपना शौचालय बना डालने के लिए नहीं...मन्दिर भी नहीं, बस कहीं इन दोनों के बीच की जगह...अगर ऐसा न होता तो अब तक 'ग्लैडियेटर्स' वाली कहानी लिख डालता...

यों मुहावरों में ही बोलूँ तो किसका गरेबान नहीं फटा...किसकी आलमारी में कंकाल नहीं रखे...और किस पुरुष में हर ख़ूबसूरत लड़की के साथ सोनेवाला गुहा-मानव नहीं बैठा? लेकिन वह सब कहीं लिखा जाता है? अपने गन्दे लिनिन चौराहे पर धोने में क्या लाभ?...आख़िर लेखक की एक सामाजिक प्रतिष्ठा है, उसके नाते-रिश्तेदार हैं, हर नायिका के चित्रण पर आँखें तरेरती पत्नी है...सभी कुछ लिखेगा तो लोग क्या कहेंगे? बेटे-बेटी किसके आगे मुँह दिखाएँगे? कौन उसे अपने घर बुलाकर चाय पिलाएगा? हम मध्यवर्गीय संस्कारों और सामन्ती नैतिकता के शिकार, रूसो की आत्म-स्वीकृतियों जैसा साहस कहाँ से लाएँगे? और जो आज ऐसा कर रहे हैं, उनकी मिर्गी के दौरे जैसी चेहरे की विकृति को कौन अपना कहना चाहेगा?

और इस तरह के लेख भी शायद अब न लिखूँ जिनमें वह सब कुछ कारण-सहित बताया जाता हो, जो नहीं लिखना है...इससे अच्छा क्या ख़ुद उन पर लिख डालना नहीं है?

लेकिन यह सब कोई सामाजिक प्रतिज्ञा नहीं, केवल एक सवाक्-चिन्तन है। सचमुच मैं अपने आपको और किसी को भी यह आश्वासन नहीं दे सकता है कि इनमें से किसी का लेखन में उपयोग नहीं होगा। आख़िर आल्डस हक्सले नाम के उस लेखक ने बहुत सोच-समझकर ही तो 'गॉडेस एंड द जीनियस' उपन्यास में

लिखा है कि 'मैं विश्वास करके अपनी बेटी को किसी कैसेनोवा के हाथों सौंप सकता है, मगर अपने भेद किसी उपन्यासकार के हाथों नहीं पड़ने दूँगा...'

मैं, जो हर पल अपने भेद अपने लेखक के हाथों सौंपता रहता हूँ, कैसे निश्चिन्त होकर सो सकता हूँ...?

—राजेन्द्र यादव

अपने पार...

पापा नहीं हैं। यहाँ नहीं हैं। सिर्फ़ मम्मी हैं। उनकी बहुत-सी सहेलियाँ हैं। उनसे मैं बहुत जल्दी बोर हो जाता हूँ। कुछ देर में ही वे अपनी और अपने बच्चों की बातें करने लगती हैं। लेकिन बाहर खेलने जाता हूँ तो वहाँ सिर्फ़ लड़के होते हैं, या आदमी। लड़के बहुत शैतान हैं। मारते हैं, कपड़े फाड़ देते हैं, मेरी चीज़ें छीन लेते हैं। उनकी बातें भी बहुत गन्दी होती हैं। वे मुझे अपने साथ नहीं खिलाते। आदमी बहुत जल्दी मुझे भूल जाते हैं। मेरी तरफ़ ध्यान नहीं देते। कहते हैं, मैं इतना बड़ा होकर भी गोदी के बच्चों जैसी बातें और हरकतें करता हूँ। तुतलाता हूँ। लड़कियाँ शैतान लड़कों के साथ ही क्यों खेलती हैं? मैं घर आ जाता हूँ। मम्मी से, नौकरानी से लड़ता हूँ, ज़िद करता और ठुनकता हूँ। मम्मी की साड़ी पकड़े-पकड़े इधर-से-उधर घूमता हूँ। उससे चिपककर सोता हूँ। मम्मी से मुझे नफ़रत है। मैं उसे मुक्के मारता हूँ।

साल-दो साल में हम लोग पापा से मिलने जाते हैं। अक्सर मेरी बर्थ-डे तभी होती है। पापा ख़ूब प्यार करते हैं। आइसक्रीम खिलाते हैं, कपड़े-खिलौने दिलाते हैं। हर बार उनके साथ एक औरत होती है। पापा मुझसे कहते हैं, 'ये तुम्हारी मम्मी हैं।' मेरी मम्मी वैसे तो गुमसुम बैठी रहती है, लेकिन जब पापा मुझसे ये बात कहते हैं तो दूसरी तरफ़ देखने लगती है। गले की ज़ंजीर को निकालकर दाँतों से पकड़ लेती है। मेरा मन होता है, मैं उसका कन्धा पकड़कर पूछूँ, 'तुम मेरे लिए एक पापा नहीं ला सकतीं? मुझे तुम्हारे गले में हाथ डालनेवाले अंकल नहीं, पापा चाहिए...' मगर मैं कुछ भी नहीं बोलता। 'नई मम्मी' को देख लेता हूँ। वह मुझे बड़े प्यार से सटाकर आइसक्रीम खिलाती है। मेरा मन करता है, छूटकर अपनी मम्मी के पास चला जाऊँ।

वापस आकर मैं पाँव पटकता हूँ, गिलास फोड़ता हूँ, बाल नोचता हूँ। मम्मी कहती है, 'बिलकुल अपने पापा की तरह कर रहा है।' फिर वह रोने लगती है। पलंग पर लेटकर। उसे रोते देखकर मैं भी रोने लगता हूँ। उसे चूमता हूँ, उससे लिपटता हूँ। उसकी छातियों पर लदकर, उसके पल्ले से आँखें पोंछता

हूँ। मम्मी मुझे अजीब-अजीब आँखों से देखती रहती है। लगता है, वह मुझे पहचानती नहीं है। ध्यान से देखकर कुछ याद करने की कोशिश कर रही है। पता नहीं, मम्मी को देखते देखकर मुझे क्या हो जाता है! लगने लगता है जैसे मैं, मैं नहीं, पापा हूँ...

फिर हम दोनों चिपककर सो जाते हैं...

मेहमान

वे आएँगे, इस बात का तनाव मेरे ऊपर सुबह से सवार था।

लेकिन जब वे आ गए तो यह भी पता नहीं चल सका कि किसी सवारी से आए हैं या पैदल। दरवाज़े पर बहुत ही हल्के-से ठक्-ठक् हुई। मुझे उनका इन्तज़ार था इसलिए फ़ौरन समझ गया कि वे ही हैं। लगा जैसे नीचे एक बहुत लम्बी गाड़ी आ खड़ी हुई है और वे उससे उतरकर ऊपर चले आए हैं। मैंने अपने हिसाब से घर काफ़ी सँवार दिया था। लेकिन जब ठक्-ठक् हुई तो घबराकर चौंक उठा, साथ ही मुझे लगा कि आवाज़ में ही ऐसा कुछ महान और शालीन है कि उनके सिवाय और कोई हो ही नहीं सकता। मैंने इशारे से पत्नी को बताया, वे आ गए हैं। लपककर दरवाज़ा खोला। बड़ा भव्य वेश था, कुर्ता-धोती, कन्धों पर कीमती शॉल, बड़ा प्रभावशाली मोहक चेहरा, खुली हुई आत्मीय प्रसन्न मुद्रा—शायद एक प्रभामंडल बिखेरती-सी। अपने भविष्य के व्यक्तित्व की जैसी मैं कल्पना किया करता था, ठीक वही रूप था। मैंने नमस्कार के साथ ही कहा, "मैं आपकी ही प्रतीक्षा कर रहा था।" लगा, कुछ और कहना चाहिए था। वे बड़े ही सहज अपनेपन से मुस्कराए। मेरे कन्धे पर हल्के-से हाथ रखा और भीतर आ गए, "सभी हैं?"

"जी..." मैंने हकलाहट रोककर कहा, "हम सब आपके इन्तज़ार में ही थे। लेकिन आपके आने का पता ही नहीं चला। मैं तो सुबह से कई बार नीचे सड़क पर झाँक आया था, हर आहट पर कान लगाए बैठा था। दो बार पानवाले की दुकान तक हो आया, उसे भी कहा कि हमारे एक मेहमान आनेवाले हैं, कोई आकर पूछे तो घर बता देना..." लेकिन हो सकता है, मैंने यह सब उनसे न कहा हो और सुबह से अब तक की अपनी परेशानी को दुहरा-भर लिया हो मन-ही-मन। कहा इतना ही हो, "पता तो था ही कि आप आज आएँगे। कल भी सोचा था कि शायद एक दिन पहले चले आएँ...अकेले ही हैं?"

"हाँ भाई, अपना कुछ ठीक थोड़े ही है।" उन्होंने शायद 'रमते-राम' शब्द को दबा लिया। "किस दिन कहाँ होंगे, बस इतना पता होता है।"

मैं आगे-आगे चलता हुआ, हाथ धोने की मुद्रा में मुट्ठियाँ मसलता-सा उन्हें लिए हुए अन्दर आ रहा था, जैसे गलीचे पर ला रहा होऊँ। "कोई सामान नहीं है?"

"सामान?" वे संयत-से हँसे, "तुम्हारे यहाँ सामान लेकर आता? देख रहा हूँ, तुमने काफ़ी कुछ जमा लिया है।"

'सब आपकी कृपा है' के भाव से मैंने हैं-हैं की मुद्रा बनाई। सामान नहीं है तो कोई बात नहीं। यह पुष्पा ससुरी कहाँ चली गई? जब भी कोई ऐसा आदमी आता है तो यह अदबदाकर रसोई में घुसी रहती है और स्टोव इत्यादि की आवाज़ पैदा करके ऐसा भाव दिखाती है जैसे बाहरी दुनिया का इसे कुछ भी पता नहीं। इस कम्बख़्त को अहसास ही नहीं है कि हमारे यहाँ कितना बड़ा आदमी आया है।

मैंने बैठक को बड़े ढंग से सजाया था। सारी व्यवस्था उलट-पुलट दी थी। ऐसी कोशिश की थी कि बैठक सारे दिन उठने-बैठने-सोने की जगह न लगे और आभास हो जैसे उनकी तरह के मेहमानों के लिए ही रखा गया स्वतंत्र कमरा है और इसका उपयोग हमेशा नहीं होता। गद्दियों के कवर, पर्दे, मेज़पोश सब बदल दिये गए थे। मेज़ पर घड़ी और किताबें रख दी गई थीं। ये किताबें अभी तक चारपाई के नीचे बँधी धूल खा रही थीं। कुछ नई किताबें माँग लाया था, पुरानी में से चुनकर निकाली थीं। बी.ए. में पढ़ी 'गोल्डन ट्रेज़ेरी' और रस्किन के निबन्ध मुझे मेज़ पर रखने लायक लगे थे। पेन, स्वान-इंक, कुछ पत्रिकाएँ, फूल खिले काँच का गोल पेपरवेट, सभी झाड़-पोंछकर रखे थे। हर चीज़ के वे हिस्से छिपा दिये थे जो मुझे ख़ुद फूहड़ लगते थे। आज का अख़बार बड़े ढंग से मेज़ पर इस तरह रख दिया था जैसे उसे पढ़ते-पढ़ते ही मैं दरवाज़ा खोलने गया था। किसी गम्भीर लेखक की मोटी-सी किताब यों मेज़ पर डाल दी थी कि लगे, रात को मैं इसका अध्ययन कर रहा था। रबर वाले स्लीपर भी लापरवाही से मेज़ के नीचे 'व्यवस्थित' कर दिये थे। मेरा सारा घर उन जैसे बड़े मेहमान के लायक़ भले ही न हो, मगर मैं ऊँचे मूल्यों में सन्तोष खोजने वाला व्यक्ति हूँ, यह प्रभाव मैं उन पर डालना चाहता था।

वे सन्तोष और हल्की थकावट से आकर कुर्सी पर बैठ गए। उन्होंने बड़े आराम से दोनों पाँव ऊपर समेट लिये और मुझे बेचैनी होने लगी कि पुष्पा अभी तक क्यों नहीं आ रही? मुझे अपनी बैठक, मेज़-कुर्सियाँ, सारा घर बहुत ही बेकार और साधारण लगने लगा। चाहे कुछ कर लो, यह घर एक फटीचर क्लर्क का घर लगता है, उन जैसे सम्मानित मेहमान के लायक़ बिलकुल भी नहीं। यह अनुभूति मुझे उनके भीतर क़दम रखते ही होने लगी थी, हालाँकि हफ़्तों से मैं अपने मन को समझा रहा था कि जैसा बेकार सब कुछ मैं सोच रहा हूँ, वैसा सब मिलाकर शायद नहीं है। फिर बड़े लोग दूसरों की मजबूरियाँ समझते हैं और ऐसी छोटी-मोटी बातों पर बिलकुल भी ध्यान नहीं देते। लेकिन अब लगा, इन कुर्सियों को तो इनके घर के ईंधन के काम में लिया जाता होगा। हालाँकि फ़ौरन ही मैंने अपने को सुधार

लिया—इनके यहाँ ईंधन थोड़े ही जलता होगा, बिजली और गैस के नये-से-नये साधन होंगे...लेकिन निश्चय ही ऐसे पर्दों और मेज़पोश से इनके यहाँ फ़र्श पोंछे जाते होंगे...ऐसी किताबें तो इनके यहाँ के बच्चे और नौकर पढ़ते होंगे, इनके नौकरों के घर मेरे घर से लाख दर्जे अच्छे होंगे...यह इनकी महानता ही है कि ऐसे आराम और बेतकल्लुफ़ी से आकर बैठ गए हैं...

मैं अपनी बेचैनी छिपाने के लिए एक बार बालकनी में घूम आया, व्यर्थ पड़ी दियासलाई की सींक को बाहर फेंक दिया। नीचे झाँककर देखा, मकान-मालकिन बड़े बेहया ढंग से बैठी कपड़ों में साबुन लगा रही थी। इस मूर्ख को क्या पता कि ऊपर मेरे यहाँ कौन बैठा है? बड़ा अपने को लाटसाहब लगाते हैं ये लोग, यहाँ गन्दा मत करो, वहाँ कोयले मत कूटो, सीढ़ियों में चारपाइयाँ मत रखो—एक दिन किराया न दो तो घर छोड़ने की धमकी। तुम्हारे जैसे बीस मकान ख़रीदकर फेंक दें ये। साले अपने स्कूटर की ऐसे सफ़ाई करेंगे जैसे ऐरावत को नहला रहे हों—इनके पास दर्जन-भर एक-से-एक ख़ूबसूरत गाड़ियाँ हैं...

"माफ़ कीजिए, मैं अभी आया।" मैंने धीरे से कहा और डरते हुए-से चौके में चला गया। "पुष्पा, तुम भी अजीब औरत हो!" झल्लाकर गला-भिंचे स्वर में मैंने उसे झिड़का, "वे आ गए हैं और तुमने अभी तक साड़ी भी नहीं बदली!"

"आ गए?" पहले तो वह चौंकी, फिर अपनी उसी व्यस्तता से बोली, "अभी बदलती हूँ। चाय का पानी रख दूँ..." लीजिए साहब, अब चाय का पानी रखा जाएगा। भीतर वे बैठे हैं और यहाँ अब चाय का पानी रखने की शुरुआत होगी। प्लेटों में मैंने मिठाई-नमकीन पहले ही रख दिये थे, उन्हें एक बार फिर से देखा, एक-एक प्लेट में इस तरह फैला-फैलाकर रख दिया कि कम न लगे, फिर भी लग रहा था कि बेहद कम है और घर का दिवालियापन उजागर होता है। फल सुबह नाश्ते में दिये जाते हैं या खाने में—मुझे याद ही नहीं आ रहा था। अकेले बैठे हैं, के बोझ से फिर मैं बैठक में लपक आया।

पलंगपोश आज ही सन्दूक से निकालकर बिछाए थे और उनकी तहों वाले निशानों को देखकर कोई भी समझ सकता था कि ये रोज़ नहीं बिछाए जाते। मैंने हाथ फेरकर सलवटें ठीक कीं। एक तरफ़ के छेद को सावधानी से दबा दिया। फिर भी सन्तोष नहीं हुआ—की कचोट लिए मैं बैठक में आ गया। वे अख़बार फैलाकर कुछ देखने लगे थे। हाँ, उन्हें तो देश-विदेश की जानकारी रखनी होती है। एक निगाह में सारी परिस्थिति भाँप जाते होंगे, हमारी तरह शुरू से आख़िर तक पढ़कर भी बात समझ में न आने की शिकायत उन्हें थोड़े ही होती होगी। उनकी महत्त्वपूर्ण एकाग्रता में मैंने बाधा दी है—क्षमा-भाव से मैं कुर्सी पर ज़रा-सा टिककर बैठ गया। समझ में नहीं आया, क्या बात करूँ। "आपको तकलीफ़ तो नहीं हुई?" यही सवाल उस समय सूझा। बेवक़ूफ़, उनके लिए ट्रेन में बैठना, जैसे अपने कमरे में बैठना है।

"तकलीफ़ काहे की?" उन्होंने अख़बार से सिर उठाया, "मुझे सब आदत है।"

"यहाँ उस तरह की सुविधाएँ तो नहीं हैं।" मैंने नम्रता से अपने और इस सारे घर के लिए माफ़ी माँगी।

"क्या बातें करते हो? अपना ही घर है। सभी अपने-अपने घर में यों ही रहते हैं।" वे आत्मीयता से बोले, "तुम मेरे लिए कुछ भी विशेष मत करो..."

"जी, वो तो मैं जानता हूँ।" मैंने हल्के से सन्तोष से कहा। आप महान हैं, इसलिए ऐसा कह रहे हैं। वरना क्या मैं जानता नहीं हूँ कि आप कैसे रहते हैं, कैसे हैं और यह सब कितना तुच्छ है। एक क्षण को लगा, हो सकता है जैसी बेचैनी मैं महसूस कर रहा हूँ, वे बिलकुल भी न कर रहे हों और सचमुच आराम से हों...मैं नीचे पैरों की तरफ़ देखने लगा, लो, अभी तक मैं नंगे पाँव ही घूम रहा था? जाने क्या सोचेंगे? बौखलाकर एकदम कुर्सी के पास रखे स्लीपर पहनने की इच्छा हुई। लेकिन बहुत साफ़ हो जाएगा। धीरे और बेमालूम तरीक़े से पहनूँगा...उँगलियों और अँगूठों को ऊपर सरकाते हुए मैंने पूछा, "आप नहाएँगे या मुँह-हाथ धोएँगे?" बात मुझे ख़ुद बहुत बेवक़ूफ़ी की लगी, हो सकता है कि इस समय वे चाय ही पीते हों। कुछ तो पिलाना ही चाहिए था।

"सब कर लेंगे भाई, यहीं तो हैं।" वे आत्मीयता से बोले, "पुष्पा जी नहीं दीख रहीं। तुम्हारे एकाध बच्चा भी तो है न, कहीं पढ़ता है?"

"जी, वह स्कूल गया है। पढ़ता है। क्या करें, यहाँ कोई अच्छा स्कूल भी नहीं है। हमने तो बहुत कोशिश की..." हालाँकि मैंने उसे अपनी हैसियत से ऊँचे स्कूल में दाख़िल करवा रखा था और 'अच्छे स्कूलों' के ख़र्चों को सोचकर उनके बारे में पता भी नहीं लगाया था। जिस स्कूल में इस समय वह था उसे लेकर अपनी तरह मुझे गर्व भी था, लेकिन इस समय मुझे लगा जैसे वह अनाथालय में जाता हो। बोला, "दोपहर को बस छोड़ जाएगी।" सोचा, पता नहीं आज पुष्पा को समय भी मिलेगा या नहीं कि जाकर उसे स्कूल से लिवा लाए।

सहसा पुष्पा ने कमरे में प्रवेश करके मुझे उबार लिया। वह चाय की ट्रे लेकर आई थी। उन्होंने ऊपर समेटे हुए पाँव एकदम नीचे कर लिये। जूते टटोलते हुए-से उठ खड़े हुए, "नमस्ते पुष्पा जी, कैसी हैं?"

"आप बैठे रहिए न," कहते हुए मैंने बढ़कर पुष्पा के हाथ से ट्रे ले ली। उसे सावधानी से मेज़ पर रखकर उससे कहा, "तुम भी बैठो न..."

वह साड़ी का पल्ला सिर पर ठीक करके नमस्कार कर चुकी थी। "आपने बड़ा इन्तज़ार कराया, ये तो दो हफ़्ते से परेशान थे कि आप आएँगे..."

उन्होंने गद्गद ढंग से मेरे कन्धे पर हाथ रख दिया, "ये तो इनकी आदत है।"

"हाँ, यही तो मैं कहती हूँ कि आ रहे हैं तो आएँ। उनका घर है। उसे लेकर

इतना तूफ़ान मचाने की क्या ज़रूरत है! देखिए, मैं तो आपके लिए कुछ भी ख़ास नहीं करूँगी। जैसे हम खाते रहते हैं उसी तरह आपको भी रहना पड़ेगा..."

तुम तो झाड़ू लगवाओगी इनसे...मैंने भीतर दाँत भींचकर दुहराया। न मेहमान की हैसियत देखती है, न उम्र। यह बात ज़रूर कहती है। कहा था, साड़ी बदल आओ, लेकिन उसी में चली आ रही है। कोई ख़याल ही नहीं कि कौन आया है, कहाँ से आया है?

"हाँ, हाँ, सो तो है ही।" मेहमान की इस बात के जवाब में पुष्पा केतली से टिकोज़ी उतारती हुई कह रही थी, "हम तो देखिए, किसी के लिए कुछ कर भी नहीं सकते। साधारण-सी हैसियत वाले लोग हैं। दाल-रोटी खाते हैं, वही आपको भी दे देंगे..."

जी हाँ, सब बता दीजिए कि हम तो भूखों मरते हैं। ये मिठाई और नमकीन सिर्फ़ आपके लिए ले आए हैं, वरना हमें कहाँ नसीब। इनसे कहकर कोई अच्छी-सी नौकरी लूँगा और फिर इसे मिठाई और फलों से ही न लाद दिया तो मेरा भी नाम नहीं। इस औरत से मैं इसीलिए परेशान हूँ कि मुझे कहीं भी सहयोग नहीं देती। हमेशा यही सिद्ध करेगी जैसे कि मैं दुनिया का सबसे बड़ा बेवक़ूफ़ और कम हैसियत वाला आदमी हूँ और जो हमारे यहाँ आया है वह सड़क पर सफ़ाई करने वाला जमादार है! यह शायद जान-बूझकर मानने को तैयार नहीं है कि इनके हमारे यहाँ आने का क्या अर्थ है? इससे हमारी इज़्ज़त कितनी बढ़ी है? जाने कितने ऊँचे-ऊँचे तो इनके सम्पर्क हैं। वह तो इनकी कृपा है जो यहाँ आ गए हैं, वरना अशोका और ताज में रुकने वाले आदमी हैं। इस समय यहाँ यों कुल्हड़-छाप चाय पी रहे होते? इस समय इनके चारों तरफ़ छह बैरे मँडरा रहे होते, सेक्रेटरी बैठा सारी हिदायतें नोट कर रहा होता, टेलीफ़ोन घनघना रहे होते...नीचे लक़दक़ वर्दी में बैठा ड्राइवर झटके से निकलकर दरवाज़ा खोलता...और मुझे फिर लगा जैसे नीचे सड़क पर हवाई जहाज़नुमा गाड़ी खड़ी है।

मैं कुछ-कुछ अपराधी और कुछ-कुछ झल्लाए मन से प्लेटें ट्रे में से निकाल-निकालकर बाहर रखने लगा। मिठाई-नमकीन मैं मुहल्ले की सबसे अच्छी दुकान से लाया था, लेकिन इस समय एकदम घटिया और बदसूरत लग रही थीं, उनमें 'बाज़ार' की गन्ध थी। प्लेट-प्याले हमारे यहाँ एक भी ऐसे नहीं हैं कि उनमें ढंग के आदमी को कुछ दिया जा सके। ट्रे में बिछी तौलिया धोबी के यहाँ एक बार धुलकर जैसी खजैली-सी हो गई है। तौलिया का एक कोना भी उठ आया है और नीचे ट्रे पर छपा कपड़ा-मिल का विज्ञापन झाँकने लगा है। सोचेंगे, सालों ने मुफ़्ती ट्रे लाकर रख छोड़ी है। मैंने फुर्ती से वह कोना दबाकर उसे ढक दिया। मुझे चाय बेस्वाद इसलिए भी लगती रही कि उनके पास कोना झड़ा कप पहुँच गया था। ख़ैरियत यही थी कि उनका ध्यान उधर नहीं गया था। वे हँस-हँसकर पुष्पा से बातें कर रहे थे। चलो, कहीं तो घर-जैसा महसूस कर रहे हैं...

"तुम्हें ऑफ़िस नहीं जाना...?" उन्होंने सीधे मुझसे ही पूछा तो मैं चौंक उठा।

"बात यह है कि मैंने आज की छुट्टी ले रखी है। सोचा, आपके आने के बहाने दफ़्तर की दुनिया से बाहर रह लेंगे।" मैं बिना सोचे-समझे बोल पड़ा।

"बेकार!" वे नाराज़ हो गए, "ये सब तक़ल्लुफ़ करने की क्या ज़रूरत है? मुझे तो आज पता नहीं किस-किस से मिलना है। हो सकता है, दोपहर को खाना भी न खाऊँ..."

"वाह, यह कैसे हो सकता है?" पुष्पा ने अधिकार से कहा, "आप कहीं भी बाहर नहीं खाएँगे।"

"देखो पुष्पा, मैं शाम को कहीं नहीं खाऊँगा, लेकिन दोपहर के लिए मुझसे ज़िद मत करो।" वे अपनेपन से अन्तिम फ़ैसले की तरह बोले। यानी दोपहर के लिए हम लोगों ने जो इतनी चीज़ें बनाई हैं, वे बेकार ही चली गईं। वे शाम को थोड़े ही चलेंगी। शाम के लिए सब्ज़ियाँ वग़ैरह और लानी होंगी।

"तुमने छुट्टी ले ही ली है तो चलो आज हमारे साथ ही रहो। कुछ लोगों से मिला देंगे। हो सकता है, कभी तुम्हारे काम ही आ जाएँ।" उन्होंने इत्मीनान से मिठाई मुँह में डालकर चाय का घूँट भरा।

"जी, मैं तो ख़ाली ही हूँ।" मैं बोला। तो ये पुष्पा जी से पुष्पा पर आ गए!

"मैं दो मिनट में खाना बनाए देती हूँ, आप लोग खाकर ही निकलें।" पुष्पा फुर्ती से उठती हुई बोली।

"नहीं, पुष्पा, इस समय नहीं।" उन्होंने आग्रह किया, "मैं ज़रा हाथ-मुँह धोते ही निकलूँगा।"

"रहने दो फिर," मैं मजबूरी के भाव से बोला। मैं नहीं चाहता था कि पुष्पा उन्हें दो मिनट वाला खाना खिलाए। "माफ़ कीजिए, अभी आता हूँ।" कहकर मैं जल्दी से उठा और ग़ुसलख़ाने पहुँच गया। उल्लू के पट्ठों ने कैसा छोटा-सा ग़ुसलख़ाना बनवाया है, एक खूँटी तक तो लगाई नहीं है। बोलो, नहाने वाला तुम्हारे सिर पर कपड़े लटकाएगा? भीतर से किवाड़ बन्द करके ग़ुसलख़ाना मैंने झाड़ू से धो दिया। बीवी को तो इस छोटी-सी बात का ख़याल आएगा नहीं। साबुनदानी साफ़ की, तेल की शीशियाँ करीने से लगाईं, नया साबुन खोलकर रखा और पटरा साफ़ कर दिया। कोने से एकाध जाला झाड़ा और मुँह धोकर इस तरह निकला जैसे इसी काम के लिए गया था। इनके यहाँ तो शानदार ग़ुसलख़ाना होगा। गरम-ठंडे पानी के टब होंगे, ग़ुसलख़ाना गरम रखने का प्रबन्ध होगा। टब, वाश-बेसिन, कमोड—सब नई-से-नई डिज़ाइन के होंगे—जैसे सिनेमा और होटलों में देखे हैं। क्या करें, अपने यहाँ तो यही है। मैंने मजबूरी में साँस ली। पता नहीं, कभी नसीब में होगा भी या नहीं।

पुष्पा इस बीच उनसे काफ़ी खुल गई थी और हँस-हँसकर बातें कर रही थी! जब मैं आया तो वे उसकी तरफ़ इस तरह देख रहे थे जैसे उसकी सुन्दरता को

निहार रहे हों। चलो, अपनी बेवक़ूफ़ी और ग़ैर-दुनियादारी के बावजूद अगर वह उन्हें एट-होम महसूस करा सकती है तो क्या हर्ज़ है। लेकिन महाराज, आप मेहमान हैं, इसलिए यह दूरी बरत रही है, इज़्ज़त करने का भाव दिखा रही है, वरना यह तो आपके सिर पर सवार हो जाएगी। होंगे आप अपने घर के महान, यह एक बार मुँह लग गई तो किसी की महानता नहीं रखती। आपको पता नहीं है, यह कितनी उजड्ड और गँवार है, न किसी को महान मानती है, न मेहमान...इसके लिए...

चाय पी जा चुकी थी। मुझे पता है, पुष्पा ने एक बार भी इनसे किसी चीज़ को लेने का आग्रह नहीं किया होगा, जो ख़ुद ही ले लिया सो ले लिया। आप संकोच करें तो आपकी बला से। अजीब ख़ुद-ग़र्ज़ औरत से मेरा पाला पड़ा है। मैं अगर ज़रा हाथ खींच लूँ तो न घर में कोई व्यवस्था रहे, न सिलसिला। घर के ज़्यादातर काम अपने ज़िम्मे लेकर मैंने इसकी आदतें ख़राब कर दी हैं। अगर शुरू से ही सख़्ती रखता तो एकदम सीधी रहती।

उन्होंने कन्धों का चादर उतारकर कुर्सी की पीठ पर रखते हुए ग़ुसलख़ाने की ओर जाने के भाव से पूछा, "यहाँ आसपास टेलीफ़ोन तो होगा? मुझे अपने आने की ख़बर करनी थी—दो-एक लोगों को। तुम्हारे सिवाय किसी को भी नहीं बताया है। अजी, लोग चैन लेने देते?"

"जी, यहाँ तो नहीं है, बाहर निकलेंगे तो बेकरीवाले के यहाँ से कर लेंगे।" मैं अपराधी की तरह बोला। उन्होंने सिर्फ़ मुझे ही सूचना लायक़ समझा, इस बोझ से झुककर मैंने सोचा, आप चाहें तो शाम तक यहीं टेलीफ़ोन लगवा सकते हैं। आपके परिचय-प्रभाव क्या कम हैं? आप क्या नहीं कर सकते? एक बार इच्छा प्रकट कर दें, जनरल-मैनेजर ख़ुद अपनी देखरेख में फ़ोन लगवा दे। और यह सब सोचकर उनकी मूर्ति मेरे दिमाग़ में और भी बड़ी हो गई, इसी तुलना में पुष्पा मुझे और भी फूहड़ और कमीनी लगी। साड़ी लपेटने का यह भी कोई ढंग है, लगती है जैसे साहब लोगों की आया हो। उनके ऐश्वर्यशाली वातावरण के बीच जब मैंने उसे रखकर देखा तो लगा, जैसे वह चन्दा माँगने आनेवाली शरणार्थी औरतों-जैसी लगती है। लेकिन यह मुझे शुरू से ही लग रहा था कि वह जान-बूझकर उन्हें महान आदमी मानने से इनकार करती रही है। उसके यहाँ तो साक्षात् भगवान भी आ जाए तो साले को कुत्ता बनाकर रद्द कर देगी। अरे, तुम मेरी तिल-भर इज़्ज़त नहीं करतीं, न सही, लेकिन जितनी इज़्ज़त मैं दूसरे की करता हूँ उतनी तो कर ही सकती हो। ऐसा बड़ा आदमी मेरे यहाँ मेहमान है, यही सोचकर थोड़ी-बहुत इज़्ज़त मुझे भी बख़्श देतीं तो क्या टोटा पड़ जाता? लेकिन उस कूढ़-मगज़ से ऐसी उम्मीद ही बेकार है।

वहीं खड़े-खड़े ही पुष्पा कहीं इशारा न कर दे, 'ग़ुसलख़ाना उधर है। चले जाइए!' इस डर से मैं आगे-आगे हो लिया, "इधर आइए, आपको ग़ुसलख़ाना दिखा दूँ!" हुँह, जैसे ताजमहल हो। लेकिन मैं उन्हें आगे-आगे कहाँ तक छोड़ आया। "मैं

अभी गरम पानी लाता हूँ।" मैं रसोई की तरफ़ लपका। केतली में पानी खौल रहा था। उसे बाल्टी में उड़ेलकर लाया तो भीतर वे ठंडे पानी से ही हाथ धो रहे थे। मैं घबरा उठा, "अरे-अरे, ये क्या कर रहे हैं? यह गरम पानी है।"

जब उन्होंने दरवाज़ा बन्द कर लिया तो मैं पुष्पा के पास आया, "वहाँ से बर्तन तो उठा लो..." अगली बात दबा गया, बेकार इस समय चख-चख होगी।

"अभी उठा लेती हूँ। आप शाम के लिए सब्ज़ी लाकर रख देना।"

लीजिए साहब, यह साली अलग समस्या लाकर खड़ी कर दी। चुटकी बजाते ही विकटतम समस्याएँ खड़ी कर देना उसके लिए कितना आसान है। हमेशा आड़े वक़्त में उसे ऐसे काम याद आते हैं। वो तो आटा पिसवा लिया था वरना उसकी भी फ़रमाइश इसी समय हो सकती थी। झल्लाहट पीकर कहा, "तुम मँगवा लेना किसी से। मुझे तो इनके साथ जाना होगा। नहीं जाऊँगा तो बुरा लगेगा।"

उसने बुरा-सा मुँह बनाया, यानी मैं उन्हें ज़रा-सी देर बैठाकर सब्ज़ी ला सकता हूँ। इन्हीं से सब्ज़ी लाने को न कह दूँ? उनकी उपस्थिति में ही यह मुझसे कोई ऊँची-नीची बात कह सकती है, इसलिए जल्दी-से-जल्दी निकल जाने में भलाई है।

कल ही सूट पर प्रेस करा लिया था, लेकिन पहनकर लगा इसे धुला लेना चाहिए था। सामने शीशे में बटलर खड़ा था। धुला लेने से ही क्या होता है, कपड़ा तो वही कबाड़िया है। न जाऊँ साथ? नौकर जैसा लगूँगा। अपने पास तो कहीं आने-जाने लायक़ कुछ भी नहीं है। कोट की बाँहों से क़मीज़ के गन्दे कफ़-कॉलर ढकते हुए भी ख़याल रहा कि ये कोई ढके हुए थोड़े ही रहेंगे। जब भी किसी काम के लिए हाथ बढ़ाऊँगा तो दीखेंगे। जेब में कुल बाहर रुपये थे, ख़ुशामद से कहा, "यार दस-पाँच रुपये दे दो न, पता नहीं कहाँ ज़रूरत पड़ जाए।"

"अभी तो महीना पड़ा है। मेरे पास कुल बीस..."

"तो वही दे दो, कहीं से मँगा लेंगे।" मैंने उसकी बात के बीच में ही जल्दी मचाने के ढंग पर कहा। कम्बख़्त, इसी समय सारे महीने का हिसाब समझाएगी। अभी वे निकल आएँगे तो सब धरा रह जाएगा।

वे ताज़े होकर निकले थे। हम लोग इस तरह 'सँभल' गए जैसे नेपथ्य से निकलकर स्टेज पर आ गए हों। कंघे में मैल और ज़नाने बालों का गुच्छा उलझा था, उन्हें हाथ से साफ़ करके क़मीज़ से पोंछते हुए, तेल की शीशी लिये बाहर बैठक में निकल आया। "गोले का तेल है।" मैंने इस तरह बोतल पेश की कि अगर चाहें तो वे न लें। जवाकुसुम की शीशी कितने की आती होगी?

"ठीक है।" लापरवाही से वे बोले। चुन्धा-सस्ता शीशा है, मैं कहते-कहते रुक गया। उसे अपने कोट पर ही रगड़कर सामने कर दिया। उन्होंने इत्मीनान से कंघा-तेल किया।

"चलिए, आपको भी घुमा लाएँ..." वे हँसकर पुष्पा से बोले।

"ये अब कहाँ...आपको तो पता नहीं, कहाँ-कहाँ जाना हो।" मैंने इस तरह प्रतिवाद किया जैसे वह सचमुच ही चलने को कह सकती है। भीतर गहरी साँस ली, काश! मेरी बीवी ऐसी होती कि आप जैसे आदमी के साथ चलती, पढ़ी-लिखी और सलीके वाली। छुरी-काँटा पकड़ना तक तो आता नहीं। मैं भी कहाँ जानता हूँ? लेकिन इसे तो ढंग के बाल बनाने भी तो नहीं आते।

"आते वक़्त कुछ केले-सन्तरे लेते आइए..." लीजिए साहब, निकलते-निकलते एक फ़रमाइश दाग़ ही दी। कद्दू-काशीफल के लिए नहीं कहा? मन हुआ वापस जाकर दोनों हाथों से गला दबा दूँ...अरे, जिससे सब्ज़ी मँगाओगी, उससे यह सब नहीं मँगा सकती? क्यों मेरी फ़ज़ीहत कराने पर तुली हो? दो-चार आने ज़्यादा ही तो दे आएगा न वह?

मैं अनसुनी किये एक तरफ़ हटकर खड़ा रहा। वह बेख़बर अपने मसूड़े दिखाती उनसे जल्दी आने को कहती रही। इसके चेहरे का भाव कितना सख़्त है। वह कहीं और खाकर न आने का अनुरोध कर रही थी।

सड़क पर मैं उनकी बौनी छाया की तरह चल रहा था। काश, सड़क पर निकलते ही गन्दी नालियाँ, ख़ाली टीन, काग़ज़ के थैले न पड़े होते, आसपास के बच्चे कुछ तमीज़दार ढंग से कपड़े पहने होते और औरतें पेटीकोट-ब्लाउज़ पर कुछ और भी डाल लेतीं, कुत्ते झबरे और ख़ूबसूरत होते। बाहर निकलकर मैंने कुछ इस तरह देखा था जैसे उनकी जहाज़-गाड़ी को तलाश कर रहा हूँ। इस गाड़ी का अहसास मेरे दिमाग़ पर लगातार खुदा हुआ था।

बेकरी वाले की दुकान पर मैंने भरसक लापरवाही और आत्मविश्वास से कहा था, "भाई, एकाध फ़ोन करेंगे..." कभी दस पैसे का बिस्कुट भी न लेने आने वाले इस 'आदमी' को बेकरी वाले ने भी आश्चर्य से देखा था। वह फ़ोन की तरफ़ इशारा करके उसी संजीदगी से सामने खड़े किसी नौकरनुमा के लिए पहिया घुमा-घुमाकर स्लाइसें तराशता रहा।

घड़ी पर लहराती कुर्ते की भव्य आस्तीन वाले हाथ से टेलीफ़ोन उठाकर वे डायल घुमाने लगे। साले, तुझे क्या पता कि मेरे साथ कौन है? जिन टॉफ़ी और बिस्कुटों को सारे दिन खड़े-खड़े बेचा करता है, उनकी चार-छह तो मिलें होंगी इनकी। मिल होती हैं या फैक्टरी? तुम जैसे नौकर इनके ऑफ़िस में घुसने की हिम्मत नहीं कर पाते होंगे। हो सकता है किसी मिनिस्टर-कमिश्नर से ही बोल रहे हों, "नहीं जी, मुझे यहीं ठहरना है। अपना ही घर है।" पता नहीं उधर कौन है? एक अच्छी-सी नौकरी मुझे नहीं दिला सकते?

दो-तीन फ़ोन किये। मैंने जल्दी से रुपया निकालकर दुकान वाले की तरफ़ बढ़ा दिया। "अरे, अरे रे..." वे कहते ही रह गए। उनकी जाकेट के बटन ही नहीं खुले थे।

इतने बड़े आदमी, जिनके एक इशारे पर बड़ी-से-बड़ी सवारी सामने आकर खड़ी हो जाती हो, उनके सामने स्कूटर या बस की बात बड़ी टुच्ची लगेगी। टैक्सी ही ठीक रहेगी। पता नहीं, कहाँ-कहाँ जाएँ, कितना मीटर बने...देखी जाएगी। सुबह का खाना ही खाते तो दस-पन्द्रह रुपये ठंडे हो जाते। यही समझूँगा कि वही रुपये यहाँ ख़र्च कर रहा हूँ। हो सकता है मुझे देने ही न दें...और देना पड़ भी गया तो यह इनवेस्टमेंट है...मैंने टैक्सी को संकेत किया...

उनके बार-बार आग्रह के बावजूद मैं उनकी बग़ल में न बैठकर ड्राइवर के साथ ही बैठ गया। दिल्ली की टैक्सियों की हालत भीतर से इतनी ख़राब है, यह मैंने पहली ही बार देखा। फटी-गन्दी गद्दियाँ, खटर-खटर, चूँ-चूँ की आवाज़ें...पहिए चाहे जिस स्पीड से चलें, लेकिन मीटर पर पैसे स्पूतनिक की स्पीड से आते हैं। हर बार पैसे बदलने पर मेरे दिल में खट होता था।

बैठे-बैठे मुझे व्यर्थ ही पुष्पा पर ग़ुस्सा आने लगा, साली कमीनी! मैंने यों ही सोचा। समझ में नहीं आ रहा था कि उनसे क्या बात करूँ? कुछ नहीं, कुछ नहीं, इन बीवी-बच्चों और गृहस्थी ने किसी भी लायक़ नहीं छोड़ा। जो कुछ भी बोलूँगा वह निहायत ही छिछला और व्यर्थ होगा। सोचेंगे, रहा यह टकियल क्लर्क ही। पता नहीं कैसे, उस क्षण मैं पीछे वाले मेहमान को एकदम भूल गया। गँवार, जाहिल, घुन्नी...मैं अगर जूती बराबर नहीं हूँ तो कोई बात नहीं, लेकिन यह तो कमीनेपन की हद है कि किसी को एक दिन को मेहमान मानकर उसकी ख़ातिर न कर सके! मान लो, एक दिन कोई बड़ा आदमी अपने यहाँ आ ही गया तब तो...

भविष्य के आसपास मँडराता अतीत

साँवले रंग के बावजूद, चेचक के दाग़ इतने बुरे नहीं लगते थे, जब से आधा मुँह जल गया है, बहुत ही भयानक लगते हैं। उसे पता है, अब उसका चेहरा काफ़ी कुरूप हो गया है और जब-जब वह उसे शीशे में देखने का साहस करता है, भ्रम होता है 'मोम का घर' का शैतान नायक अपना चेहरा उस पर लगा छोड़ गया है। चेहरा ढकने के लिए अपना हैट मुँह-आँखों पर झुकाए और ओवरकोट के उठे हुए कॉलरों से कनपटियाँ छिपाते हुए उसे सचमुच लगा, जैसे वह नहीं, किसी क्राइम-फ़िल्म का नायक अपनी घात में इस पेड़ के नीचे बैठा है।

लड़कियाँ आ रही हैं...दूर से सफ़ेद फ्रॉकों और लाल-सुर्ख़ पुलोवरों में झुंड की तरह आपस में सटी-सटी वे चली आ रही हैं। पहले भनभनाहट सुनाई दी थी, अब बातें, हँसी-खिलखिलाहट, एक-दूसरी को छेड़ना दिखाई भी दे रहा है... आगे-आगे शायद दो टीचरें हैं, चेस्टरों और साड़ियों में...उसका दिल ज़ोर-ज़ोर से धड़कने लगा। भीतर की अचानक बढ़ आई उत्तेजना से लगा, जैसे उससे बैठे नहीं रहा जाएगा, वह खड़ा होकर एकदम सड़क के किनारे आ जाएगा। लेकिन प्रयत्न करके वह बेंच पर केवल आसन बदलकर रह गया, मुट्ठियाँ ज़ोरों से जेबों में ठूँस लीं...टॉफ़ियों का सख़्त डिब्बा एक जेब में फूलकर बाहर की ओर निकल आया। अपने को उसने दूर से देखा, जैसे शैतान ने जेब में पिस्तौल तैयार कर ली हो... पिस्तौल नहीं, पुल, सेतु...वह औरत कहेगी। नहीं, अभी तो केवल लाल ऊन का लहरें लेता झुंड ही दीखता है और बीर-बहूटियों के गुच्छे की तरह वे पास आएँगी तो अलग-अलग पहचाना जा सकेगा। सामने वाले पेड़ के पीछे छिपकर खड़े होने की कितनी इच्छा होती है, लेकिन इस तरह खड़े होना बहुत ही सन्देहास्पद हो जाएगा। यहाँ वालों ने बेंच को भी इतनी दूर हटाकर रखा है...ठीक है...ठीक है, एकदम पेड़ से सटाकर रखते, तो ऊपर चिड़िया-कौवे बैठने वालों पर बीट करते, उसने अपने-आपको समझा लिया। अड्डे को लक्ष्य बनाकर एक कार पीछे से आकर हॉने देने लगी है, लड़कियाँ हटती नहीं हैं, खिलखिलाकर आपस में हँसती हैं और कार को रोके रखने का दुष्ट आनन्द लेने लगी हैं। कार पर अटैची-बिस्तर लदे हैं,

क्रीम-रंग धूल में मटमैला हो गया है...शायद नीचे से चली आ रही है। एक टीचर मुड़कर कुछ कहती है और झुंड बीच से खुलने लगता है—इधर-उधर होता हुआ। लड़कियाँ शैतानी से खिड़कियों में झाँक-झाँककर हँसती हैं, कुछ धूलिया-सतह पर उँगलियों से लाइनें बनाती हैं, लिखती हैं। बच्चे अपनी अबोध दुष्टताओं पर कैसे खुले दिल से हँस लेते हैं—उसने सोचा। हँसनेवालियों में वह भी होगी 'बुलबुल'... यहाँ भी उसे बुलाने का नाम 'बुलबुल' ही होगा क्या? उसका एक हाथ अपने-आप जेब से निकलकर छाती की ओर जाता है, फ़ोटो निकाल लिया जाए—चेहरा मिला लेने में आसानी हो जाएगी, फिर हाथ लौट आया...नहीं, उसे, उस चेहरे को वह भूल ही कैसे सकता है? यहाँ तो उसने अपना पूरा नाम ही बताया होगा, वन्दना... वन्दना क्या? सहगल या सिंह? नहीं, उसकी माँ अब 'सिंह' किसी हालत में नहीं लिखवाएगी, वह फिर उसी 'सहगल' पर लौट गई होगी। काश, वह भी यों ही छोड़ी हुई भूमियों पर लौट जाने का सन्तोष पा सकता...

अभी-अभी ये सब-की-सब सामने से गुज़र जाएँगी, उन्हीं में एक लड़की 'बुलबुल' भी होगी...और शायद उसे सपने में भी ख़याल नहीं आएगा कि बस के अड्डे के ऊपर, हरी-सी बेंच पर सिकुड़ा-सिमटा-सा कोई बैठा था, और उसे वह कभी 'पापा' कहा करती थी...'पापा'। उसके कानों में नहीं, शायद चेतना के गहरे स्तरों में किसी ने निश्शब्द कहा और उसका शरीर इस तरह रोमांचित हो आया, जैसे 'पापा' कहने वाली अभी उसके कान की लौ को दाँतों में दबा लेगी, वह ख़ुशामद करेगा, 'बेटे, पापा का कान कट जाएगा।' और यों ही शैतानी से हँसते हुए वह सिर हिलाएगी, नहीं छोड़ेगी...उसे यों पापा का कान दाँतों में दबाकर परेशान करना, बहुत अच्छा लगता है...'नहीं, अख़बार नहीं पढ़ने देंगे, हमसे बातें करो... कहानी सुनाओ'...अब तो वे दाँत भी नहीं रह गए होंगे...न चाहते हुए भी, उठे हुए कॉलरों के पीछे अपने कान टटोलकर देखे...'पापा, आपके कानों में ये छेद क्यों हैं? आपकी मम्मी ने बनाए हैं...बहुत शैतानी करते थे इसलिए रस्सी से बाँधने को? आप हमारे कानों में भी छेद बनाएँगे?' वह छिदे हुए कानोंवाली लौ को उँगलियों की पोरों से खींचता रहा...'बुलबुल' उसकी आँखों में पानी झूल आया और उसने ज़ोर से उठते आवेग को सटका...अभी पाँच-छह गज की दूरी से उसकी वन्दना गुज़र जाएगी, उस समय वह पुकारे बिना कैसे रह पाएगा? नहीं, नहीं, उसे अपने को व्यस्त कर लेना चाहिए, ताकि पुकारने के आवेग को दबाया जा सके...उसने पिपरमेंट की दो गोलियाँ निकालकर मुँह में डाल लीं। पहाड़ी रास्ते के बस-सफ़र के लिए उसने यों ही दो-चार गोलियाँ ख़रीद ली थीं। टटोलकर सिगरेट निकालते हुए उसने सोचा, इनका भी एक डिब्बा ख़रीद लेता तो ठीक था...हाथों के काँपने से सिगरेट का चमकदार काग़ज़ ठीक तरह खुल नहीं रहा था...काग़ज़ नहीं, पन्नी। यह पन्नी और गोलियाँ बुलबुल को अभी भी उतनी ही पसन्द हैं? उसके 'बस्ते' में

जाने कितनी पन्नियाँ और गोलियाँ भरी रहती थीं और वह नया डिब्बा खुलवाकर उसकी पन्नी ले लेती थी और दाँतों पर चढ़ाकर कहती, 'पापा, हमारे दाँत कैसे चाँदी की तरह चमचम चमकते हैं, आपके तो गन्दे हैं, छि:!' फाड़ी हुई पन्नी को उँगलियों पर लेकर वह देर तक उसे धुँधलाई निगाहों से देखता रहा...

मान लो, जब ये लोग उसके सामने से गुज़रें और वह किसी भी तरह अपने पर ज़ब्त न रख पाए, 'मेरी बुलबुल' कहता हुआ झुंड में झपट पड़े, तो वह उसे पहचान लेगी? उसी तरह बाँहें फैलाकर उसके गले में झूल जाएगी? 'पापा!' नहीं, शायद नहीं पहचानेगी अब...

सारी लड़कियाँ डरी हुई बतख़ों की तरह इधर-उधर कैं-कैं करती हुई भागने लगेंगी, टीचरें चीख़ पड़ेंगी और आसपास के ये सारे लोग उस पर टूट पड़ेंगे...'मारो, मारो, कोई बदमाश है, लड़की को उठाकर भागना चाहता था, रोकते नहीं तो मार ही डालता...पागल है, चेहरा तो देखो, कैसा भयानक है! हत्यारा...यों ही तो ये लोग उठाकर ले जाते हैं।' और वह कल्पना में अपने को पिटते, लात-घूँसे खाते देखता रहा, कुहनियों से बचाते सिर पर जूते-थप्पड़ पड़ते रहे...वे बीड़ियाँ पीते कुली ही सबसे पहले उसे दबोचेंगे...शायद बुलबुल उसे बिलकुल भी नहीं पहचान पाएगी...सात साल कम नहीं होते...पता नहीं, इन दिनों में वह कितना कुछ बदल गया है? पहचाना जाता है या नहीं? और बुलबुल? तब साढ़े चार साल की थी, अब तो बहुत लम्बी हो गई होगी। दुबली-पतली लम्बी-सी लड़की को ही वह ग़ौर से देखेगा...यह लड़कियों के बढ़ने की उम्र होती है, लम्बाई में तो वह अपनी माँ पर ही गई होगी...

उसकी माँ ने उसे ज़रूर बता दिया होगा, सब कुछ बता दिया होगा। उसके ख़िलाफ़ जितना भी ज़हर उसके मन में है, सब-का-सब उसने बेटी को सौंप दिया होगा। बुलबुल उसे पहचानकर भी, हो सकता है परिचय का कोई भाव न दिखाए... हो सकता है, माँ की नाराज़ी और ज़हर को उसने वैसा ही अपने में ग्रहण भी कर लिया हो...मगर न जाने क्यों उसे लगता है कि बुलबुल कभी भी उससे नाराज़ नहीं रह पाएगी...सब कुछ जानकर भी वह उसे माफ़ कर देगी। वही तो एक है जो उसे माफ़ कर सकती है...

खाने की मेज़ के आसपास वह और 'वो औरत' (अब वह उसकी माँ को इसी नाम से याद करता है) बैठे हुए थे—सुबह की चाय पीकर। बरतन उठा लिये गए थे। मेज़ पर ठीक उसके सामने बुलबुल भी बैठी थी और बार-बार उसके कान पकड़कर चाँई-माँई करने का आग्रह कर रही थी। आपस के तनाव को भूलने के लिए वह इसी चाँई-माँई में खो गया था...दोनों एक-दूसरे के कान पकड़ लेते और आपस में नाकें दबाते हुए आगे-पीछे झूमते—चाँई-माँई बोलते हुए...

'अभी छोटी है, कुछ भी नहीं समझती! बड़ी होकर जब बाप की हरकतों को

समझेगी तो कहने में शरमाएगी कि ये ही मेरे फ़ादर हैं।' इस खेल को विरक्ति से देखती हुई वह औरत कह रही थी।

वह उद्दंड हो आया। बोला, 'मैंने एक क़िस्सा पढ़ा था कहीं : किसी आदमी ने हत्या या बलात्कार का कोई अपराध कर डाला। पकड़कर राजा के सामने लाया गया। जिसने भी सुना, सब थू-थू करने लगे। फाँसी की सज़ा सुना दी गई। माता-पिता, पत्नी को उसकी फाँसी का दु:ख ज़रूर था, लेकिन सभी उसके अपराध से विक्षुब्ध थे और जब आख़िरी बार अपने घरवालों से मिलने का समय उसे दिया गया तो सभी उससे मिलने में संकोच कर रहे थे। जल्लाद जब उसे ले जाने लगे तो उसका पाँच-छह साल का बेटा आकर उससे लिपट गया—'बापू, तुमने कुछ नहीं किया, तुमने कुछ नहीं किया...।' उन सबमें वही शायद एक ऐसा प्राणी था जिसने उसे जैसा-का-तैसा स्वीकार कर लिया था और सच्चे हृदय से क्षमा कर दिया था...' कहानी सुनाते-सुनाते पता नहीं क्यों उसका गला भर्रा आया। मन में कहा—'जब तुम और तुम्हारे सारे ये हिमायती, मरने के समय भी मुझे दोषी ही ठहराते रहेंगे, तब शायद बुलबुल के ही हृदय का कोई एक कोना होगा, जो मुझे ज्यों-का-त्यों स्वीकार करके क्षमा कर देगा...तब मुझे अपने जीने का कोई मलाल, किसी मोक्ष की कामना नहीं रह जाएगी...' और उसके आँसू व्यर्थ ही उपहास का लक्ष्य न बनें, इसलिए वह उठकर बाहर चला आया। देर तक रोता रहा, उस समय भी अपनी इस भावुकता के पीछे उसे न तो कोई कारण समझ में आ रहा था, न संगति। तब भी उसने यही कहा था कि शायद यह सेल्फ़-पिटी—आत्म-करुणा है और बच्चों को लेकर सभी लोग इसी तरह बेबस हो जाते हैं...

आज भी बुलबुल के मन में क्षमा का कोई कोना सुरक्षित नहीं होगा? या वह भी अपनी शर्तें रखेगी कि पापा, पहले आप चेहरा बदल लो, रंग साफ़ कराओ, सिगरेट छोड़ दो, ऐसे कपड़े पहनो, तभी तुम मेरे पापा हो और तुम्हारे लिए मेरे मन में क्षमा-ही-क्षमा है...

'वह औरत' पाँच साल सिर्फ़ शर्तें ही तो रखती रही थी, जिन्हें अपने शब्दों में उसने नाम दिया था, एडजस्टमेंट—समझौता। शहीदाना ढंग से जब वह कहती, 'मैं क्या इतना भी नहीं समझती थी कि विवाहित जीवन का दूसरा नाम एडजस्टमेंट है! लेकिन पाँच साल मैंने, सिर्फ़ मैंने ही तो एडजस्टमेंट किया है—खाना, रहना, आदतें...तुम्हारे लिए क्या नहीं बदला है? लेकिन तुम...तुम? कब तक कोई एडजस्टमेंट ही करता चला जाएगा अकेला?' तब हारकर एक दिन उसने कह दिया था, 'नहीं, तुम एडजस्टमेंट नहीं करतीं, सिर्फ़ अपनी शर्तें रखती हो...वही करती रही हो। सीज़-फ़ायर की नस-तोड़ तनाव-भरी स्थिति में दोनों पक्ष केवल अपनी शर्तें और कंडीशंस रखते हैं, अपने-अपने प्रेस्टिज पाइंट पर निगाहें रखते हुए, ज़मीनें और सामान देते-लेते रहते हैं। उसे एडजस्टमेंट और त्याग नहीं, सिर्फ़ अपनी बात

मनवाने का दबाव और मोर्चा कहते हैं...' सुनकर भन्नाती हुई वह बोली थी, 'तब ठीक है, तुम अपनी उसी हूर की परी के साथ रहो, मुझसे और मेरी बेटी से तुम्हें कोई मतलब नहीं है, मैं इसे ख़ुद पढ़ा-लिखा लूँगी और तुमसे अच्छा पाल लूँगी... मैंने तो तुम्हें इतने दिनों निभा भी दिया, मैं भी देखती हूँ वह कितने दिनों निभाती है। उससे निभे या न निभे, फिर मेरे पास आने की ज़रूरत नहीं है। वह रोने-धोने का सिनेमाई-सीन मैं बिलकुल नहीं चाहती। मेरी बेटी पर तुम्हारी छाया भी पड़े, यह मुझे अच्छा नहीं लगेगा। फिर यह न हो कि आज बेटी से मिलने चले आ रहे हैं, कल उसकी बर्थ-डे पर उपहार भेज रहे हैं और उसे ही पुल बनाकर मुझे कमज़ोर बनाने की कोशिश कर रहे हैं। समझ लेना, हम दोनों मर गए...! मैं भी बुलबुल को समझा दूँगी कि तेरे पापा नहीं रहे। बिना बाप के हज़ारों बच्चे पलते हैं। ऐसी भी क्या बात है...!'

रैंसम...दर्द से ऐंठते मन में एक शब्द उभरा, इस बार शर्त की दाँव पर बेटी लगा दी गई है। यह सब कहा भी था और लिखा भी था, 'मैं नहीं चाहती कि बड़े होकर वह अपने बाप के चरित्र को जाने और हमेशा एक कॉम्प्लेक्स महसूस करती रहे कि उसका बाप ऐसा था। किसी के सामने तुम्हारा नाम लेते भी शरमाए...'

कॉम्प्लेक्स महसूस करे?...इसी बात को शायद सबसे अधिक शिद्दत से उसने उस दिन महसूस किया था जिस दिन अस्पताल से डिस्चार्ज होकर पहली बार अपना चेहरा देखा था...झुलसने और खाल उधड़ जाने से सारा मुँह दाग़-दग़ीला हो गया था...भयानक और कुरूप...ख़ुद ही डर लग आया था। आज भी 'वह' देखेगी तो कहेगी—'भीतर का पाप फूटकर निकल आया है...मेरी आत्मा का अभिशाप आख़िर कहीं तो अपना असर दिखाएगा ही...' इन शब्दों के सामने वह शायद कभी किसी को नहीं बता पाएगा कि उसने सिर्फ़ शराब पीकर अपने को जला लेने की कोशिश की थी!...अभी भी क्या वह पहले की तरह कह पाएगी—'तुम्हारे नाक-नक़्श सब सचमुच कितने अच्छे हैं! इस चेचक ने ही सारा काम ख़राब कर दिया। लगता है, बुरी तरह निकली थी। मैं तो सबसे पहले बुलबुल को चेचक का ही टीका लगवाऊँगी...उसने तुम्हारे फ़ीचर्स और मेरी हाइट ली तो देख लेना, सौ में एक होगी...' बाद की बात उसने नहीं सुनी थी, सिर्फ़ पहली सुनी थी और मन में अनुवाद किया था—ये चेचक के दाग़ मिटवा लो, तभी तुम मेरे पति और बुलबुल के बाप होने लायक हो सकोगे...आज जलने के इन दाग़ों को लेकर भी 'वह' वैसी ही शर्त फिर रखेगी...जो कुछ किया है उसे पोंछ दो, तभी मैं तुम्हें...

नहीं, आज तो बुलबुल भी उसे ज्यों-का-त्यों स्वीकार नहीं कर सकेगी...'ये हैं तुम्हारे पापा?' लड़कियों की समवेत हँसी आज तो उसके मन में न जाने कितने कॉम्प्लेक्सों का दंश छोड़ जाएगी। अगर वह उसकी दोनों बाँहें पकड़कर कहेगा कि 'बुलबुल, देख, मैं तेरा पापा हूँ। सिर्फ़ तुझसे मिलने, तुझे देखने, तुझसे बातें करने ही

हज़ारों मील चलकर इस पहाड़ी स्कूल के पास आया हूँ। सुबह से इस बस-स्टैंड के चक्कर काट रहा हूँ। मुझे मालूम है, हर रविवार को तुम लोग यहाँ आते हो... इस छोटे-से हिल स्टेशन के बाज़ार में घूमने, चीज़ें, ख़रीदने, सिनेमा देखने...देख, बुलबुल, तेरे लिए टॉफ़ियाँ लाया हूँ, तुझे किताबें दूँगा..."

"नहीं...नहीं, मुझे छोड़ दो...मुझे छोड़ दो...मुझे कुछ नहीं चाहिए...तुम मेरे पापा नहीं हो...टॉफ़ियों को उधर फेंक दो...मेरे पापा बहुत सुन्दर थे...बहुत अच्छे थे...मर गए!" कन्धे छुड़ाती लड़की लगातार छूटने की कोशिश करती रहती है, रोने लगी है...सबके सामने ऐसे आदमी को वह कैसे 'पापा' मान पाएगी?

पनीले कुहासे के पार, लड़कियों का झुंड सामने से गुज़रता रहा और वह सूनी-सूनी आँखों से पहचानने की कोशिश करता रहा...शायद वह लम्बी-सी लड़की ही बुलबुल है...नहीं, वह नहीं, दूसरी, जो मोटीवाली के उस सिरे पर चल रही है...नहीं, शायद वह बीच वाली है चॉकलेट खाती हुई...वह बढ़कर टीचर से भी तो पूछ सकता है—"मिस, इनमें वो वन्दना भी आई है क्या?" "कौन-सी वन्दना? वन्दना शर्मा, वन्दना सहगल? वन्दना बोस, वन्दना अइयर...?"

"कोई नहीं, मिस!"

वह बेहोश-सा झुंड के पीछे पाँच-सात क़दम खिंचता चला गया, "अरे मिस, सुनिए..." उसके भीतर कोई घुटे स्वर से चिल्लाता रहा...फिर कन्धे ढीले डाले खड़ा रहा। शराबी की तरह लौटने लगा तो चॉकलेट का सफ़ेद-नीला काग़ज़ पैरों से कुचलकर सड़क से चिपका हुआ उसे ही ताक रहा था...

नीचे स्टेडियम की तरह काटकर बनाया गया बस-स्टैंड था और सामने खुले पहाड़ों का झकोले लेता सिलसिला...हाथ में चॉकलेट का काग़ज़ मसलता वह देर तक शायद यही समझने की कोशिश करता रहा कि वह कहाँ है और उसे किधर जाना है?...

दायरा

आज रविवार था और सुबह के साढ़े नौ बजे के टिकट थे।

लेकिन साढ़े आठ बजे ही ये लोग आ गए थे—पुष्पा, बिहारीलाल और उनके दोनों बच्चे। आठ साल की रेखा और पाँच साल का अमिताभ। नीचे टैक्सी रुकी और ये लोग धड़-धड़ करके जैसे ही सीढ़ियों से चढ़े कि हरी के मन में खटका हुआ। दरवाज़ा खोला तो खिल उठा, "अरे, तुम पुष्पा..." फिर अन्दर की ओर मुड़कर बोला, "अरे, देखना तो...ये पुष्पा आई है। भई वाह, आप लोगों ने तो अपने आने की ख़बर ही नहीं दी।"

सब लोग भीतर आ गए। सुन्दर, सजे-सँवरे, लेकिन सहमे हुए बच्चे शायद नये वातावरण, नई जगह और लोगों को भाँप रहे थे। पुष्पा मोटी हो गई थी और सबसे पीछे खड़े थे बिहारीलाल। बाक़ायदा सूट-बूट टाई में, जैसे किसी कॉन्फ्रेंस में आए हों। विभा ग़ुसलख़ाने में थी और हरी ने ही उसे ठेल-ठालकर भेजा था—"जल्दी तैयार हो जाओ, तुम्हारे कारण कभी भी न्यूज़रील नहीं देख पाते। हमेशा वही भाग-दौड़ में सिनेमा जाना पड़ता है, टैक्सी करनी पड़ती है, सो अलग।" विभा भुनभुना रही थी, "तूफ़ान तो तुम मचाते हो, सिनेमा ले चलना हो तो ठीक से ले चला करो... साल में एक पिक्चर देखो, सो भी उसमें टैक्सी के पैसे गिना दो..."—"भई, तो कम-से-कम सिनेमा पूरा देख लेने में क्या हर्ज़ है?" विभा को भी लगा कि इस समय कोई तेज़ बात कहकर मूड नहीं ख़राब करना चाहिए, जल्दी से ग़ुसलख़ाने की ओर बढ़ती हुई बोली, "मुझे तुमसे कम वक़्त लगता है नहाने में। वो तो तुम्हीं औरतों की तरह घंटों लगाते हो...श्यामा, मेरी रीठों की कटोरी उठा देना, बेटी..." "लीजिए साहब, हो गया सिनेमा...रीठों से अभी तो बालों की रगड़ाई होगी।" मनुहार में ठुनकती हुई-सी विभा बोली, "तुम देख लेना, दस मिनट भी नहीं लगेंगे...भई, हमें भी बाल धोने को एक ही दिन मिलता है...पाँच मिनट में सिनेमा पहुँच जाएँगे कौन-सा पचास कोस है।" हरी ने जान-बूझकर टिकट घर के पास वाले सिनेमा का ही लिया था। उसे ठेलते हुए कहा, "अच्छा, अब जिरह मत करो और जल्दी नहा लो महारानी...श्यामा, तुम तैयार हो गई न? अब रमेश और सुरेश कहाँ निकल

गए? वे दोनों तैयार हैं न, कहीं दूर न निकल जाएँ। श्यामा, तुम तब तक खिड़की-दरवाज़े बन्द करना शुरू करो।" विभा भीतर से चिल्लाई, "सब हो जाएगा बाबा, सब हो जाएगा। तुम चुपचाप अपने जूते-मोज़े पहनो। बच्चों को घबराओ मत। दो सेकंड में खिड़की-दरवाज़े बन्द हो जाएँगे।"

और जैसे ही जूतों पर पॉलिश करके उसने पैंट खोला कि ये लोग आ गए। उसने ग़ुसलख़ाने का दरवाज़ा खटखटाकर कहा, "तुम्हारी बहन जी आई हैं, निकलो ज़रा..."

"कौन, पुष्पा? अरे, तू कब आई री? ज़रा ठहरना, बालों में रीठा लगा है मेरे।"

"और भी तो देखो, कौन-कौन आए हैं?" हरी ने अपने स्वर में अतिरिक्त उत्साह भरकर कहा, "अरे बैठिए न, बिहारी बाबू..."

"घर तलाश करने में तो बड़ी दिक़्क़त हुई। आपने भी कहाँ आकर मकान लिया है, जीजाजी!" पुष्पा बोली। अभी तक सब खड़े थे। वह ग़ुसलख़ाने को सुनाकर "जीजी, जल्दी निकलो..." कहती हुई साधिकार अन्दर कमरों में आ गई।

"मैडम, यही मिल गया सो बहुत समझो...तुम तो आ रही हो सीधी अमेरिका से, सो तुम्हें तो सभी कुछ छोटा और बड़ा वैसा-वैसा लगेगा। तीन साल में ही भूल गईं क्या कि यह हिन्दुस्तान है और यहाँ के लोग बड़े ग़रीब हैं?"

"इन्होंने तो वहीं छोटा-मोटा हिन्दुस्तान बना लिया था।" बिहारी बाबू बोले। सब लोग भीतर आ गए—"ये तो वहाँ भी अपने पापड़-बड़ियाँ बनाती थीं, मसाले पीसती थीं...गन्ध से ही सारी बिल्डिंग में पता चल जाता था कि आज शुक्ला साहब के यहाँ खाना बन रहा है...बड़ा अँधेरा कर रखा है..."

लेकिन हरी जैसे अपने सारे घर को नये आदमी की आँखों से देख रहा था। लकड़ी की बेंत की बुनी कुर्सियों पर गद्दों के कपड़ों के झालर निकल आए थे, गन्दे हो गए थे सो अलग। पर्दों के रंग एकदम फीके पड़ गए थे। बीच की गोल वाली मेज़ पर जाने किस-किस चीज़ के दाग़। प्लास्टिक की ऐश-ट्रे में बिखरी राख, और सिगरेट के पान-सने, झाँकते टोटे। उसने फ़ौरन ही आवाज़ दी, "श्यामा, ये प्लेटें तो उठा लेते बेटा..." सुबह ही ऑफ़िस का चावला आ गया था, उसी के लिए चाय आई थी। रसोई में श्यामा ने शायद सुना ही नहीं, तो ख़ुद ही प्लेट-प्याले उठाकर वहाँ ले गया—"माफ़ कीजिए, अभी आया।" भीतर जाकर दबे स्वर में श्यामा को डाँटा, "कितनी बार कहा है कि जैसे ही कोई चाय पी चुके फ़ौरन ही प्लेट-प्याले उठा ले जाया करो।" बहुत बार ऐसा होता है कि जिन लोगों को चाय पिलाने का मन या ज़रूरत न हो, उन्हें भी ख़ाली प्याले देखकर चाय के लिए पूछना पड़ता है और चाय के लिए कोई इनकार भी नहीं करता। रसोई में प्याले रखकर आते समय उसने जान-बूझकर श्यामा से आँखें नहीं मिलाईं। बरसों बाद तो आज सिनेमा चलने का वायदा किया था...वह जल्दी-जल्दी दूध गरम करके रख रही थी, नई शलवार-क़मीज़ पहने।

लौटा तो बिहारी ने बन्द खिड़कियाँ खोल ली थीं, "सारे दिन खिड़कियाँ-दरवाज़े बन्द करके रहते हैं क्या, जीजाजी?" पुष्पा पूछ रही थी। उसने जैसे ठंड से दोनों हथेलियों को एक-दूसरे में बाँधकर कहा, "यों ही...हम लोग तो अब निकलने ही वाले थे...सिनेमा के टिकट हैं..." फिर जल्दी से बोला, "अच्छा, क्या पिएँगे... कुछ ठंडा या गरम?"

"पिएँगे...पिएँगे जीजाजी, ज़रा जीजी को तो निकल आने दीजिए।" फिर वहीं से आवाज़ दी, "ओ जीजी, ज़रा निकलो भाई, अब सारे साल का नहान आज ही हो जाएगा, क्या?" और एकदम बिहारी की ओर देखकर शैतानी से बोली, "कहो... कहो, कि इतनी ज़ोर से मत चीख़ो। भई, ये हमारी जीजी का घर है। हम तो ख़ूब चीख़ेंगे। देखिए जीजाजी, इन्होंने वहाँ मेरी जान मुसीबत में कर डाली थी। ज़ोर से मत बोलो, ज़ोर से आवाज़ मत दो। बच्चे रोते थे तो ग़ुसलख़ाने में ले जाकर बन्द कर देते थे। बेचारे आपस में ऐसे बातें करते थे जैसे कोई जासूसी कर रहे हों... कहो, अब सारी शिकायतें कर डालूँ जीजाजी से?" उसने फिर बिहारी की ओर देखकर ललकारा।

बिहारी अपने मन की असुविधा या क्षोभ छिपाने के लिए विरक्ति से ऊपर छत को देखते रहे, जूते की टो हल्के-हल्के फ़र्श पर उठती-गिरती रही। जैसे वहीं से शब्द पकड़कर लाते हुए बोले, "अब देखो न, कल ही अगर हम लोग ख़बर कर देते तो कितनी आसानी हो जाती। ये लोग सिनेमा जा रहे हैं।"

"नहीं...नहीं, सिनेमा की ऐसी क्या बात है। पास ही तो है। किसी भी दिन चले जाएँगे। आप लोगों से एक अरसे बाद मुलाक़ात हुई है। पुष्पा को तो सालों बाद देख रहा हूँ..."

"सो तो ठीक है। यह तो कहिए, अपना ही घर है। लेकिन ये लोग कभी नहीं समझतीं कि दूसरों को कितनी असुविधा हो जाती है। स्टेट्स में तो पहले से सूचना दिये बिना इस तरह चले जाने की बात हम लोग सोच भी नहीं सकते..." बिहारी सचमुच बहुत अपराधी महसूस कर रहे थे।

"अब आप ही देख लीजिए जीजाजी," पुष्पा ठुनककर कहने लगी, "मैं तो इनकी इस साहबी के मारे परेशान हूँ। यह भी कोई बात हुई, हम लोग अपने घर भी अब बिना पहले से ख़बर दिये नहीं आ सकते? वो तो कहो, तुम्हारे मारे मैं होटल में टिकी हूँ, वरना जीजी का घर छोड़कर मैं कहीं और रुकती?"

बिहारी ने ज़रा रुखाई से कहा, "तुम्हें ही परेशानी होती..." जान-बूझकर वे इस वाक्य में से 'इस छोटे-से घर' में कहना बचा गए! "नख़रे भी तो तुम्हारे कम नहीं हैं कि यों बाथरूम हो, यों किचन हो...!"

"अच्छा, अब आप चुप रहिए..." तभी नहाकर विभा आ गई। सिर पर उसने तौलिया बाँध ली थी। बैठक के सामने ही सँकरी-सी बालकनी थी जो दूसरे कमरे के

सामने जाती थी। बिहारी के कारण वह ठीक से कपड़े पहनकर ही सामने आना चाहती थी। पुष्पा ने देखा तो उछलकर भागी, "मुझे तो जीजी से मिले बरसों हो गए..."

उसके इस उत्साह और उल्लास को हरी और बिहारी ने तृप्ति से देखा—शायद यह सोचते हुए कि इस प्यार के आगे अगर ज़रा-सी असुविधा हो गई तो क्या हुआ। हरी को अचानक दोनों बच्चों का ध्यान हो आया, "अरे, तुम दोनों यहाँ क्यों बैठे हो यों चुपचाप? ओ श्यामा, ज़रा इन बच्चों को उधर ही बुला लो न। नीचे से रमेश-सुरेश की आवाज़ दे लो, इनके साथ खेलेंगे..." घड़ी पर निगाह पड़ी, पौने नौ बजे हैं।

दोनों अकेले थे और बीच में कोई बात नहीं थी। क्या बात की जाए, हरी की समझ में नहीं आ रहा था। देश और विदेश की तुलना बहुत ही घिसा-पिटा विषय लगा। ऐसे समय वहाँ लोग मौसम की बातें करते हैं, राजनीति की बातें करते हैं। अपने को धिक्कारा, एक आदमी विदेश से वर्षों रहकर लौटा है और उसके पास बातें करने का विषय नहीं है। तभी विभा ने आकर उसे उबार लिया। उसने बिहारी को नमस्कार किया, संदल सोप और नारियल के ताज़े तेल की गन्ध हरी को बड़ी फूहड़-सी लगी, जैसे नहाने के बाद बिना अच्छी तरह कपड़े पहने ही विभा सामने आ गई हो। लेकिन वह बेतकल्लुफ़ी से कहे जा रही थी, "कहिए साहब, आप तो अमेरिका क्या गए, देश को ही भूल गए...आप तो एकदम साहब बन आए, ज़रा इस पुष्पा को भी बदल लाते न, यह तो कम्बख़्त जैसी गई थी वैसी-की-वैसी ही है..."

"ये तो ख़ुद आप अपने से पूछिए न, आप लोगों ने रंग ही ऐसा पक्का चढ़ाया है कि चाहे जितना घिसो, उतरता ही नहीं। अमेरिका में बैठा जो आदमी करवा-चौथ की तारीख़ का पता लगाने के लिए जीना मुहाल कर दे, उसमें क्या बदलेगा?" बिहारी शिकायत से बोले, लेकिन स्वर में सन्तोष ही अधिक था।

"कुछ खाना-पीना भी सीखी या..." हरी ने पूछा।

"अंडे तो खा लेती है..."

"क्यों री..." सुनते ही विभा मुड़ी। पुष्पा पीछे खड़ी होंठों पर उँगली रखे बिहारी को यह बात न कहने के लिए बरज रही थी। पकड़ी जाकर लाल हो उठी। "क्या करूँ जीजी, मुझे पता ही नहीं चला। आइसक्रीम में खिला दिया, फिर खाना पड़ा। अब खड़े-खड़े हँस रहे हैं, दूसरों का धरम भ्रष्ट करते शरम भी नहीं आती..."

हरी ने तालियाँ बजा दीं, "अरे, यह हुई न कुछ बात...! अभी लाता हूँ अंडे, कोई अमेरिकन डिश तैयार हो जाए। क्यों बिहारी साहब..." उसने बिहारी को भी अपनी तरफ़ मिला लिया। मन में लगा ये सब क्या बकवास हो रही है, लगता है, ये लोग अभी जमेंगे।

"देखो जी, ये सब इस घर में नहीं होगा। अपनी साली के यहाँ जाकर करना जो मन हो सो।" विभा ने डाँट दिया, "अच्छा सुनिए, जाकर टिकट तो लौटा आइए, फिर किसी दिन चले चलेंगे।"

"नहीं...नहीं, आप लोग जाइए न, हम लोग भी अब चलेंगे।" बिहारी ने उठने का भाव दिखाकर कहा।

"मैं तो नहीं जाती। लो सुनो, जीजी, इनकी बात। मैंने कितनी मुश्किलों से तो संडे का दिन इनसे फ्री रखवाया है, वरना इनकी मीटिंगों-कॉन्फ्रेंसों के मारे किसी को दमभर की फ़ुरसत मिलती है? रात को दस-दस बजे तक चलती हैं।" पुष्पा ने नकियाए स्वर में शिकायत की।

हरी उठते हुए कहने लगा, "इन्हें भी ले चलें न, वहाँ तीन-चार टिकटों का कुछ-न-कुछ इन्तज़ाम हो ही जाएगा।"

"नहीं जी, अब सिनेमा देखेंगे या इनसे गप्पें लड़ाएँगे। सिनेमा तो इन्होंने एक-से-एक अच्छे देखे ही होंगे।" विभा ने कहकर आवाज़ दी, "श्यामा बेटे, ज़रा चाय का पानी रख देना..."

"चलिए, हम और आप चलें।" बिहारी भी उठ खड़े हुए। उनके उठने-बैठने, बातचीत सभी में एक अमेरिकन लहजा आ गया था। विभा ने चुपचाप हरी की मुट्ठी में दस रुपये का नोट पकड़ाते हुए कहा, "कोई अच्छी-सी मिठाई लेते आना, पहली बार आए हैं।" तलख़ी से वह मन-ही-मन मुस्कराया, उसका कोई दोस्त आ जाता तो क्या इस तरह रुपये निकालकर दे दिये जाते? अभी सुबह ही जब हिसाब लगाया था तो पता चला कि हज़ार रुपयों का क़र्ज़ा लिये बिना अब गाड़ी नहीं खिसकेगी। रेडियो के देने हैं, पिछले जाड़ों का हिसाब अभी नहीं चुकाया। दस-बारह रुपये आज बेकार इन लोगों की भेंट हो जाएँगे। लेकिन सिनेमा जाते तब भी तो इतना ही ख़र्च होता...टिकट लौटाए तो हरी को हल्की कचोट हुई, सिनेमा इतने पास है, लेकिन दो-चार महीने में कार्यक्रम बनता है तो कभी एक बार भाग-दौड़कर जा पाते हैं। बेचारे बच्चों को तो वही संडे मिल पाता है, वरना दफ़्तर से थककर चूर-चूर होकर जब साढ़े सात-आठ पर घर आओ तो कहीं जाने की हिम्मत रहती है? महीने का दूसरा शनिवार छुट्टी का होता है, लेकिन तब पैसों का ख़याल बाँध लेता है...अब क़र्ज़ा कहाँ से लिया जाए...हो सकता है, आज वह चिट-फ़ंड वाला सेठी ही चला आए...उससे बात हुई थी कि वह उसका नम्बर निकलवा देगा। ये साढ़े तीन हज़ार मिल जाएँ तो मज़ा आ जाए...फिर चुकते रहेंगे...उसकी भीतरी परेशानी अशिष्ट चुप्पी के रूप में न प्रकट होने लगे, इसलिए वह रास्ते-भर अमेरिका की बातें पूछता रहा, बिहारी को दिल्ली की बसों, मकान के किरायों, महँगाई और बेईमानी की बातें बताता रहा। बिहारी आते ही मध्य प्रदेश की किसी मिल में इंजीनियर हो गए थे। जिस फ़र्म की तरफ़ से अमेरिका गए थे उन लोगों ने वायदे के पैसे नहीं दिये, इसलिए यह नई नौकरी करनी पड़ी। अच्छी है। उसी सिलसिले में दिल्ली भी आना पड़ा। अगली बार जब भी आएँगे, मिल की गाड़ी उनके डिस्पोज़ल पर रहा करेगी। हरी ने सोचा, तब तो आदमी काम का है। गाड़ी का कुछ उपयोग तो वह

अपने और बच्चों को घुमाने के लिए कर ही सकेगा। अब तो आधा पैसा आने-जाने पर लुटाना पड़ता है, बच्चों को कहीं लाओ-ले जाओ तो...उसके सारे व्यवहार में अपनापन और उत्साह आ गया...

"अरे वाह मिश्रा जी, आज तो बड़े-बड़े डिब्बे मिठाइयों के उठाए लिये जा रहे हो।" सुनकर चौंका तो देखा, विद्याबाबू अपने फ़्लैट के बरामदे में खड़े थे। नहाकर आए थे और कन्धे उचका-उचकाकर क़मीज़ को शरीर पर ठीक करते बटन टटोल रहे थे।

"हाँ, यों ही, कहिए। आज तो हजामत बनवा ली। ये मेरे ब्रदर-इन-ला यानी साढ़ू साहब हैं। पाँच साल अमेरिका में रहकर आए हैं सो बोले, "यहाँ की मिठाइयाँ खाए बरसों हो गए। बड़ी ऊँची जगह चीफ़-इंजीनियर होकर आए हैं।" बोलते समय भी हरी को लगा कि बिना पूछे यह सब बताने की उसे ज़रूरत क्या है। लेकिन विद्याबाबू के चेहरे पर रौब और सम्मान का भाव देखने का प्रलोभन था।

बिहारी को शिष्टता से नमस्कार करके विद्याबाबू ने सफ़ाई दी, "क्या करें, यही एक दिन तो मिलता है। अच्छा, वो काग़ज़ आपने देख लिये न?"

"अभी कहाँ, भाई?" फिर चलने को होते हुए कहा, "आज देख लूँगा।"

"कहाँ यार, ज़रा-सी बात के लिए आपने उस काग़ज़ को दस दिनों से अपने पास डाल रखा है। वहाँ जाकर फिर आप भूल जाएँगे और बात फिर अगले संडे पर टल जाएगी। चलिए, मैं साथ चलता हूँ, उन पर एक मिनट में निगाह डालकर आप काग़ज़ मुझे दे दें।" और बिना उत्तर की राह देखे, घर की ओर मुँह करके 'ड्राइंगरूम का दरवाज़ा बन्द कर लेना' का नारा लगाकर हरी के साथ हो लिये। धूप कुछ तेज़ हो गई थी और ये लोग भरसक मकानों की छाँह-वाली पट्टी पर ही चल रहे थे। बिहारी शायद कोट में बेचैनी महसूस कर रहे थे, उनका हाथ किसी और उद्देश्य से ऊपर उठता था, लेकिन टाई को लम्बाई में सहलाता हुआ लौट आता था। उन्होंने पूछ लिया, "क्या काग़ज़ हैं?"

"जी, कुछ नहीं। यों ही एक कौपरेटिव स्टोर खुलवा रहे हैं मुहल्ले में। चीज़ों के दाम ऐसे दुगुने-तिगुने कर देते हैं लोग, कि मुसीबत है। बजट अनाउंस होने से पहले ही दाम बढ़ जाते हैं। सुना कि कुछ ऊँची क़िस्म की सिगरेटों के दाम बढ़ेंगे, लीजिए साहब, पनामा तक के दाम दस-बारह पैसा बढ़ गया। अब कुछ तो रिलीफ़ मिलेगा।" विद्याबाबू साँस रोककर पेट पिचकाए पाजामे की सलवटें ठीक करते चल रहे थे।

"वहाँ स्टेट्स में भी हर दूसरे महीने चीज़ों के दाम बढ़ते जाते हैं क्या?" हरी ने पूछा। उन्हें कहीं अच्छा नहीं लगा था कि अमेरिका से लौटे ऐसे महत्त्वपूर्ण व्यक्ति की तरफ़ विद्याबाबू ध्यान ही नहीं दे रहे।

"बात यह है कि वहाँ सच्चे अर्थों में एफ़्लुएंट सोसायटी है, दाम बढ़ भी जाएँ तो लोगों को फ़र्क़ नहीं पड़ता।" बिहारीलाल हिन्दी को भी कुछ ऐसे हाव-भाव और लहजे में बोलते थे जैसे अंग्रेज़ी ही बोल रहे हों।

तीनों जब ऊपर पहुँचे तो मिस्टर और मिसेज़ जैन बैठे थे। हरी ने नीचे ही स्कूटर खड़ा देख लिया था। सोचा, कोई ज़रूर इस बीच आ गया है। फिर मन समझा लिया, एक क्वार्टर में चार-चार फ़्लैट्स हैं, हो सकता है कोई नीचे या बग़ल वाले मेनन के यहाँ आया हो। देखते ही बोल उठा, "अहा, जैन साहब हैं। भाभीजी भी साथ हैं, बड़ी क़िस्मत है। लेकिन अकेले ही बैठे हैं, ये लोग किधर चले गए?"

मुस्कराते हुए जैन उठ खड़े हुए, "देख लीजिए, आख़िर आ ही गए। आपकी न जाने कितने दिनों की शिकायत थी, इधर आना हुआ था तो सोचा कि आपको भी दर्शन देते चलें।" उन्होंने बुश्शर्ट के पल्ले नीचे करने के बहाने हल्दी के दाग़ को ढक लिया।

हरी ने परिचय कराया, "आप ए.एल. जैन हैं। पहले बग़ल वाले फ़्लैट में ही रहते थे और तीन साल हमें कभी लगा ही नहीं कि ये दो घर हैं। अब तो जब से जैन साहब ने अपना मकान बनवाया है तब से यही समझिए कि हम तो बे-घर हो गए। आज इधर कैसे भूल पड़े, जैन साहब?"

"बस, यों ही, इधर आए थे, सोचा कि पुराने पड़ोसियों के यहाँ भी हाज़िरी देते चलें..." जैन साहब ख़ुश हो गए। गम्भीर होकर बोले, "आपको एक ख़ुशख़बरी देनी थी।"

सबके कान खड़े हुए। उत्सुकता का मज़ा लेने के लिए उन्होंने ख़ूब आराम से सिगरेट निकालकर सबके सामने घुमाई और मुँह में लगाकर गहरा क़श लिया, "बात यह है कि अगली बार कुबेर चिट-फ़ंड वाले आपका नम्बर निकाल रहे थे। कल रात को सेठी से मुलाक़ात हो गई थी। कह रहा था कि इस बार आपको दिलवा ही दिया जाए। अगले रविवार को ऑक्शन है। मैंने कहा कि मुझे कल ही जाना है उधर, सो आपको बता दूँगा।"

"सऽच?" हरी के मुँह से निकल गया। एक गुदगुदी-सी भीतर से उठती चली गई। उसे छिपाने के लिए दोनों हाथों को टाँगों के बीच में दबाकर तनकर बैठते हुए कहा, "लेकिन इसके लिए आपने तकलीफ़ क्यों की? कल ऑफ़िस में ही बता देते न..."

"ऑफ़िस में मिठाई थोड़े ही मिलती?" जैन ने बेतकल्लुफ़ी से कहा, "अब तो चाय पिलवा दो।"

"ज़रूर-ज़रूर।" ख़ुशी से उसने पूछा, "ठंडा पिएँगे या गरम? ये लोग किधर ग़ायब हो गए?"

"शायद रसोई में हैं।"

"अरे तो भाभीजी, आप यहाँ क्यों बैठी हैं? आप तो इस घर की मालकिन हैं। अब खाना-वाना खाकर जाइएगा। बिहारी बाबू, ये लोग जब यहाँ थे तो समझ लीजिए, महीने में बीस दिन साथ ही खाना होता था..." वह उत्तेजना में बताने लगा। फिर चिट-फ़ंड की सारी स्कीम समझाई कि इससे किस तरह इकट्ठा पैसा मिल जाता है, बेईमानियाँ भी हैं, लेकिन जो कम्पनियाँ ईमानदार हैं, वे कैसे थोड़ी आमदनीवालों को आसानी कर देती हैं। अब इस साढ़े तीन हज़ार को सौ रुपये महीने से चुकाते रहिए...सहसा उसे ख़याल आ गया कि उसने उनसे कुछ पीने को पूछा था। "आपके लिए कुछ ठंडक का इन्तज़ाम कराता हूँ।" वह उठ खड़ा हुआ।

"अरे, ये सुरेश-वुरेश किधर भाग गए..." कहता हुआ वह बाहर आ गया। चारों बच्चे बग़लवाले कमरे में पलंग पर कैरम खेल रहे थे। जैसे-तैसे मनाकर सुरेश को कोकाकोला लाने को भेजा।

बैठक में आते ही कहा, "जैन साहब, ये विभा मान नहीं रही है। अब तो खाना खाकर ही जाना होगा। बन ही रहा है।" सोचा कि अच्छा है विभा का सामना नहीं हुआ। रुपयों का क्या-क्या लाना होगा, उसके मन में योजनाएँ उभरती चली आ रही थीं।

"छोड़िए साहब, क्या रखा है इस तकल्लुफ़ में। कोकाकोला पीकर ही हम तो चलेंगे।"

"अब वह नहीं मानती। मुझ पर डाँट पड़वाने की बजाय, आप सीधे ही निपटिए।" वह मजबूरी से बोला। बिहारी अख़बार उठाकर पढ़ने लगे थे और विद्याबाबू मुँह टेढ़ा करके दाँत कुरेद रहे थे।

झटके-से उठकर भारी शरीर को रसोई की तरफ़ ले जाते हुए मिसेज़ जैन बोलीं, "विभा, ये खाने-वाने का क्या लगाया है, हम कोई पराए हैं..."

हरी डरा, विभा कहीं ऐसा न दिखा दे कि पोल खुल जाए। मगर वह सँभाल लेगी। बड़ी व्यस्तता से जैन का ध्यान उधर न जाने देने के लिए उसने कहा, "अच्छा वो गांगुली से अलमारी का हिसाब हो गया?"

"कहाँ भाई, उसी चक्कर में आया था। अब फिर अगले महीने को कहते हैं।" जैन ने फिर विद्याबाबू को समझाया—"जब मैंने मकान ख़ाली किया था न, ये 28 नम्बर वाला गांगोली बोला, ये गोदरेज की अलमारी हमें देते जाओ। हमने भी सोचा कौन लादकर ले जाए, मुझे तो नई मिल जाएगी। सो आज दो साल हो गए, पैसे देने का नाम नहीं। बच्चे-पर-बच्चे किये जाता है, पैसा बचेगा कहाँ से...! कहता है ब्याज सहित दे दूँगा। बोलो, मुझे तो पैसे की ज़रूरत अब है, तुम्हारे ब्याज को लेकर क्या चाटूँगा!" जैन ने जिस ढंग से बात कही सब हँस पड़े, लेकिन वह उसी गम्भीरता से बोले, "कहे देता हूँ हज़ार रुपये मुझे देने पड़ेंगे, महीने-दो महीने को। साला ठेकेदार जान खाए जा रहा है। विद्याबाबू, मैं तो इस नतीजे पर पहुँचा हूँ कि भूलकर भी दिल्ली में मकान न बनवाएँ।"

सुरेश चार बोतलें और पान ले आया था। गीली बोतल को रूमाल से पोंछकर सीधे ही मुँह में उड़ेलते हुए बिहारी बाबू ने घूँट भरा। "देखता हूँ, यहाँ भी कोकाकोला बहुत चल गया है।"

तीली पड़ी बोतल के आधे कत्थई-पानी को देखते हुए जैने बोले, "अजी कुछ नहीं, रंगीन पानी है। बोतल में ठंडा करके भर देते हैं और ब्लैक करते हैं।"

"कम-से-कम मेहमानों की ख़ातिर तो हो ही जाती है।" विद्याबाबू हुक़्क़े की नै की तरह तीली को पकड़े सूत रहे थे। एक ही साँस में ख़त्म करके झटके से डकार लेकर मुँह बनाया, "लाओ हरी बाबू, वो काग़ज़ तो दो, मैं चलूँ। साली नींद आ रही है। क्या मौसम है कि कुछ करने को ही मन नहीं करता।"

"लाता हूँ यार, तुम्हें कौन-सी मुहिम पर जाना है। घर जाकर सो ही तो जाओगे।" लेकिन हरी मन-ही-मन डरा, अगर रुक गया तो खाना खाएगा। झूठे से भी खाने को कहो तो मना नहीं करता। फिर ख़ुराक भी साले की अभी तक वही दहकानी है। दस रोटियाँ तो बिना आग्रह के चबा जाता है। इस ओछेपन पर अपने को समझाया, किसी के खाने से फ़र्क़ नहीं पड़ता, लेकिन बेचारी विभा को बिना पूर्व-सूचना दिये ऐसे लोगों से कैसी परेशानी हो जाती है। जिस इत्मीनान और रुचि से यह खाता है उसे देखकर लगता है कि हमारे यहाँ खाने का कितना महत्त्व है, लोग सिर्फ़ इसलिए जीते हैं। कोई कह रहा था, भारतीय संस्कृति पेटुओं की संस्कृति यानी कल्चर ऑफ़ ग्लटंस है...

रात को सोते हुए हरी को महसूस हुआ, शरीर के जोड़-जोड़ में दर्द हो रहा है। सारे दिन नक़ली मुस्कराहटें, स्वागत, विदाइयाँ—कभी इधर आइए जी...देखो, ज़रूर आ जाना...खाना-पीना उधर ही होगा...अजी, मटर-पनीर की सब्ज़ी तो आपने छुई ही नहीं...श्यामा, ज़रा भर्ता और छोले दे जाना...अच्छा दो बोतल तुम भी पी लेना, लेकिन देखकर लाना, ख़ूब ठंडी हों...ये रेडियो इतनी ज़ोर से कौन बजा रहा है...बेटा, सोफ़े पर नहीं उछलते, बाहर जाकर खेलो न...कोई बात नहीं, चादर धुल जाएगी...हाँ साहब, नीबू की चाय की तो ताज़गी ही और है...करवट बदले विभा रो रही थी—हम तो नौकर हैं, सारे दिन साँस लेने की फ़ुरसत नहीं मिली है। रामकिशोर, उसकी बीवी, बहन के लिए नाश्ते की क्या ज़रूरत थी? अच्छे-खासे वे लोग जा रहे थे, नहीं जी, कुछ खाकर जाइए...बिना उसे बस-स्टैंड तक छोड़े क्या वे लोग अपने-आप जा नहीं सकते थे? हरी को ग़ुस्सा आ गया था इस संकेत पर कि शिष्टाचारवश नहीं, वह रामकिशोर की बहन के कारण उन्हें बस तक छोड़ने गया था...बच्चों के लिए एक आइसक्रीम में पैसे का रोना और उन्हें मिठाई-चाय सब चटाई जा रही हैं...मुझसे तो बदतमीज़ी नहीं होती, उनके यहाँ जाओ तो कितनी

ख़ातिर करते हैं, कभी बिना खाए आने ही नहीं दिया...तुम्हें खिला देते हों, हमें तो कभी एक पान भी नहीं खिलाया...कौन कहाँ मुझे क्या खिलाता है, सबका हिसाब दिया करूँ?...और वह भन्नाता हुआ हिसाब लगाने लगा कि आज कुल मिलाकर कितने लोग आए होंगे...दस रुपयों की मिठाई, दो बार कोकाकोला मँगाया दो रुपये, एक रुपये के पान, दो के काजू...

फिर उसे विभा पर दया आने लगी—बेचारी सुबह से बिना आराम किये लगी ही रही है, अभी भी ढेर सारे बरतन मलकर चली आ रही है पौने बारह बजे, वरना सुबह स्कूल के बच्चों और उसे खाना नहीं मिलेगा...इस बार विभा को लेकर कहीं बाहर जाना चाहिए, इस ऊब से तो छुट्टी मिलेगी...उसने प्यार से विभा के कन्धे पर हाथ रखा तो कुहनी झटककर हाथ हटा दिया गया...तब उसे ध्यान आया कि आज सुबह से अख़बार ही नहीं देखा, वैसा ही बँधा कहीं पड़ा होगा...

एक-एक रुपये वाले पाँच टिकट गिनकर हरी ने जेब में रखे। "अच्छा है, जल्दी ही निकल लिये, भीड़ भी नहीं है। हाँ, अब यहाँ तय कर लो कि कहाँ-कहाँ चलना है। आज सारी दिल्ली की बसें तुम्हारी हैं। सबसे पहले तो चलते हैं—आर.के. पुरम, पिछली बार ब्रिज मिला था तो ज़िद कर रहा था कि भाभी को भी लाना और सारे दिन का प्रोग्राम बनाकर आना...आज उसका फ़र्नीचर भी देख लेंगे...पैसों की जल्दी नहीं है, देते रहेंगे आराम से..."

आराम से बस में बैठकर विभा ने साँस छोड़ी, "ताला लगाते-लगाते मेरा तो दिल धड़क रहा था कि पिछले संडे की तरह सुबह-सुबह ही कोई आ न धमके..."

"तुम्हें एक बात मैंने नहीं बताई..." हरी ने भी शैतानी से कहा, "जब हम लोग आ रहे थे तो सेठी लपका हुआ हमारी तरफ़ जा रहा था। चिट-फ़ंड वाले ऑक्शन के लिए मुझे लेने आया होगा..."

विभा ने मुँह बिचका दिया। कुछ देर बाद बोली, "अब उधर मत देखो, लौटते हुए निगाह पड़ जाए तो कहेगा कि इन्हें पता था, फिर भी..." वह ख़ुद दूसरी ओर देखने लगी। "श्यामा, कुहनी अन्दर कर लो...मैं तो किसी के यहाँ जाकर आराम से बैठूँगी..."

रिमाइंडर

सोते समय ज़रा-सी देर के लिए एक बूढ़ी छाया मँडराई और फिर टेलीफ़ोन की घंटियों और फ़ाइलों के प्रवाह में घुलकर खो गई। जिस बेचैनी के कारण नाथ ने अँधेरे में टटोलकर सिगरेट जलाई थी, वह उसे फिर याद ही नहीं आया। वह आज के सारे दिन को मन-ही-मन दुहराने लगा।

हालाँकि इतना ज़्यादा झुकने और लम्बा हाथ बढ़ाकर टेलीफ़ोन रखने की बिलकुल भी ज़रूरत नहीं थी, लेकिन नाथ ने इसी तरह उसे वापस रखा। वह कहीं बहुत हल्का हो आया था। झटके से हरे काले टेलीफ़ोन, फ़ाइलें, पेपरवेट और पिनकुशन, विज़िटिंग-काड्‌र्स सभी सामने उग आए। उसने उँगलियों से बुशर्ट के कॉलर ठीक किये, घड़ी देखी और फिर अपने भीतर से निकलकर पूरी तरह ऊपर आ गया। उसने निश्शब्द दुहराया, 'नालायक...गधा।' दरवाज़े की आड़ करने वाले 'पार्टीशन' के मोटे मटमैले कपड़े के पार एक छाया दिखाई दी, तो खिंची रबर जैसी मुस्कराहट छूटकर वापस सिमट गई।

"नालायक...गधे।" फ़ोन के दूसरे सिरे से केदार बोला था, "सुना है अपने मिनिस्टर साहब के साथ-साथ तुम भी बहुत बड़े आदमी हो गए हो। बीस दफ़ा टेलीफ़ोन करो तो सेक्रेटरी कहता है कि साहब ये कर रहे हैं, वो कर रहे हैं। इस बार नहीं मिलता, तो मैं ज़िन्दगी-भर तुझ साले से बातें न करता..."

नाथ के माथे की दोनों आड़ी रेखाएँ नाक की सीध में नाली की तरह उभर आईं। हकलाकर बोला, "जी...जी...मैंने आपको पहचाना नहीं..."

"हाँ-हाँ, लाटसाहब के नाती, अब पिताजी को क्यों पहचानोगे?" उधर से जवाब आया। आवाज़ बहुत परिचित थी, लेकिन पकड़ में नहीं आ रही थी। ऑपरेटर ज़रूर सुन रही होगी। झुँझलाहट दबाकर बोला, "जी, मैं टेलीफ़ोन रखता हूँ, आप..."

सचमुच ही लाइन न कट जाए, इसलिए उधर से जल्दी से परिचय आया, "क्या करता है बे, परमपूज्य केदार जी को नहीं पहचानता?"

"अरे, आप केदार जी हैं, कहिए, कब तशरीफ़ लाए?" उसने यह वाक्य किस तरह कहा, वही जानता है। भीतर से विस्फोट तो कुछ इस तरह का हुआ था कि वह यों ही रिसीवर उठाकर नाचने लगे, "अबे साले केदारे, तू कहाँ मेरी जान, कब आया? एकदम चला आ..."

"जी, हम यहाँ परसों से तशरीफ़ रखे हुए हैं और आपको लगातार फ़ोन पर पाने की कोशिश कर रहे हैं। अब आप जहाँ हैं वहीं जमे रहिए। हम वहीं पधार रहे हैं। बस, ज़रा यह समझा दीजिए कि अशोक होटल से यह जगह किधर पड़ेगी, बात यह है कि दिल्ली का नक़्शा..."

"भई, आपके आने से बड़ी ख़ुशी हुई। आप शाम को हमारे साथ ही खाइए न..." अपनी समझ में उसने मन में उठती बात का अनुवाद किया था, जो कुछ इस तरह थी, 'बेशर्म वहाँ बैठा-बैठा हमारे ऊपर 'अशोक' का रोब डाल रहा है, यहाँ क्यों नहीं मरता आकर..."

"बात यह है मिस्टर नाथ, हमें अपनी डायरी देखनी पड़ेगी, तभी कुछ तय किया जा सकेगा।" और इस बात के साथ ही ज़ोर की खिलखिलाहट के साथ सुनाई दिया, "वाह, मान गए बेटा! बड़ा तमीज़दार हो गया है। खाना-वाना तो होगा ही, हम तो अभी आकर तेरा बड़प्पन झाड़ेंगे।"

"इस वक़्त? इस वक़्त जो नहीं भाई। बहुत काम पड़ा है। कल मिनिस्टर साहब को पार्लियामेंट में कुछ बहुत ही ज़रूरी काग़ज़ात पेश करने हैं। आपसे बातें नहीं कर पाऊँगा। शाम को क्या कर रहे हैं?"

"कर रहे हैं तेरा सिर! अच्छा, ठहर ज़रा एक मिनट, उँ-उँ-उँ हाँ, शाम को डिनर है ट्रेड-रिप्रेजेंटेटिव के साथ। पाँच से सात का वक़्त ख़ाली है।"

"ठीक है, वही सही। साढ़े पाँच पर 'वोल्गा' में मिल जाइए..."

"अरे, तुझे हो क्या गया है? मिल जाइए...मिल जाइए..."

इधर से कोई जवाब नहीं गया।

"ठीक है साढ़े पाँच" सुनते ही फ़ोन हाथ में पकड़े-पकड़े उँगली से बटन दबाकर लाइन काट दी। चेहरा सख़्त हो आया। यह साला रहा वही उजड्ड। इतना संकेत दे रहा हूँ, लेकिन वही जंगलीपना। सुना तो था कि किसी प्राइवेट फ़र्म में है। किसी लाइसेंस-वाइसेंस के चक्कर में तो नहीं आया। यहाँ नहीं बुलाया, अच्छा ही हुआ, मुसीबत कर देता। ख़ुद काफ़ी ऊँची जगह होगा, मगर पोज़ीशन किस तरह रखी जाती है, इसकी तमीज़ नहीं है।

देर तक उसकी समझ में नहीं आ सका कि क्या काम करना है, शायद ऐसा कोई काम था भी नहीं। मगर कुछ देर बाद ही एक के बाद एक, सैकड़ों काम याद आने लगे।

शाम को जब वह ठीक साढ़े पाँच पर 'वोल्गा' पहुँचा, तो एकदम सख़्त और संयत था। दरवाज़ा खुलते ही सुहानी ठंडक लपककर उसकी ओर बढ़ आई, साथ ही पीछे से किसी ने उसे कन्धों से पकड़कर बाँहों में भींच लिया, "कहो बेट्टे, एकदम साहब बहादुर के टाइम से चले आ रहे हो..."

"हल्लो-ो-ो," उसने आवाज़ में नक़ली उत्साह भरकर कहा और हाथ बढ़ाया। केदार ने हाथ झटक दिया और उसकी कमर को घेरे हुए ही कुर्सियों की तरफ़ बढ़ने लगा।

गर्मियों में यों ही कपड़े एक बार से ज़्यादा चलते नहीं हैं, फिर भी इस तरह चिपकाना और भी झुँझल पैदा करता है। वह बेतकल्लुफ़ी से नाथ को यों ही समेटे हुए धम्म से सोफ़े पर गिर पड़ा, "लगता है, मिनिस्टर तुम्हारा एकदम कोई काठ का ही है, उसकी सारी मशीन तुमसे ही चलती है।"

"सब ऐसा ही है।" नाथ ने उठकर बैठने की कोशिश की। बेकार ही आया। टाल भी सकता था। अजीब ऊब और निराशा भर गई है। कहीं यह जानने की कोशिश तो नहीं कर रहा कि मिनिस्टर पर मेरा कितना असर है। उठती जमुहाई दबाकर बोला, "आप बताइए कुछ..."

"देख नाथ, मुझसे बातें करनी हैं तो यह आप-आप तो कर मत..." केदार ने सचमुच ही झुँझलाकर कहा, "बोलो, पेरिस और लन्दन में जहाँ दुनिया-भर की तमीज़ और तकल्लुफ़ की ज़रूरत थी, वहाँ तो बिना माँ-बहन की गालियों के बात नहीं करते थे और यहाँ आते ही एकदम साहब हो गए।" शायद उसे भी लगा कि वह बेकार ही मिला।

सहसा अनेक घटनाएँ दोनों को एक ही साथ याद हो उठीं। पार्टियों और रेस्तराओं में दोनों निहायत ही तकल्लुफ़ाना कपड़ों में, 'स्मार्टनेस' और तहज़ीब के पुतले बने अपने देश का प्रतिनिधित्व करते। गम्भीर चेहरे बनाए ठेठ मुग़लिया अदब और अन्दाज़ से एक-दूसरे के सामने झुक-झुककर चीज़ें पेश करते, प्रस्ताव करते और स्वीकृति तथा अस्वीकृति बनाते। फुसफुसाकर एक-दूसरे से बोलता और दूसरा सख़्त चेहरा किये ग़ौर से सुनता। मसलन खाने के लिए आग्रह करते हुए, एकदम दरबारी मुद्राओं के साथ, कोई फ़ोहश-सी गाली जोड़कर बहुत धीरे-से एक कहता, "...वाले, अगर अपनी ऐसी-तैसी करनी हो तो यह सानी भी ठूँसिए..." उसी संजीदगी से दूसरा जवाब देता, "थैंक्यू हरामी के पिल्ले, पहले कुछ पिला तो बहन..." "ओह, श्योर," आसपास अपनी ज़बान न जानने का कैसा सुख था, फिर भी बात कुछ इस तरह कही जाती थी कि जाननेवाला भी समझ न सके। बचपन से लेकर अब तक सुनी कौन-सी ऐसी नई-पुरानी गालियाँ नहीं थीं, जो 'सॉरी', 'श्योर', 'थैंक्यू' के बन्द लगा-लगाकर, हँसी रोके दोनों एक-दूसरे पर न आज़माते हों...सातवीं क्लास में भी दोनों एक बार राम-लक्ष्मण का वेश बनाए, बाक़ायदा धनुष-बाण लेकर भरी

क्लास में जा पहुँचे थे। शैतानियों के साथ हँसी ज़ब्त किये रखने का अभ्यास तभी से किया था। याद आते ही दोनों साथ खिलखिलाकर हँस पड़े।

नाथ को लगा, बिना ज़रूरत वही कुछ ज़्यादा 'फॉर्मल' हो गया था। शिकंजे के कसाव से छूटने की साँस उसे सहसा ही सजीव बना गई।

घंटा-सवा घंटा दोनों, 'सत्यानाश कर दिया इस साली नौकरी ने...' 'इस काम ने तो हमें घोंटकर रख दिया...सोचा था कि दिल्ली में पहुँचकर सबसे पहला काम यही करूँगा कि जैसे भी हो तुझे खोदकर निकालूँगा, फिर डटकर दो घंटे गाली-गलौज होगी,' जैसे वाक्यों के बीच जाने कब-कब की बातें करते रहे।

घड़ी देखकर झटके-से केदार ही उठा, "अब चलें, यार..."

कॉरीडोर में अचानक फिर नाथ को याद आ गया कि वह सेंट्रल मिनिस्टर का निजी पी.ए. है और डेढ़ घंटे भीतर बैठकर, पुरानी बातें करते हुए वह सिर्फ़ ऊबता रहा है। यह ताज़गी तो केवल आराम करने के कारण है। उनका हाथ कड़ा होकर केदार के हाथ से अलग हो आया और इस तरफ़ उसका ध्यान न जाए, इसलिए उसने जेब से कार की चाबी निकाल ली।

"अबे देख, सामने कौन है?" अचानक केदार ने रुककर धीरे से कहा।

"किधर?" वह चौंककर घूम गया, कहीं मिनिस्टर न हों।

दूर पर काले थ्री-पीस सूट में एक बुज़ुर्ग धीरे-धीरे बेंत हिलाते हुए इस तरफ़ ही आ रहे थे। पहचानने में देर नहीं लगी, प्रोफ़ेसर लाल हैं।

"यार, यह बुड्ढा बोर करेगा। ज़रा इधर आड़ में हो लें..."

दोनों खम्भे और चिक के पीछे हो गए। प्रोफ़ेसर लाल ने बरसों केदार की फ़ीस अपनी जेब से दी थी और विदेश जाने से पहले तैयारी के लिए नाथ को दो हज़ार का चेक भी उन्हीं से मिला था। लाल अपने में व्यस्त बिलकुल पास से गुज़र गए, तो परिचित 'गन्ध' की आश्वस्ति के साथ दोनों ने ही सुख की साँस ली। झुककर अदब से नमस्कार करना पड़ता और भीतर कचोट रहती कि पाँव न छूकर केवल नमस्कार ही कर रहे हैं। जो कुछ लिया है, किसी दिन उतने का चेक बनाकर डाक से सधन्यवाद भेज देंगे—दोनों ने शायद पिछली अनेक बार की तरह इस समय भी सोचा। उनकी नीयत बिलकुल भी ख़राब नहीं है। सोचकर अच्छा लगा कि वे अभी भी कहीं ईमानदार हैं।

फिर दोनों ही अपरिचितों की तरह सीढ़ी से उतरे। एक-दूसरे को टा-टा का हाथ हिलाते हुए एक अपनी गाड़ी की तरफ़ बढ़ गया और दूसरा टैक्सी की तरफ़। गाड़ी स्टार्ट करके गियर बदलते हुए नाथ को ध्यान आया, केदार को वह ख़ुद छोड़ सकता था। कम-से-कम अगला 'एपॉइंटमेंट' तो तय कर ही लेता। छोड़ो, उसने अपने से कहा और झटके से गाड़ी चला दी। दो उँगलियों से फिर गले के पास कॉलर ठीक किया।

लगा, किसी बहुत ही अँधेरी, घुटी जगह से निकलकर खुली जगह में चला आया है...जान-बूझकर कनॉट प्लेस के गोल कॉरीडोर की तरफ़ न देखकर दूसरी तरफ़ देख रहा था, कोई पुराना परिचित फिर से न दीख जाए...

फ्रैंच-लैदर

एक के ऊपर ही दूसरी आवाज़ लगाता है, यह नहीं कि ज़रा साँस ले। साले के गले में भोंपा लग हुआ है! केसरी हड़बड़ाहट में कोट से जूझता हुआ टिफ़िन का डिब्बा निकाल रहा था। अब जब भी नया कोट बनवाने का मौक़ा मिला, वह दर्ज़ी से ज़रूर ये जेबें बड़ी करने को कहेगा। घंटा-भर डिब्बा निकालने में लगता है। निकल उल्लू के घोड़े, वरना वह अभी फिर दहाड़ेगा। ज़रा-से काम के लिए ऐसा चीख़ेगा जैसे आग लग गई हो या सिर पर बम आ पड़ा हो। अपनी दहाड़ इतनी ही प्यारी है तो सामने घंटी क्या अचार बनाने को रखी है? पता नहीं, मुझ पर इस तरह क्यों खिजलाया रहता है जैसे मेरी ही वजह से कम्पनी नुक़सान में चल रही हो। बन्द कर दे न, अपनी इस नानी को। तुझे क्या हकीम ने बताया है कि कम्पनी चला? जितना लगाया है उतना तो निकाल ही लिया होगा। और बन्द कर या चला। सात साल का प्रॉविडेंट-फ़ंड तो तेरे बाप से रखवा लेंगे हम लोग...इसीलिए तो बन्द नहीं करता...तीन महीने की पे...

लिपटा हुआ अख़बार ज़रूर फट गया, लेकिन जैसे-तैसे डिब्बा निकला। अन्दर के सब्ज़ी-पराँठों की वजह से अभी तक गरम था। डिब्बा भी ऊपर से खजैला हो गया है। रोज़-रोज़ की इस खींचतान में जेबों की सींवन उधड़ने लगी है। उसने उधड़े रेशों को छूकर देखा, भीतर हाथ डाला। टिकट को लपेटकर बनाई गई तीली थी और इससे वह कान कुरेदता आया था। दूसरी जेब में गुटका था। जेब की हर चीज़ को वह बड़े इत्मीनान से रखता और निकालता है। लेकिन आज जैसे ही उसने कोने में पड़े झाड़न से मेज़, टाइपराइटर, कुर्सी साफ़ की (हरामख़ोर चपरासी!) कि नारा सुनाई दिया, "केसरी, इधर आओ!" और काँपते घुटनों से वह कोठरी (जिसे 'यह' केबिन कहता है) में घुसा भी नहीं था कि "लगता है, तुमसे काम चलेगा नहीं। एक जगह बहुत दिन हो गए हैं, इसलिए कुर्सी चिपक गई है। काम-धाम कुछ होता नहीं है, दराज़ में बन्द करते चले जाते हो। बीस दफ़ा कहा, चाबी अपने साथ ले जाने की ज़रूरत नहीं है। अब हमें किसी रिफ़रेंस की ज़रूरत हो तो कहाँ सिर मारें?"

"ज् जी, आपने ही कहा था कि सारे काग़ज़ों की ज़िम्मेदारी मेरी है और चाबी मुझे अपने ही पास..." वह बड़ी मुश्किल से हकलाकर आवाज़ निकाल पाया। क्यों घबरा जाता है इतना।

"जी, काम ढंग से और टाइम पर हो, इसलिए बोला था। उसमें अंडों की तरह काग़ज़ों को सेने के लिए नहीं बोला था।" नक़ल में आवाज़ बनाकर आँखें नचाईं, "जाइए, चाबी आज से आपके पास नहीं रहेगी। मुझे देकर जाएँगे..."

अरे, हमें क्या है, शहद लगाकर चाट चाबियों को। जीभ होंठों पर फेरी, "जी, अच्छा।" लौटने पर भी गुटके वाली जेब में घुसा उसका हाथ काँप रहा था। दराज़ों में क़िस्मत होगी, तेरी होगी। मेरी क्या जन्म-पत्री रखी है! ये गुप्ता जी और लालसिंह देखते कैसे हैं, जैसे...अरे, जब तुम पिटे हुए कुत्ते की तरह लौटकर आते हो तब मैं तो नहीं घूरता तुम्हें। सबके सामने, तीसरे दिन साला दिमाग़ ख़राब कर देता है। कभी कहेगा, "आप तो पूजा-पाठी आदमी हैं, आपको क्या है इस दुनियादारी से..." कभी ताना देगा, "आपके मौसा का काम तो मुझसे कई गुना बड़ा है, उनसे कहिए न कि अपने दफ़्तर में पेंशन बाँध दें।" केसरी दाँत पीसकर रह जाता, तेरा ख़ून पीकर जाऊँगा...पूजा-पाठी हूँ तो...

टिफ़िन के डिब्बे की गर्मी महसूस करके उसने फिर से तय किया कि यहाँ अब कुछ नहीं रह गया है। चल पड़ने में ही इज़्ज़त है (जैसे अभी भी उसमें से कुछ बचा हो!) सारी जेबें टटोलकर चाबियाँ निकालीं, डरते हुए कि कहीं घर ही न छूट गई हों। भीतर रखे गुटके को हाथ लगाकर चाबी घुमाई और झटके-से दराज़ खोल डाली। कहाँ झंझट में आ फँसे! बेटा केसरी, ये सब छोड़-छाड़कर भागते क्यों नहीं हो? काग़ज़, चिट्ठियाँ, फ़ाइलें निकालकर इस तरह पटकीं कि दुबारा धूल न झाड़नी पड़े...प्रॉविडेंट-फ़ंड के हज़ार-बारह सौ, जो भी हों, बीवी को दो और तनख़ा में से टिकट लेकर निकल जाओ कहीं भी, क्या रखा है इस कुत्ता-घसीट में?

दराज़ बन्द करते हुए कोने में फिर वही मुड़ी-तुड़ी पुड़िया चमकी। कुछ देर सामने के कैलेंडर में तारीख़ें टटोलीं और फिर आधी दराज़ पूरी खोल ली। इधर-उधर देखा, किसी की निगाहें तो नहीं हैं इधर। डरते, झिझकते हाथ से झट पुड़िया को उठाकर मुट्ठी में भींच लिया और उसी हाथ से दराज़ फिर भीतर ठेलते-ठेलते ख़याल आ गया तो ज़रा-सी खुली छोड़ दी। मौक़ा पड़ने पर चुपके से इसमें उसे टपकाई जा सकती है। अच्छा हुआ, दीख गई, वरना वो हरामज़ादा बाद में तलाशी लेता तो पता नहीं, क्या सोचता...बन्द मुट्ठी में, काग़ज़ के पार गिलगिलाहट महसूस हुई—अभी भी गीला होगा? कुर्सी को और भी मेज़ के भीतर खींचा, टाइप मशीन सामने खिसकाई और फ़ाइलों की आड़ में, झुके-झुके पुड़िया सावधानी से खोलने लगा...उस समय यही लिफ़ाफ़ा हाथ आया था। सलवटें खुलने पर पीले-पीले पनीले दाग़ों के बीच अपना नाम और पता सामने था—स्याही फैल गई थी। टिकट की

मुहर इतनी ख़राब थी कि याद ही नहीं, लिफ़ाफ़ा कहाँ से आया था। जाने कितने समय पुड़िया के रूप में लिफ़ाफ़े को मुट्ठियों में रहना पड़ा है। पसीने की सीलन से काग़ज़ के रेशे उधड़ने लगे हैं।

भीतर वाली 'चीज़' की स्थिति ऊपर काग़ज़ से ही महसूस करते हुए उसके होंठ गोपनीय मुस्कराहट में फैल गए, लगता है, जैसे किसी ने लिफ़ाफ़े में बन्द करके उसे मेरे पते पर भेज दिया है! मज़ाक़ तो अच्छा है। क्यों न अब वह इसे किसी के नाम भेज दे? मज़ा रहेगा। अभी लिफ़ाफ़ा निकालकर टाइप करे...किसके नाम? साहब के केबिन का पता ही लिख दे तो कैसा रहे? आपकी नाक बहुत फ़ों-फ़ों करती है, इसे नाक पर चढ़ा लीजिए...साला ख़ाक हो जाएगा...नहीं, इसे नहीं, मौसा को क्यों न भेज दिया जाए...और अपने इस विचार पर वह सचमुच हँसने लगा। आसपास कोई हँसता न देख ले, इसलिए झट इधर-उधर देखा और हँसी को खाँसी में बदल दिया...लालसिंह आ रहा था। फ़ाइलें लिफ़ाफ़े के ऊपर सरका दीं और जल्दीबाज़ी दिखाते हुए कार्बन निकालकर मशीन पर चढ़ाने लगा... मौसा और केबिन-साहब उसके दिमाग़ में साथ ही क्यों आते हैं?

एक लाइन टाइप करके ही उसे बिला-वजह ग़ुस्सा आने लगा। आज इसे ज़रूर फेंक देगा...इसे इस तरह सँभालकर रखने में क्या तुक है? ऐसी कौन-सी नायाब चीज़ है जिसे हमेशा अपने पास ही बनाए रखना चाहता है? लेकिन साला फिंकता भी तो हो, जान को लग गया है। चार दिन कोट की भीतरी जेब में डाले घूमता रहा। फेंकने की जगह ख़याल नहीं रहता था और जब ध्यान आता था तो जगह फेंकने लायक़ नहीं होती थी। बोलो, बस में बैठे-बैठे अगर खिड़की से उछालो तो लोग समझ नहीं जाएँगे कि ऐसी और क्या चीज़ हो सकती है जिसे चुपके से यों फेंका जा रहा है? अनुभवी लोगों को ताड़ने में क्या लगता है? घर के बाहर फेंको तो हरामज़ादा जमादार यों पड़ी हुई पुड़िया को ज़रूर खोलकर देखेगा, शायद नोट या अँगूठी, नथ या कुछ और मिल जाए...सड़क पर फेंकते हुए कोई आगे-पीछे से देख ले तो? ऐसे ही किसी ने रास्ते में जेब से चुपके से कुछ फेंका था तो जाकर केसरी ने काग़ज़ उठाकर खोला, चबाए हुए पान की लुगदी थी...धत्तेरे की! जो लोग सुबह-सुबह सेहत बनाने या शाम को घूमने, सिनेमा-होटल जाते हैं उन्हें कितनी आसानी रहती है, लिया और कहीं भी पेड़-झाड़ी, नाली या लॉन की घास में फेंक दिया। सुबह तो उसे दूध और चाय गरम करने से ही फ़ुरसत नहीं मिलती...फिर वही लदर-पदर करते यहाँ भागो—शाम को दिन-छिपे के बाद घर दौड़ो...एकाध बार कहीं फेंकने का मौक़ा भी आया तो शुक्र है, पहले ही ख़याल आ गया—लिफ़ाफ़े पर तो अपना ही नाम-पता लिखा है, जिसे मिलेगा वह फ़ौरन ही समझ जाएगा। लोगों को सन्देह जगाने और लिफ़ाफ़े से निकालकर फेंकने का वक़्त नहीं था। अपने यहाँ का पाख़ाना खुड्डी है, भंगिन साफ़ करती है। उसे रंग-बिरंगे कपड़े

उठाने की तो आदत है, लेकिन ये...? कल ही कम्बख़्त सीढ़ियों में खड़ी होकर कुछ कह-कहा दे। धीरे बोलना तो यहाँ कोई भी नहीं जानता। दफ़्तर में फ़्लश है, हल्की चीज़ है, हो सकता है, तैरती ही रह जाए। अक्सर फ़्लश ख़राब हो जाते हैं और भीतर की गन्दगी उलटकर बाहर निकलने लगती है...

जेब में लिये हुए हमेशा काँटा लगा रहता था कि कहीं पैसों-वैसों की तलाश में वह ससुरी खोज न निकाले। हंगामा मच जाएगा, यह क्या है, क्यों लिये फिर रहे हो? इकलौता सूट जाड़ों के शुरू में ही धुलता है। गर्मियों में तो अब कई बार कपड़े धोबी के जाते और चोरी पकड़ी जाती। शुक्ला के साथ हुआ न, ज़िन्दगी-भर को गाँठ पड़ गई...एक रात किसी काम से बाहर रह गया था। लौटा तो पर्स निकालने में रूमाल में लिपटे 'तीन' निकल आए...वो ले-दे हुई कि सारी चौकड़ी भूल गए साहब बहादुर! यहाँ हफ़्तों-महीनों एक न हों, आए दिन तबीयत ख़राब, सिर-दर्द, थकान-नींद लगी रहे और वहाँ एक रात में तीन-तीन? वही तो मैं कहूँ कि ऐसे संत कब से हो गए? फिर तो वो माथा-फुटव्वल हुई, रोना-धोना, सामान बँधना, मैके जाना, नाटक के सारे सीन हुए। साले साल-भर अकेले होटल कूटते रहे...

केसरी बेसाख़्ता हँस पड़ा। एक जगह गया था। वहाँ छोटा बच्चा गुब्बारा फुलाता घूम रहा था। दयाराम ने देखा तो झेंपा, फिर बेशर्मी से बोला, "बेटा, इस मोज़े को इधर लाओ। गुब्बारा नहीं है यह..." मोज़ा! ही, ही, ही...केसरी देर तक हँसता रहा, कैसा बढ़िया नाम है! कमाल कर दिया यार दयाराम तूने भी...शब्द क्या है, ख़ुद मोज़ा है, चीज़ पर ऐसा फिट बैठा है कि बस...मगर, क्यों जी, इसका नाम फ्रैंच-लैदर क्यों पड़ा है? वहाँ के बहुत बेहतरीन होते होंगे। इस पर तो मेड-इन-इंग्लैंड लिखा था...अच्छा, एक दिन ऐसा भी तो आ सकता है जब लोग सिगरेट के ख़ाली डिब्बे की तरह बे-झिझक सड़क पर फेंक दिया करेंगे? हाँ, हाँ, इसे लेकर इतना सब परेशान होने की कोई बात भी तो हो यार...

"क्या बात है, केसरी बाबू?" इस बार केबिन से गुप्ता जी हाथ में काग़ज़ झुलाते हुए निकले आ रहे थे, "लगता है, आपके भगवानजी ने कोई लॉटरी भेज दी है..."

जी हाँ, यह ले लीजिए, लॉटरी भेजी है भगवानजी ने लिफ़ाफ़े में, ऊपर मेरा पता है। देखोगे? तुम साले वाउचर और रसीदें जमा-ख़र्च करने वाले हिसाबी, तुम्हें क्या मालूम, मेरे पास कौन-सी लॉटरी निकल आई है। "लॉटरी नहीं, ऐटम-बम! हम तो ये कहें, भगवान कहीं हैं तो लॉटरी रख लें और हमें मोज़ों का एक पार्सल भेज दें।" केसरी डाँट भूल गया था। सोचा, मज़ाक़ गुप्ता समझेगा नहीं। बात को घुमाव देकर बोला, "पिछले संडे को नये मोज़े लिये थे, साले फट गए। पैरों में ठंड लगती है। आपसे ये भी नहीं होता कि एक हीटर इस कमरे में भी लगवा दें..."

"हीटर," गुप्ता जी ने दोनों हथेलियाँ उसकी मेज़ पर टेककर राज़ से कहा, "अब तो वो हीटर भी बिकने वाला है। ले लो, सस्ते में मिल जाएगा।" फिर मुँह

लटकाकर दुखड़ा रोया, "तुम यार, अपने मौसा से कहकर हमारा भी जुगाड़ लगवा दो न, यहाँ तो कुछ नहीं रखा है..."

"मेरा अपना ही ठिकाना नहीं है।" केसरी बुझ गया।

"अपने गुटके में से ही कोई चौपाई निकालो, पता तो लगे, क्या है क़िस्मत में?" गुप्ता कन्धे झुकाकर हट गया। उसे पता है, केसरी के पास हमेशा रामायण का गुटका रहता है, उसमें रामशलाका, शकुन-विचार चौपाइयाँ अलग पृष्ठों पर हैं... अक्सर कभी-कभी खोलकर देख लेता है कि आज का दिन कैसा कटेगा...रामायण पूरी पढ़ने की उसे कभी फ़ुरसत नहीं मिल पाई। हर बार सोचता है, कभी दो-एक दिन को छुट्टी मिलेगी तो एक सिरे से पढ़ डालेगा। कभी कहीं कथा हो रही हो तो एकाध दिन में जितना सुन लिया उसी से सन्तोष करना पड़ता है। मगर साथ रखने का भी कुछ-न-कुछ असर तो होता ही है। एकाध बार हुआ भी है। सोलहों आने विश्वास नहीं कर पाता, लेकिन एकदम अविश्वास भी नहीं है। अब उस दिन को ही क्या कहेंगे? रामशलाका में चौपाई निकली, 'प्रविस नगर कीजै सब काजा, हृदय राखि कौसलपुर राजा' यानी काम सिद्ध होगा। बड़े लड़के विपिन को दवाई की ज़रूरत थी, तय कर लिया आज साहब से रुपये माँग लेगा, दिन अच्छा है। लेकिन मेज़ पर बैठते ही केबिन से पुकार पड़ी, वही रोज़वाली खिच-खिच। खिसियानी बिल्ली की तरह नोचने-खाने को हम लोग ही मिलते हैं, केसरी ने सोचा। पैसे तो क्या मिलते, हुक्म हुआ कि "आप जाकर बाज़ार से कार्बन-रिबन और स्टेशनरी का दूसरा सामान ख़रीद लाइए।" मन बहुत ही बुझ गया, क़िस्मत ही कूड़ा हो तो चौपाई-औपाई कुछ काम नहीं देती। सोच लिया कि आज जैसे भी हो, मौसा की तरफ़ जाना है, उन्हीं से कुछ माँगा जाएगा।

"अरे, हम लोगों की क़िस्मत में लिखा है बैंगन," उसने गुप्ता को सुनाकर कहा। पुड़िया को जिस तरह वह छिप-छिपकर देख रहा था उससे अचानक एक बात का ध्यान आ गया। कम्पनी के अच्छे दिनों में साहब ने एक सुन्दर-सी स्टेनो रख ली थी। तब गुप्ता और केसरी दोनों उसे हसरत-भरी निगाहों से देखा करते थे। साथ के ही कमरे में बैठने के बावजूद वह जिन ऊँचाइयों में डूबी रहती थी उसे दोनों समझते भी थे और अपमान भी महसूस करते थे। लेकिन चारा भी क्या था। अक्सर वह फ़ाइलों की आड़ करके छोटा-सा शीशा पर्स से निकाल लेती, अपना चेहरा निहारती रहती और तरह-तरह के मुँह बनाकर मुस्कराया करती। वह साश्चर्य सोचता रहता कि कोई कैसे रोज़-रोज़ अपने को ही देख-देखकर मुस्करा सकता है, क्या देखती है वह अपने-आपमें ही? याद आया लिफ़ाफ़े पर अपना नाम देखकर वह भी तो शायद इसी तरह मुस्करा रहा था...

अचानक केसरी उदास हो गया। दो-एक बार दसों उँगलियों को टाइपराइटर के अक्षर-बटनों पर सितार की तरह फेरकर सोचने लगा, कभी ये उँगलियाँ कैसा

अच्छा बैंजो बजाया करती थीं। अब तो झुर्रियाँ पड़ गई हैं। पूरा-का-पूरा गाना निकाल लेता था...रात-रात भर छत पर अकेला बैठा बैंजो बजाता रहता और सपने देखता, एक दिन वह हिन्दुस्तान का सबसे बड़ा बैंजो-आर्टिस्ट बनेगा...तालियों से गड़गड़ाते हॉल आँखों के आगे लहराया करते थे। अब तो टाइप-मशीन ऐसी लगती है जैसे आटा गूँध रहा हो...

"हम कहते हैं, अपने मौसा से बातें करके तो देखो, हो सकता है कोई जगह निकल ही आए। यार, हमने दस साल कलकत्ता की हार्टले कम्पनी में काम किया है, एकाउंटेंसी के सारे पेच जानते हैं। ऐसे लोगों की उन्हें भी तो ज़रूरत पड़ती रहती होगी। यहाँ वक़्त बरबाद करना तो ऐसी-तैसी ही कराना लगता है।" गुप्ता अपनी मेज़ पर जा बैठा था और काग़ज़ इधर-उधर करता उलटी आलपिन से कान साफ़ कर रहा था।

बात ही करनी होगी तो तेरे लिए क्यों, अपने लिए नहीं करूँगा? लेकिन ऊपर से मुँह बिगाड़कर बोला, "क्या बात करें गुप्ता जी, सूरत देखने को मन नहीं करता। पता नहीं, अपने को साले क्या तीसमारखाँ लगाते हैं। सच कहता हूँ, बाबूजी से किराया लेकर जाते थे, हफ़्तों घर आकर पड़े रहते थे। आज फ़र्म के मैनेजिंग-डायरेक्टर हों या मालिक, अब किसी में ग़ैरत-वैरत रह थोड़े ही गई है। मन में फिर से दुहराया, हाँ, मौसी से ही कहूँगा, वही कुछ करें तो करें...करेंगी कैसे नहीं... भीतर एक गुदगुदी-सी हुई। दो छातियों के साँवले दाग़ उभरे और उसने टाइप के दो बटनों पर इस तरह उँगलियाँ रखीं जैसे किसी बहुत ही मुलायम चीज़ को छू रहा हो...एक दिन लिफ़ाफ़े पर मौसा का पता लिखकर मोज़ा ज़रूर भेज देगा... और क्या, ज़रा चुहल ही सही।

उसके सोचे हुए को गुप्ता ने 'देख' तो नहीं लिया...? लिफ़ाफ़ा फिर मुट्ठी में आ गया। बहुत मन हुआ, कहे, "यार गुप्ता जी, एक दिन का मज़ेदार क़िस्सा बताएँ..." लेकिन उठती बात को अँगड़ाई लेकर दबा लिया। गुप्ता कहे बिना चूकेगा थोड़े ही, अच्छा, ये बात है! बेटे, ऊपर से तो बड़े सीधे, भगत बनते हो, मंगल के दिन हनुमानजी का टीका लगाए घूमते हो...अँगड़ाई के बीच में ही सोचा, आज तो बदन बहुत ही अकड़ रहा है। आज भी कुछ स्टेशनरी ख़रीदने भेज देता तो कैसा रहता। लेकिन मौसा रोज़-रोज़ लाइसेंस बनवाने दिल्ली थोड़े ही जाएँगे, आहा, दो बच्चों के बाद भी क्या कमर रखी है साली, जैसे जल-डमरू-मध्य हो...एक वो हमारी भैंस है। सारे दिन चारपाई तोड़ेगी तो और क्या बनेगा? हम वहाँ रसोई में बैठे-बैठे पराँठे बनाएँ और दाल बघारें, और तुम बैठी-बैठी कराहती रहो, तबीयत ठीक नहीं है...तेरी तबीयत की भैंस मारूँ...दो लात लगे कमर में...तबीयत तो ऐसी ठीक हो कि याद करो...बोलो, ये कोई हमारे काम हैं कि हम नहाने से पहले तुम्हारे और तुम्हारे बच्चों के कपड़े धो रहे हैं, पेशाब से भीगे हुए रज़ाई-गद्दे सुखा रहे हैं, बच्चों की नाक साफ़ कर रहे हैं।

"अच्छा गुप्ता जी, एक बात तो बताओ।" उसने सारस की तरह गर्दन आगे बढ़ाकर भिंचे गले से पूछा, "नसबन्दी से कोई असर पड़ता है क्या?"

"काहे पर?" गुप्ता जी समझे नहीं। डूबे हुए किसी काग़ज़ के पीछे हासिल जोड़ रहे थे।

"यार, आठ साल में चार बच्चे तो हो गए, अब नहीं चाहिए...दिन-भर चाँय-चाँय। हम तो इन बीवी-बच्चों के ग़ुलाम होकर रह गए..."

"तुम्हें क्या फ़िकर है?" गुप्ता जी के चश्मे के काँच ख़ास ढंग से चमके, "तुम्हारी तो वैसे ही नसबन्दी है। धरम-करम में ध्यान लगा दो...मुसीबत तो हम-जैसों की है, रोज़ के बिना नींद ही नहीं आती।"

सूखा आदमी। ज़बानी डींग मारता है। फिर भी अपनी बात जारी रखी, "मन को चैन मिले तो सब करें, गुप्ता जी," गहरी साँस लेकर कहा, "मौसा ने नसबन्दी कराई है, हम भी सोचते थे कि करा ही डालें। सच कहता हूँ दोस्त, कभी-कभी तो जी चाहता है कि स्वर्गाश्रम में जाकर संन्यास ले लें। एक शीशा तोड़ रहा है, दूसरा जूते खो आया है, तीसरा रज़ाई-गद्दों पर कबड्डी मचाए है तो चौथे के गले में गोली फँस गई है...हत् तुम्हारे की, कहाँ नरक में आ फँसे...!"

"गृहस्थी के सुख हैं, बेट्टा!" गुप्ता ने ताना मारा।

"कद्दू हैं। लेकिन गुप्ता जी, अब हम तो कहीं जा भी नहीं सकते। शाम को लौट आएँगे। बरसों पिंजड़े में बन्द चिड़िया की जो हालत होती है, वो हो गई है। उड़ना ही भूल गए। वरना हम तो सोचा करते थे यार, फक़तदम अकेले होंगे, कभी समुद्र के किनारे घूमा करेंगे, कभी पहाड़ों पर चक्कर लगाया करेंगे...कभी खेतों की पगडंडियों से गुज़रेंगे...अब तो शाम को देर हो जाए तो यही खटका लगा रहता है कि पता नहीं बेगम की तबीयत कैसी है, बच्चों को रोटी भी मिली होगी या नहीं। धुएँ से उनके सिर में दर्द हो जाता है न, सो रात-रात भर वो दबाओ। ये नवाबज़ादी हमारे ही करम में लिखी थी..."

"तुमने आदतें बिगाड़ दी हैं। अब रोओ बैठकर..." गुप्ता जी फिर काम में लग गए।

"सही कहते हो। पहले लाड़-लिहाज़ में करते थे, बड़े घर की बेटी है, कब-कब यह सब किया होगा। अब वो उनका हक़ हो गया..." केसरी को लगा, सचमुच वह बड़े दु:ख में है। कहीं दूर से बोला, "बच्चों को पालने-पोसने लायक़ ही होती तो हम तो चल दिये थे..."

तकलीफ़ का बड़ा होना फिर मौसा की याद दिला गया। मौसी से बात कैसे शुरू की जाए, कर तो देगी। कोई ऐसा तरीक़ा हो कि ठसक भी बनी रहे और बात भी बन जाए। इस बार ग़लती नहीं करनी। एक बार आदमी झुकता है तो उठ नहीं पाता...पता नहीं, बग़लों में कौन-सा पाउडर लगाती है, तबीयत मस्त हो जाती

है। गोरी-गोरी छातियों पर कनपटी टिकाकर, उधर नाक किये हुए मन होता है, गहरी-गहरी साँसें ही खींचता रहे...माँ की सगी छोटी बहन...अरे होगा भी यार, ऐसे मौक़ों पर ये सारी बातें नहीं सोची जातीं...फैली टाँगों, पेड़ू और छातियों पर चुपचाप आँखें बन्द करके लेटे हुए वही समुद्र के किनारे, पहाड़ों की चोटियाँ, हरे-भरे खेतों की पगडंडियाँ ही नाचती रहती हैं...उस समय तो यही लगता है कि दुनिया में कहीं कोई नहीं है, कहीं जाकर सब्ज़ी नहीं काटनी, टाइपराइटर नहीं ठोंकना, बस में नहीं लटकना...

क्यों जी, इसमें बुरा क्या है? किसी को कुछ भी नहीं पता, फिर भी पाप और ग़लत-ग़लत जैसा क्यों लगता है? उसने लिफ़ाफ़े को ज़ोर से मुट्ठी में भींच लिया, पाप और अपराध की माँ की...वहाँ लेटकर तो ऐसा लगता है जैसे बरसों पानी में डूबकर ऊपर सतह पर तैर आया हो...हज़ारों साल का बोझ पानी की लहरों की तरह गुज़रता चला जा रहा हो...मौसी-भाभी, अमीर-ग़रीब, क्लर्क-मालिक इन सबमें क्या रखा है। आदमी आदमी है और औरत औरत...मन में उभरती मौसा की सूरत को मुँह चिढ़ाने की इच्छा होती है...रसोई से निकलकर, गन्दी तौलिया से गला रगड़ते हुए, "सुनती हो, खाना ठंडा हो जाएगा।" कहकर भीतर से कोई बोलता है, तुम्हें क्या पता भैंस जी, मेरी भीतरी जेब में एक पुड़िया है...मोज़ा...ही, ही, ही!

यह क्या पागलों की तरह मेरे भीतर-ही-भीतर एक बातचीत चलती रहती है? सभी इस तरह अपने से बातें करते रहते होंगे। कभी पकड़ लिये गए बेटा केसरी, तो वो कुटम्मस होगी कि...आख़िर आदमी करे क्या...जिधर देखो, उधर ही झंझट है। अब धीरे-धीरे रोज़ के हिसाब से कुटम्मस हो रही है, किसी दिन एक साथ हो जाएगी...हो जाए, जो जितना लिखाकर लाया है, वह तो भोगना ही है...

"यार गुप्ता जी, आदमी को इन सारी मुसीबतों से कभी छुटकारा भी मिलेगा?" उसने घबराकर पूछा। एक बार, उसे याद है, किसी महात्मा से भी उसने ऐसा ही सवाल पूछा था।

"गेरुए कपड़े...या एक तोला अफ़ीम..." जैसे गुप्ता के पीछे से कोई बोला। वह उसी व्यस्त भाव से काम किये जा रहा था!

पुड़िया लिये हुए हाथ काँप गया। अफ़ीम की तरह गोली बनाकर निगलने की कोशिश करे तो कैसा लगेगा? सुना है, कोई गुप्त काग़ज़ पकड़ लिया जाता है तो लोग फ़ौरन निगल जाते हैं। सिगरेट पीता ड्यूटीवाला सन्तरी, अफ़सर के सामने पड़ने पर जलती सिगरेट पी गया था, यह क़िस्सा भी किसी ने बताया था। मौक़ा पड़ने पर वह इसे निगल सकेगा? गिलगिलाहट की कल्पना से उबकाई आने लगी। गले में चिपक गया तो साँस रुक जाएगी। बचपन में गुड़ निगलते हुए फँस गया था, माँ बताया करती थी। प्रार्थना जैसे स्वर में केसरी ने कहा, "और अगर दोनों में से कोई न हो सके तो..."

"तो इमली के पत्ते पर बैठकर डंड पेलो!" स्पष्ट ही केसरी की बेकार बातों से गुप्ता झुँझलाने लगा था। हो सकता है, कोई काग़ज़ अभी पहुँचाना हो, या माँग आ जाए। इस साले को अभी दुनिया-जहान की समस्याएँ परेशान कर रही हैं। झटके से दोनों हाथ मेज़ पर समानान्तर फैलाकर झुके, बोले, "पुत्तर, काम क्यों नहीं करता अपना...? जब से मार मेरा और अपना भेजा चाट रहा है। समझ कि इसी में मोक्ष है, वरना वो अभी दहाड़ेगा तो संन्यास और अफ़ीम दोनों भूल जाओगे।"

"नाक तक आ गया है गुरु..." केसरी के स्वर में ऐसी ख़ुशामद थी जैसे हल गुप्ता के पास रखा है और वह दे नहीं रहा।

"देख केसरी, इस ज़िन्दगी में तो इस सबसे छुटकारा है नहीं। वो किसने कहा है कि 'ज्ञानी भुगतै ज्ञान से और मूरख भुगतै रोय' सो मुन्ना मेरे, ज़्यादा सिर मत खपा। एक दिन कोई बता रहा था कि फ्रांस में, या पता नहीं कहाँ, कोई बहुत बड़ा फ़िलॉसफ़र है। वो कहता है कि आदमी कभी स्वतंत्र हो ही नहीं सकता...हज़ारों सालों से साले पर धरम-करम, पाप-पुण्य, अच्छे-बुरे और परिवार-समाज, कल्चर का इतना बोझ लदा है, दिमाग़ में इतना कचरा भरा है कि चाहे तो भी छूटने की कोशिश नहीं कर सकता...उसे कोई रास्ता ही नहीं बचा..."

लो, ये साले तो फ़िलॉसफ़ी बघारने लगे। केसरी भकुए की तरह उसका मुँह देखता रहा। भीतर से एक बेनाम-सी बात उठी, लेकिन गुप्ता जी, मैं तो यार कभी-कभी एकदम हल्का और फ्री महसूस करता हूँ। मगर जो बात उठी थी वह यही थी या और, केसरी तय नहीं कर पाया। समझ में भी नहीं आया कि कहा कैसे जाए। इसलिए उसे झुँझल चढ़ आई, हाथ की पुड़िया इसके मुँह पर दे मारूँ...असल में इसकी ज़बान पर मोज़ा चढ़ना चाहिए...

लालसिंह ने आकर रहस्य की तरह धीरे से कहा, "साहब बुला रहे हैं...फ़ौरन..."

मशीन की तरह केसरी उठ खड़ा हुआ। इधर-उधर काग़ज़ टटोलते हुए समझ में ही नहीं आ रहा था कि साहब के पट्ठे ने क्या माँगा था और उसे क्या लेकर जाना था। इतनी बकवास दिमाग़ में आने लगी है कि काम ही नहीं हो पाता। झटके से ध्यान आया, मुट्ठी में तो अभी भी वही पुड़िया बन्द है...समझ में नहीं आता, कहाँ छिपा दे? यह लालसिंह हरामख़ोर यहीं खड़ा रहेगा...सन्तरी की तरह...एक बार और फ़ाइलें उलट-पुलट कीं...फिर बन्द मुट्ठी को चुपके से जेब में घुसा लिया। गुटका अड़ा था। वहीं बीच में खोलकर पन्नों में धीरे से पुड़िया सरका दी। उधर ही देख रहा है, ताड़ तो नहीं गया। कुछ खोजने की तरह जेब से हाथ निकालकर दराज़ यों ही खोलकर बन्द कर दी। जेब से गुटका निकालकर देखा, वहाँ फाँक थी। जल्दी से ऊपर वाली भीतरी जेब में रखकर पसीजी हथेली से छाती के पास उठी जगह को हमवार करते हुए केबिन की तरफ़ चलने लगा। इस बार कहीं-न-कहीं इस झमेले को फेंकना ही है...चलते हुए फिर एक बेनाम-सी बात, समझने

से पहले ही कहीं फिसल गई, रंग-बिरंगे गुब्बारे में कुनकुने पानी जैसा कुछ बन्द है और वह उसमें डूबा हुआ है, हर चीज़ बड़ी धुँधली और हिलती दीख रही है, हाथ-पाँव भी बड़ी कोशिश से हरकत करते हैं...

गुप्ता मुस्कराया, साहब की डाँट से रामायण बचाएगी इन्हें...वह मन-ही-मन केसरी का हिसाब जोड़ने लगा...

अनुपस्थित सम्बोधन

ओह माँ, क्या अब कोई, कभी भी 'उसे' सीधे देखेगा ही नहीं? सभी क्या उसके पार ही देखते रहेंगे? अभी-अभी विन्दी उत्सुकता से उसके चेहरे को देख रहा था तो हमेशा ही की तरह यह ख़याल कौंधा, वह 'उसे' नहीं, उसके पार कहीं, किसी और को देख रहा है। लगा था, उसका चेहरा, सारा सिर पारदर्शी काँच का ऐसा ग्लोब है कि भीतर की हर चीज़, हर बात, हर विचार साफ़-साफ़ देखा जा सकता है। कमरे में रखी काँच के शरीरवाली घड़ी के भीतर का हर कल-पुर्ज़ा जैसे अलग-अलग दिखाई देता है, ठीक वैसे ही उसे देखकर हर कोई जान सकता है कि वह क्या सोच रही है, कि उसके दिमाग़ में कौन-सी कील है जो हमेशा कसकती रहती है... पहले उसने निगाहों को इधर-उधर चुराने की कोशिश की थी, फिर झट अपनी दोनों हथेलियों से चेहरा ढाँप लिया था। "विन्दी, भगवान के वास्ते यह मत कहना कि मेरा चेहरा मेरी माँ से मिलता है, कि मेरे दिमाग़ में ठुकी कील तुमने देख ली है..."

"कुछ भी नहीं बोलोगी, सीमा?" विन्दी के स्वर ने दुलारते हुए हाथ की तरह उसके कन्धे को छूकर आग्रह किया है, इसे महसूस करते हुए भी सीमा बोल नहीं पा रही। उसने सिर्फ़ सिर हिलाकर ही मना किया, नहीं अरविन्द, नहीं...यह शर्त हम लोगों की घनिष्ठता के बीच में मत लाओ। भीतर-ही-भीतर सोचती हुई वह तय करती रही कि जो कुछ कहना मुमकिन नहीं है, उसे पत्र में लिखकर अरविन्द तक पहुँचा देगी...क्या उसके मन में उठती सारी बातें इस समय ही काँच के ग्लोब में विन्दी को 'दिखाई' नहीं दे रहीं? क्यों वह शब्दों में ही सुनना चाहता है? अभी नहीं विन्दी, अभी मेरा मन ठीक नहीं है। मैं अपने-आप में ठहर नहीं पाती। जब भी कभी अपने में लौट सकी तो सीधे ही तुमसे आकर कहूँगी—मैं अब तैयार हूँ, विन्दी...

"सीमा," वह झिझकते हुए, चेहरे से चिपके उसके हाथों को केवल छूता है। शायद ताक़त लगाकर हाथों को हटाना चाहता है, शायद साहस जमा करके कुछ कहना चाहता है। कुछ देर उसका हाथ यूँ ही रखा रहता है। फिर धीरे-धीरे कहता है, "एक बात का विश्वास मैं दिला सकता हूँ, सीमा, तुम्हारे साथ...हम सबके

साथ कभी-न-कभी ऐसा कुछ हो जाता है। वह कुछ भी हम लोगों के बीच नहीं आएगा। हमारी ज़िन्दगी इस क्षण से पीछे कभी नहीं जाएगी। जिस दिन हमारा परिचय हुआ है, वही हमारी शुरुआत है। मैं तो तुम्हें, जैसी भी तुम हो, तुम्हें चाहता हूँ..."

झूठ, मुझे मेरे लिए कोई नहीं चाहता। कोई नहीं चाह सकता। तुम सच कहते हो, विन्दी? कोई सख़्त-सा व्यंग्य करने की इच्छा होती है! इस झूठ को बोलते हुए विन्दी के मुँह पर क्या भाव आ रहे होंगे...उसने धीरे-धीरे, डरते-से अपनी हथेलियाँ चेहरे से हटा लीं और उसकी ओर देखने के बजाय अपनी ही हथेलियों को देखने लगी, देखती रही...बिना पढ़े रेखाओं को ताकती-सी। कभी उसने इन रेखाओं को माँ की रेखाओं से मिलाया है? मैं तुम्हें सिर्फ़ तुम्हारे लिए चाहता हूँ, क्या अभी उससे ऐसा कुछ सुना है? एक तटस्थ, उदासीन-सी मुस्कराहट-भर उसके होंठों पर आई है। मुझे यह भी तो पता नहीं कि मैं, अपने लिए कैसी हूँ? सुन्दर, असुन्दर, साधारण या बुद्धिमान? मैंने तो केवल माँ की तसवीर देखी है, जब वे मेरे बराबर थीं। माँ सुन्दर लगती हैं। शायद मैं भी सुन्दर ही हूँ। पता नहीं, कब से मैं शीशे में माँ की ही तसवीरों को तो देखती रही हूँ, अपने को कब देखा।

सीमा कहना चाहती है, विन्दी, क्या बिना यह शर्त लाए हम मित्र नहीं बने रह सकते? बात उसे ख़ुद घिसी-पिटी और अर्थहीन लगती है। माँ ने भी ऐसा ही कुछ तेज अंकल से कहा होगा। क्या ज़िन्दगी-भर वह सिर्फ़ माँ की ही बातें दुहराएगी, उसे अपने लिए, अपने शब्द ही नहीं मिलेंगे? तेज अंकल शायद माँ को मजबूर नहीं कर पाए थे। अगर उसकी यह बात सुनकर अरविन्द उसी तरह उसकी ज़िन्दगी से निकल जाता है तो?

"विन्दी, प्लीज़!" वह उसे समझाना चाहती है। इसके बावजूद उसकी निगाहें हथेलियों पर टिकी रहती हैं। केवल होंठों से ही निकलता है, "इस समय मुझे मजबूर मत करो। थोड़ा-सा सोचने दो।"

"माँ से पूछोगी," विन्दी बिना सोचे-समझे कह देता है। साथ ही उसे ख़याल आता है कि माँ को लेकर चिढ़ाना सीमा को पसन्द नहीं है। बात बदलता है, "मैं ही माँ से बातें कर सकता हूँ।"

सीमा झट उसके होंठों पर हाथ रखना चाहती है, "नहीं, विन्दी नहीं, ऐसा बिलकुल मत करना।" क्या माँ मना कर देंगी? नहीं, शायद नहीं करेंगी। फिर? गहरी साँस लेकर कहती है, "अब चलेंगे, विन्दी—एक कप कॉफ़ी पीने को बहुत मन कर रहा है।"

"तुमने बात टाल दी, सीमा," विन्दी बुझ-सा जाता है।

"इन सीरियस बातों के लिए बहुत ज़िन्दगी पड़ी है, यार!" वह खड़ी होकर बेबाक अँगड़ाई लेती है और सहसा बहुत हलकी बन उठती है। मुस्कराती है कि विन्दी उसे ही देख रहा है। उसे या उसके पार?

"तुम बहुत बुढ़ा गई हो।" इस फ़िकरे के बावजूद विन्दी के ऊपर गम्भीरता गहरी होती चली जा रही है।

"अच्छा ही तो है। बूढ़ों का प्यार बड़ा गहरा होता है।" सीमा हँस पड़ती है। एक-दूसरे को धकेलते बहुत-से वाक्य-चित्र उमड़े चले आते हैं। उन्हें ठेलकर कहती है, "अच्छा बताओ, कहाँ पिलाओगे कॉफ़ी?"

"जहाँ तुम्हारा मन हो।" विन्दी के स्वर में कोई उत्साह नहीं है। एक ऊब है।

"ऐसे मरे ढंग से तो न ही पिलाना अच्छा है।" वह नाराज़ होकर चलते-चलते एकदम खड़ी हो जाती है।

"मैं मना कर रहा हूँ, चलो न..." वह उसकी कुहनी छूकर धकेलता-सा बढ़ता है।

कुछ देर चुप रहकर अचानक उत्साह से सीमा कहती है, "जब हम लोग ख़ूब बड़े हो जाएँगे न, समझो ख़ूब बड़े, तब बड़ा मज़ा आएगा। मेरे बराबर की तुम्हारी बिटिया होगी। उससे मैं ख़ूब दोस्ती कर लूँगी। फिर हम दोनों मिलकर तुम्हें इतना तंग करेंगे, इतना तंग करेंगे कि...तुम बुढ़ापे की वजह से भाग तो पाओगे नहीं..."

"आप तो इतनी ही रखी रहेंगी न?" कड़वेपन से विन्दी जवाब देता है, "और वो बिटिया की अम्मा तुम्हें घर में घुसने देगी? मुझे और तुम्हें, दोनों को निकल बाहर करेगी।"

"तब तो और भी अच्छा है।" वह यों ही बोलती रही, "मैं टॉफी, चॉकलेट दिखा-दिखाकर बिटिया को जँगले से बाहर बुला लिया करूँगी...एकदम तुम्हारे-जैसी होगी न वह? अच्छा, उसका नाम क्या रखोगे?" वह भी क्या उसकी बिटिया में उसे ही देखना चाहती है?

"सीमा," विन्दी अनमना-सा जवाब दे देता है।

"उहुँक...हम उसका नाम कुछ और रख लेंगे।" फिर वह कुछ सोचती-सी उसी प्रवाह में कहती है, "तुम्हें एक बात बताएँ विन्दी, जब हम लोग कलकत्ता में थे तो हमारे पड़ोस में एक लाल-सा मकान था, ख़ूब बड़ा। उसमें बहुत लोग रहते थे। एक पूरे फ़्लैट में एक बुढ़िया रहती थी, अकेली। सुबह नौ और शाम को चार बजे वहाँ रोज़ एक बुड्ढा आया करता था। इतना बुड्ढा था कि उससे चला नहीं जाता था। दीखता भी नहीं था। एक नौकर हमेशा उसके साथ रहता था, एक हाथ से उस पर छाता लगाए रखता और दूसरे से उसकी बेंत पकड़कर रास्ता दिखाता जाता। आँधी हो, तूफ़ान हो, वे दोनों वहाँ ज़रूर ही आते। पानी बरसता, धूप होती तो रिक्शा या टैक्सी में आते, लेकिन आते ज़रूर थे। सत्तर का तो वह बुड्ढा होगा ही। जितने दिन हम वहाँ रहे, वह बिना नागा आता रहा। हमने पता लगाया। बुढ़िया उसकी प्रेमिका थी। उसके लिए बुड्ढे ने एक मकान बनवा दिया था। उसके और फ़्लैटों से किराया आता था। बुड्ढे के अपने बीवी-बच्चे थे। क्रिसमस के त्योहार पर वहाँ पादरी और पूजा पर बंगालियों वाली धूमधाम होती थी। बुड्ढा वहाँ वैसी ही

लगन से आता था जैसे मन्दिर जाता हो। पता नहीं, उसे देखकर हमें बड़ा अच्छा और पवित्र-सा कुछ लगता। जैसे ही उसके आने या जाने का वक़्त होता, मैं ज़रूर ही बालकनी में आ खड़ी होती। वह और उसका नौकर जब चले जाते, तब भी पता नहीं, कब तक देखती रहती...कभी-कभी ऐसा कुछ देखकर मन को बड़ा अच्छा-अच्छा नहीं लगता, विन्दी?"

"हाँ, होगा।" टालने के ढंग से विन्दी बोल देता है।

"सच मानो, मुझे तो ऐसा लगता है कि मरते वक़्त तक शायद मैं मन से इस तसवीर को नहीं निकाल पाऊँगी। कभी-कभी उस बुढ़िया की बात सोचती हूँ, वह सारे दिन मन में क्या सोचती रहती होगी? अच्छा, विन्दी, ऐसे समय आदमी को पछतावा होता है या कुछ सार्थक-सा लगता है?" और अनजाने ही सीमा के अन्दर से एक झुँझलाहट उभरने लगती है। वह ये सारी बेकार की बातें क्यों कर रही है? इस वक़्त वह कुछ भी क्यों न बोले, लेकिन भीतर के इस अहसास से मुक्त नहीं हो सकती कि वह सिर्फ़ एक ही बात कहे जा रही है। उसने लाड़ से अरविन्द का हाथ पकड़ लिया। हाथ सख़्त और ठंडा था। वह कहीं डर गई। सीमा, इन बातों से मेरे दुःख को धोना चाहती हो? क्या ठीक ऐसा ही माँ के साथ भी हुआ था?

रेस्तराँ के झुर्रियोंदार उजाले में दोनों सटकर एक ही सैटी पर आ बैठे, तो सीमा ने उठकर लटकते लैंप का स्विच बुझा दिया। फिर विन्दी का हाथ उठाकर अपनी जाँघ पर रख लिया और धीरे-धीरे उस पर हथेली फेरने लगी। कॉफ़ी की प्रतीक्षा करते हुए उसने यूँ ही अपने बाल पीछे करने का भाव दिखाकर कहा, "विन्दी, माँ दुनिया में सिर्फ़ दो आदमियों को अपनी जान से ज़्यादा प्यार करती हैं।"

"विन्दी वहाँ नहीं था। लौट आया। बोला, "एक तो तुम..."

"हाँ, और दूसरे तेज अंकल।" सीमा ने बात नहीं काटी, "पापा को वो प्यार-व्यार नहीं करती थीं। मैं भी शायद उन्हें नहीं चाहती थी। लड़कियाँ शायद माँ के ऐटीट्यूड को अपने भीतर उतार लेती हैं। मैं जानती हूँ, आज भी अगर तेज अंकल चाहें तो माँ अपने हाथ से काटकर अपनी गर्दन उन्हें दे सकती हैं।"

"यह बात तुम मुझे बहुत बार बता चुकी हो।" विन्दी शायद बताना चाहता था कि यह बात कहीं उन लोगों के लिए आड़े नहीं आती। तुम अगर तेज अंकल की भी लड़की हो तो मुझे कोई फ़र्क़ नहीं पड़ता। मन होता है, हाथ छुड़ाकर इस लड़की से दूर भाग जाए।

"मैं तुम्हें कैसे बताऊँ, माँ तेज अंकल को कितना प्यार करती हैं।" सीमा बिना उसकी झुँझलाहट पर ध्यान दिये कहती जाती है, "अगर मैं माँ को नहीं देखती तो शायद मुझे यक़ीन ही नहीं आता कि कोई किसी को इतना प्यार कर सकता है। किसी को देखकर सामनेवाले का यों कायाकल्प हो जाता है। वे दस साल छोटी हो जाती हैं। माँ कभी छिपाती भी नहीं हैं। तेज अंकल ने भी तो सिर्फ़ उनके लिए

ही न शादी की, न कहीं जमने का सिलसिला किया...इस बात के लिए माँ ने पापा से कितनी मार नहीं खाई होगी। बाद में तो पापा ने कुछ भी कहना-सुनना बन्द कर दिया था। कभी एक शब्द भी नहीं बोलते थे। मुझे तो यही लगता है कि पापा ने इसी वजह से आत्महत्या कर ली थी। उनके हार्टफेलवाली बात एकदम झूठ है। जब तेज अंकल आ जाते थे तो पापा रात-रात भर या तो क्लबों में पड़े रहते थे या दोस्तों के यहाँ..."

"सीमा, तुम कहना क्या चाहती हो?" अरुचि से विन्दी ने पूछा।

"कुछ नहीं, हम तो तुम्हें यों ही एक बात बता रहे हैं।" सीमा उसी तरह सजीव होकर अपनी बात जारी रखती है, "जब तेज अंकल हमारे यहाँ होते हैं तो मुझे भी बिलकुल बुरा नहीं लगता। बड़ा भरा-भरा और पवित्र-सा लगता रहता है। पता नहीं, मुझे ख़ुद ही ऐसा लगता है या माँ की ख़ुशी देखकर लगने लगता है। मेरा मन होता है, घर का काम ख़ूब करूँ, सारे पर्दे फिर से लगा दूँ। घर-भर में अगरबत्तियाँ जला दूँ। आज भी माँ और अंकल एक ही कमरे में सोते हैं। मैं पानी लाकर रखती हूँ, उन्हें चाय-कॉफ़ी देती हूँ, बिस्तर बिछाती हूँ और उस कमरे में नौकर को बिलकुल भी नहीं जाने देती। लगता है वह वहाँ कुछ मैला कर आएगा। माँ को बिलकुल संकोच नहीं होता। उनकी ख़ुशी देखकर मेरे भीतर उल्लास फूटता रहता है।"

"यार, तुम बहुत बोर कर रही हो, सीमा..."

बैरा कॉफ़ी रख जाता है। उसे अपनी ओर खींचकर विन्दी झुकता है। सीमा अभी भी उसका हाथ सहला रही है।

"माँ के चेहरे पर मैंने तभी ऐसी रोशनी देखी है जिसे तुम 'स्वर्गिक' कहोगे... मुझे लगता है जैसे वह रोशनी छन-छनकर मेरे भीतर उतर रही है...माँ के सामने ही तेज अंकल मुझे ज़ोर से भींचकर ठीक उसी तरह चूमते हैं, जैसे तुम चूमते हो... देखकर माँ का चेहरा ऐसा खिला गुलाबी हो जाता है जैसे उन्हें ही चूमा जा रहा हो...अंकल जब विदेश से आए थे तो मुझे देखकर बुरी तरह चौंक जाते थे। अक्सर माँ से कहते थे, इस लड़की को देखकर मैं एकदम डर जाता हूँ। हूबहू तुम्हारी ही शक्ल है। जब हम लोग मिले थे तो तुम बिलकुल ऐसी ही थीं। रत्तीभर भी तो फ़र्क़ नहीं है। शरीर, गठन, ऊँचाई, चेहरा, मोहरा, बोलने का तरीक़ा—सभी कुछ वही है। माँ तब घंटों मुझे ही देखा करती थीं। लगता था, माँ माँ नहीं, तेज अंकल हैं और मैं ख़ुद मैं नहीं, जवानी के दिनों की माँ हूँ। एक दिन तेज अंकल ने हिचककर कहा, "मुझे यही डर है कि कहीं सीमा को तुम समझकर मैं कुछ कर न बैठूँ।" माँ ने बुरा नहीं माना। उलटे हुलसकर पूछा—'सचमुच मैं ऐसी ही थी?' इसके बाद हमेशा मुझे तेज अंकल के सामने यही लगता रहता है, जैसे मैं तेईस साल पुरानी माँ हूँ..."

"सीमा, तुम यह सब बकवास बन्द करोगी या उठकर जाऊँ?" झटके से हाथ छुड़ाकर मेज़ पर से उठने का भाव दिखाते हुए अरविन्द बोला।

सीमा उसी तरह अपनी बात में खोई रही। फिर धीरे से बोली, "अच्छा, अब नहीं कहूँगी।" झूल आए आँसू, उसने उँगलियों से पोंछ डाले। बिना बोले भी वह शायद मन में उसी बात को आगे बढ़ा रही थी। याद आ गया हो, इस तरह कॉफ़ी अपनी तरफ़ सरकाकर हिलाने लगी।

अरविन्द खोया-सा सामने देखता रहा और सीमा देर तक निगाहों पर ज़ोर देकर दूर बैठी दो लड़कियों को। अपने को अदृश्य रखकर किन्हीं दो को अपने-आप में ही डूबे देखते रहना कैसा लगता है, क्या उसने अभी बताया था कि मैं, माँ और अंकल के आसपास हमेशा अदेखी हवा की तरह मँडराया करती हूँ। हवा वाली बात ख़ुद उसे बहुत युक्तिपूर्ण लगी। तभी तो लोग उसके पार देखते रहते हैं।

विन्दी ने फिर वहीं उसकी जाँघ पर हाथ रख दिया। सीमा की गोद में पड़ा उसका हाथ उठाकर वापस खींचकर बोला, "आई एम सॉरी, लेकिन तुम्हारे पास कोई और बात नहीं है, सीमा?"

आश्वस्त, सीमा लुटी हुई-सी मुस्कराई। कॉफ़ी का घूँट लेकर बोली, "अच्छा, अब तो बात नहीं करेंगे, और बात करेंगे। सुनो, बचपन में हमारा एक माली था। उसका पाँच-छह साल का एक छोटा-सा लड़का था—फजलू। हम उसके साथ सारे दिन खेला करते थे। माली एक दिन फजलू के लिए बकरी का बड़ा ख़ूबसूरत-सा छोटा बच्चा ले आया। उसका नाम उन लोगों ने रखा बदलू। दो-तीन दिनों में ही बच्चा फजलू और माली से बहुत ही हिल गया। सारे दिन उन्हीं के आसपास कूदता रहता था। लड़का और वह दोनों एक ही जगह खाते, सोते, खेलते। ख़ुद माली और उसकी बीवी भी उसे फजलू की ही तरह प्यार करने लगे थे। उसी तरह उसका ख़याल रखते। उसकी पीठ पर जाड़े से बचने के लिए एक झूल बाँध देते छोटी-सी। बदलू अपनी छोटी-छोटी आँखों से इस तरह बोलता था कि क्या बताएँ, आदमी ज़बान से भी क्या बोलेगा। लेकिन ईद के दिन माली ने उसे ले जाकर काट डाला। काटने से पहले सारे दिन माली की घरवाली, हम, फजलू और माली ख़ुद ख़ूब रोए। बाद में वह हफ़्तों सुस्त रहा। लड़का तो बीमार ही पड़ गया। माँ को उसने बताया था कि ईद के दिन हम अपनी सबसे प्यारी चीज़ ख़ुदा को देते हैं... उसने फजलू के साथ उसे आइडेंटिफाई कर..."

सीमा की बात अधूरी ही रह गई। अरविन्द कॉफ़ी आधी छोड़कर झटके से उठ खड़ा हुआ, "सीमा, तुम्हारी तबीयत ठीक नहीं है। अब उठो...वहीं बिल दे देंगे।"

सीमा तैयार नहीं थी। फिर भी किसी तरह उठी। लड़खड़ाती-सी, विन्दी का सहारा लेकर बाहर आ गई।

अरविन्द टैक्सी की तलाश में इधर-उधर देख रहा था, तब बाहर फुटपाथ पर खड़े-खड़े सीमा ने उसके कोट की आस्तीन पकड़कर हाथ अपनी कनपटी से लगा लिया। सिर टेढ़ा करके आस्तीन से कनपटी धीरे-धीरे रगड़ती हुई कहती रही,

"विन्दी, मेरे पास तुम्हारे सिवा कुछ भी नहीं है। तुम्हारे बिना मैं नहीं रह पाऊँगी। मुझे भुलाना नहीं विन्दी, प्लीज़...प्लीज़..."

अरविन्द का हाथ एक बार सिहरकर काँपा।

सीमा सचमुच रोने लगी थी। शायद मन में निराकार-सा कुछ तैरता हुआ निकल भी गया था, यह रोनेवाला कौन है?

चुनाव

सच पूछो तो उधर सुमन का ध्यान भी नहीं जाता। वह ख़ुद अपने जीवन का बहुत बड़ा निर्णय लेकर उदास हो गया था। कल से ज़िन्दगी को बिलकुल ही एक नई दिशा देनी है। अब यह सब चलेगा नहीं। दौड़ती हुई बस उसे दौड़ती ज़िन्दगी का प्रतीक लग रही थी और यह ध्यान था कि अगले दस मिनट में उसे इस बस को छोड़ देना है। अगली बस एकदम नहीं मिलेगी। क्या है, कुछ देर खड़े रहकर प्रतीक्षा कर लेगा। बस, दस-बारह साल की मेहनत और कीर्ति का लोभ है, लेकिन झटके से छोड़ दो तो सब ठीक-ही-ठीक है। इस सबसे चिपके रहने में आख़िर रखा ही क्या है? किसको उसकी ज़रूरत है? और ख़ुद उसने ही अपने-आपको समझा लिया है, वरना उसमें सचमुच प्रतिभा और आग जैसी कोई चीज़ नहीं है। अपने को इस बात का विश्वास दिलाकर मन में कितना सन्तोष होता है...गुड बाई! लेखक सुमन...कभी किसी मोड़ पर भेंट हुई तो फिर मिलेंगे...टा...टा! हम-तुम बहुत पुराने दोस्त थे यार, अब क्या दोस्तियाँ बार-बार बनती हैं...?

और इस सबमें सुमन का उधर ध्यान भी नहीं जाता। हज़ारों बार ऐसा हुआ है कि उसके सामने लोग लड़ते और बहसें करते रहते हैं, लेकिन वह अपने में ही डूबा रहता है—बिना कुछ देखे—बिना कुछ सुने...इसलिए पीछे वाली सीट पर होते झगड़े की ओर ध्यान जाने का कोई सवाल ही नहीं उठता। लेकिन उसकी ही सीट पर बैठे सज्जन कुछ ऐसे झटके से पीछे की ओर मुड़े कि न चाहने पर भी उसे मुड़कर देखना पड़ा। कोने में दबा-सिकुड़ा कोई कमज़ोर बुड्ढा बैठा था और भीड़-भरी बस में, किसी के उठने पर, पास खड़ी एक औरत को धकेलते-से एक सज्जन बुड्ढे की बग़ल में आकर बैठ गए थे। कोट-पतलून, स्वेटर-टाई के साथ सिर पर ऊनी गांधी टोपी। महीन मशीन-फिरी गर्दन का पिछला मोटा फूला हुआ 'दुनाला'। कड़ककर उन्होंने बुड्ढे को डाँटा था, "अच्छी तरह क्यों नहीं बैठते हो?" बुड्ढे ने कहा था, "बाबूजी, मैं खिड़की से चिपककर तो बैठा हूँ।" "देखो, बक-बक मत करो।" उन्होंने फुंकारकर कहा और मोटे शीशेवाले चश्मे को पीछे धकेल दिया।

"मैं कुछ कह भी रहा हूँ?" बुड्ढा इधर-उधर देखकर बोला।

"चोप्!" वे दहाड़े।

सुमन चुपचाप सुनता हुआ निरुद्विग्न भाव से उनकी सामाजिक स्थिति का अन्दाज़ लगाने लगा। रोब-दाब और बातचीत से लगता है या तो कहीं क्लास-वन ऑफ़िसर हैं या बड़ी दुकान के मालिक हैं। लाल किले पर चढ़े थे—कुछ ख़रीदारी करने आए होंगे। या दुकान बन्द करके जा रहे होंगे। लेकिन दुकानदार की आवाज़ में इतनी कड़क नहीं होती। अफ़सर हैं और किसी सेक्शन के इंचार्ज है। यह टोपी बताती है कि पुराने खुर्राट हैं और छोटे पद से तरक़्क़ी करके पहुँचे हैं। दोस्तों में कहते होंगे, "मैं तो भाई, बहुत ही सख़्त आदमी हूँ और उसूलों का पक्का हूँ। ढील कहीं बर्दाश्त नहीं करता।" और इनके उसूलों में पान-बीड़ी न खाना, शराब को हाथ न लगाना, सुबह पाँच बजे उठकर नहाना या दूध ले आना, जैसी बातें होंगी, जिनका कोई ताल्लुक़ रिश्वत लेने, न लेने; बड़ों की ख़ुशामद और छोटे को पीस डालने से नहीं होगा। बड़ों की जी-हुजूरी को डिसिप्लिन और सीनियॉरिटी का लिहाज़ कहते होंगे और छोटों के प्रति सख़्ती को अपनी योग्यता...फूली गर्दन से लगता है, जैसे शक्तिनगर में कोई मकान भी बनवा लिया है।

आत्मसन्तोष से सुमन ने अपनी प्रशंसा की; लेखक की निगाह है, कैसा ख़ाका खींचा है कि तभी अपने निर्णय का ख़याल हो आया तो झुँझला उठा। यह कम्बख़्त लेखक मेरा पीछा नहीं छोड़ेगा। कितना कुछ इसके लिए सुनना पड़ता है। अभी जहाँ गया था, वहाँ उन्होंने बड़ी सहानुभूति और अपनेपन से कहा था, "आप लिखते हैं, यह तो ठीक है। लेकिन कुछ और काम क्यों नहीं कर लेते? कहीं नौकरी, या कुछ और काम। और कुछ नहीं तो एल.आई.सी. की इतनी स्कीमें हैं, कहीं एजेंट ही हो जाइए। तरह-तरह के लोगों से मिलेंगे, कैरेक्टर और प्लॉट भी मिलेंगे और पैसा भी।"

"नौकरियाँ मैंने की हैं; लेकिन फिर लिखना नहीं होता।" सुमन ने धीरे से उनकी सद्‌भावना को स्वीकार करके कहा था।

"ये तो सब संकल्प की बात है।" उन्होंने अब साधिकार बताना शुरू किया, "आप लोगों की यह बातें मेरी समझ में नहीं आतीं। संकल्प मन में हो तो कहीं भी और कभी भी लिखा जा सकता है। दस से पाँच बजे तक की ही तो नौकरी होती है। फिर तो आप फ्री हैं। आपके पास अच्छी ख़ासी डिग्री है—कहीं लेक्चरर ही हो जाइए। जिसके पास डिग्री न हो, क्वालिफिकेशंस न हों, उसकी बात समझ में आती है। लिखने पर जीना उसकी मजबूरी है।"

उसके कान तमतमा आए थे। हर बार ऐसी सलाहों पर उसका सिर भन्ना उठता है। उससे उनके यहाँ खाना नहीं खाया गया था और वे थे कि कुछ ऐसे भाव से उसे खिला रहे थे जैसे आप लेखक हैं, और बेकार हैं। पता नहीं कब-कब आपको इस तरह का खाना या पेट भर खाना मिलता होगा, "पहली जगह जहाँ आप थे, वहीं रहते होते तो आज सात-आठ सौ रुपये मिल रहे होते।" और अक्सर ही उसने

इस तरह की बातें सुनी हैं, "आप लेखक हैं सो तो ठीक है, लेकिन इसके अलावा क्या करते हैं?"

पिछले दिनों हेमा ने उससे कहा था, "सुमन! पापा की बड़ी इच्छा थी कि मैं किसी ऐसे से शादी करती जो कम-से-कम आई.ए.एस. तो हो। मैं कहती हूँ, लेखक किस आई.ए.एस. से कम है? उसे सारी दुनिया पूछती है। सचमुच, मुझे कितना गर्व है। तुम्हारी प्रतिभा पर सौ आई.ए.एस. निछावर हैं...मगर पापा की वैल्यूज़ ही दूसरी हैं। अगर तुम कुछ समय के लिए ही कोई पाँच-सात सौ की नौकरी कर लो तो मैं पापा के सामने तनकर कह दूँगी, नहीं, मुझे किसी से शादी नहीं करनी। फिर मैं ख़ुद तुमसे नौकरी छुड़वा दूँगी और कहूँगी, सुमन डॉर्लिंग, अब बैठकर लिखो।" सूखे गले से उसने कहा था, "हेमा, आई.ए.एस. की तो मेरी उम्र निकल गई है... नौकरी पता नहीं कब मिले, तुम किसी आई.ए.एस. से ही शादी कर लो..." और उसके बाद उसने हेमा को ज़िन्दगी से निकाल दिया था।

फिर जब उस बे-पढ़े, बनिया-प्रकाशक ने उसे कुछ भी देने से इनकार कर दिया तो वह ऊपर से किताबें न बिकने के उसके तर्क सुनता रहा, और भीतर-ही-भीतर दाँत पीस-पीसकर उसे गालियाँ देता रहा, इसी लिखने के पीछे घर छोड़कर भाग न आया होता तो इन अभिभावकनुमा टुच्चे और कमीने लोगों की ये बातें उसे सुननी पड़तीं...? तुझ-जैसे बीस आदमी मेरे बाप के जूते चाटते रहते हैं; दुनिया-भर के झूठ और बेईमानी के बाद जितना तू कमाता है, उतना मेरे यहाँ कोठियों का किराया आता है। आज मैं नौकरी पर होता तो यह सब कहने की तेरी हिम्मत होती? इन टके-टके के लोगों की सलाहें और इनकार सिर्फ़ इसलिए सुनो कि तुम सम्मान के साथ अपनी ज़िन्दगी अपनी तरह जीना चाहते हो? अपने लक्ष्य में अपने को डुबो देना चाहते हो? हर प्रलोभन, सुख-सुविधा को झुठलाते रहे हो?

और लौटते हुए उसने निर्णय कर लिया, भाड़ में गया लिखना, लक्ष्य, वृहत्तर उद्देश्य...कल ही कोई नौकरी तलाश कर लेगा...आसपास बीस हेमाएँ होंगी, चिटें भेजकर घंटे-भर ये प्रकाशक साहब बेंच पर बैठे तपा करेंगे, और रिश्तेदार एल.आई.सी. का एजेंट बनने की सलाह किसी और के लिए सुरक्षित रखेंगे...बस, एक बार मन से बात निकाल देने की ही तो तकलीफ़ है! कल ही उन एम.पी. से बातें करेगा...जो पिताजी के साथ पढ़े हैं..

इसलिए बस में बैठे-बैठे उसे अचानक ग़ुस्सा आ गया, यह लेखक उसका पीछा नहीं छोड़ना चाहता है। कैसे नहीं छोड़ेगा, आख़िर संकल्प और निर्णय भी तो कुछ है! वह इसी क्षण से सामान्य आदमी की तरह व्यवहार करेगा। शायद वह अफ़सरनुमा आदमी फिर उस बुड्ढे से कुछ बोला था। चाँटा-वाँटा मारने की बात कही थी। बस के खड़े-बैठे लोग उसे क्षोभ से घूर रहे थे, लेकिन बोल कोई भी नहीं रहा था। घुटन से जैसे ऊबकर सुमन ने सीधे उसे सम्बोधन करके कहा,

"ज़रा-सा सफ़र है, आराम से बैठ जाइए। उधर जगह कहाँ है—वह कहाँ सरके। इसमें चाँटे-वाँटे से बात करने की क्या ज़रूरत है...?"

"मैं नहीं समझता किसी हरामज़ादे को बीच में बोलने की ज़रूरत है।" 'अफ़सर' ने दफ़्तरी अंग्रेज़ी में गुर्राकर कहा।

"उल्लू के पट्ठे, तेरा सिर तोड़ दूँगा। तमीज़ से बात करना नहीं आता? हम तो समझा रहे हैं कि क्यों चाँटे-वाँटे की बात करे..." सुमन को पता नहीं, कौन उसके भीतर से दहाड़कर बोला, और वह पूरे झटके से पीछे मुड़ गया।

"मैं कहता हूँ..." ग़ुस्से से अफ़सर हकलाने लगा।

"ख़बरदार, जो एक भी शब्द बोला..." सुमन ने पूरा सीना फुलाकर पंजा बाहर निकाल लिया। अगर इसने कुछ भी कहा तो साले की गर्दन मरोड़ दूँगा। अफ़सर का बच्चा! वह तैयार हो गया, अगर 'अफ़सर' लड़ने के लिए उठा तो कसकर झापड़ देगा...ज़्यादा-से-ज़्यादा पीट ही तो देगा...लेकिन बस के और लोगों का क्षोभ उसके साथ है।

"हाँ, जब से किसी को कुछ समझ ही नहीं रहा..." बस में कई स्वर बोले। साश्चर्य सुमन ने पाया कि 'अफ़सर' अचानक शान्त हो गया, लेकिन ख़ून पी जाने वाली ख़ूँख़्वार आँखों से बिना पलक झपकाए उसे देखता रहा...

और देख...साले और देख...बिना मुड़े सुमन भी उसे लगातार देखे जा रहा था—खा जा मुझे आँखों से...आज बॉस की झाड़ पड़ी होगी सो सब पर बौखला रहा है...देख...और...देख...देखूँ क्या कर लेगा मेरा? मेरा कौन-सा बॉस है जिससे तेरी दोस्ती है और मेरा प्रमोशन रोक देगा? तेरा बाप मिनिस्टर है? बुला उसे—मैं भी देखूँ मेरा क्या करता है? मैं तेरे यहाँ नौकर हूँ कि मेरा रिकॉर्ड ख़राब कर देगा... तेरे यहाँ नौकरी माँगने नहीं आऊँगा...अच्छी तरह पहचान ले, जी भरकर देख ले। देखता हूँ कितनी देर देखेगा और मेरा क्या करेगा...मेरा कहीं कुछ ऐसा नहीं है जिसे तू छू सके...और देख ले...

दिमाग़ में गूँजते इन वाक्यों के साथ सुमन ने पाया कि उसे घूरते हुए, वह 'अफ़सर' के चेहरे का सूक्ष्म अध्ययन भी कर रहा है, ताकि कल कहानी में इस बदमाश की हूबहू तसवीर उतार सके...

आत्म-साक्षात्कार

"मुझसे अक्सर आसपास के लोग, घर-बाहरवाले कहते हैं कि जो रचनाएँ राजेन्द्र यादव के नाम से छपती हैं, वे मेरी हैं। कभी-कभी मुझे भी यही लगता है। मैं लिखकर रखता हूँ और पत्नी या माँ उन्हें आपके पास भेज देती हैं। मेरी एक-एक पंक्ति वे लोग पढ़ती हैं। मैं सिर्फ़ इसीलिए अहमदाबाद से चला आ रहा हूँ कि देखूँ तो सही, कौन है जो मेरी चीज़ें अपने नाम से छपा देता है। मैं आपसे यही कहने आया हूँ कि आप ये हरकतें बन्द कर दीजिए, वरना..."

वरना का मेरे लिए कोई महत्त्व न होता अगर मैं आईने के सामने खड़ा होकर ये सारे सवाल-जवाब कर रहा होता, आत्म-विश्लेषण का प्राचीनतम आधुनिक तरीक़ा इस्तेमाल कर रहा होता, लेकिन वह मेरे अपने फ़्लैट की बालकनी थी। साढ़े आठ बजे थे और अभी-अभी जयपुर के दो मेहमान गए थे। इस बीच वह बम्बई से आए युगल के साथ बैठा रहा था, पीछे खाने की मेज़ के पास। युवक इन साहब की बातें सुन-सुनकर जिस तरह मुस्करा रहा था उससे मुझे नहीं लगा था कि बातें कुछ इसी तरह की हैं। शायद यही सब कह रहा होगा। मैंने पूछा, "यह भ्रम आपको कैसे है कि राजेन्द्र यादव के नाम से आप ही लिखते हैं...?"

"भ्रम नहीं जी, सच्चाई है।" उसकी लाल आँखों में झुंझलाहट उतर आई, "सब कोई जानते हैं।"

और तब मुझे सहसा लगा, शायद मैं किसी बहुत बड़ी घटना या दुर्घटना का गवाह हो गया हूँ। मन हुआ, सामनेवाले साहब का इंटरव्यू ले डालूँ। मैंने इधर-उधर देखा, सब लोग अन्दर थे। ऊपर की दूसरी बत्ती का स्विच भी मैंने दबा दिया।

"सभी को पता है कि 'कुलटा' मैंने लिखी है। उसे लेकर मेरी पत्नी को कितनी ग़लतफ़हमी नहीं हुई? मेरे घर में जो नाटक हुआ, उसकी आप कल्पना नहीं कर सकते..." वह मुझे एकटक देखता रहा।

मैंने बहुत ही गम्भीर स्वर बनाकर पूछा, "उसे लेकर नाटक होने की क्या ज़रूरत थी?"

"उसको किसी ने बहका दिया कि जब मैं अहमदाबाद था तो एक लड़की से मेरा परिचय था, वही 'कुलटा' की मिसेज़ तेजपाल है..." साँवले चेहरे पर आँखें सचमुच डरावनी चमक से भरी थीं या ऊपर की बत्तियों की परछाईं उनमें कौंध रही थी, यह मैं तय नहीं कर पाया। सिर के बाल अस्त-व्यस्त और उलझे हुए थे, उन पर चौबीस घंटों का सफ़र लिखा था। "और यह अभी तक होता है। देखता हूँ, कभी पत्नी मिसेज़ तेजपाल की तरह स्लीवलेस ब्लाउज़ पहने घर में इधर-उधर घूम रही है, कभी बहन ने सारे बाल बॉब करा लिये हैं, कभी माँ एक अलसेशियन को पकड़ लाई है..."

अब तो मेरा सारा विनोद-भाव ग़ायब हो गया और आँखें दो-एक बार झपककर फैलने लगीं, अरे, यह तो सचमुच ही कोई घटना आ गई सामने...और मैं जान-बूझकर ढीला स्वाभाविक बनने के लिए कुर्सी पर आराम से टिक गया, क्योंकि भीतर का लेखक चौकन्ना होकर उठ बैठा था और नोटबुक निकाल लाया था। अतिथियों के साथ कॉफ़ी पीने के बीच जब मुझे बताया गया कि कोई साहब मिलने आए हैं तो बेमन से बाहर आया। धोती-क़मीज़ में ये साहब खड़े थे, एक हाथ में कुछ पत्रिकाएँ, दूसरे में एक थैला, "मेरा नाम राजेन्द्र है, आप ही राजेन्द्र या..." "जी," मैंने जल्दी से जवाब दिया। "मुझे आपसे कुछ ज़रूरी काम है, मैं अहमदाबाद से चला आ रहा हूँ।" "आइए..." मुझे कहना पड़ा, "ठहरे कहाँ हैं?" "कहीं नहीं, सीधे चला आ रहा हूँ। साढ़े पाँच पर गाड़ी आई थी, एकदम कमलेश्वर जी से आपका पता लेने राजकमल गया। वे निकल रहे थे। उन्होंने ही आपका पता दिया है। वैसे डाक का पता तो मेरे पास है।" "जी, कहिए..."

"मैं कलकत्ता भी गया था सी.आई.टी. रोड, वहाँ पता लगा कि आप चले आए हैं।"

"उसे तो काफ़ी दिन हो गए...!" मैं औपचारिकता में बोलता रहा।

"शुरू की ही बात है। दिल्ली आने की बात तो बाद में जानी..."

"देखिए, कुछ लोग बाहर से आए हैं। उनके साथ बैठना ज़रूरी है। अभी चले जाएँगे, आध-पौन घंटे में..."

"आप उनसे बातें कर लें...एक गिलास पानी।" वह खाने की मेज़ के पास ही कुर्सी पर बैठ गया। मैं ध्यानसिंह को पानी के लिए कहकर उनसे क्षमा माँगते हुए बैठक में आ गया। मेहमानों को विदा करके आया तो बम्बईवाले लोग चले गए थे। मैंने उससे कहा, "आइए, सामने की तरफ़ बैठें..." सोचा, ये भी तो कहीं उन साहब की तरह ही तो नहीं हैं जो अभी कुछ दिनों पहले कड़कड़ाते जाड़े में मलमल का कुर्ता और पाजामा पहने बिहार से तशरीफ़ लाए थे, सामान के नाम पर एक पत्रिका और कोयले झोंकनेवालों की कालिख थी—कुर्ता और पाजामा एकदम चीकट। आए थे 'संघर्ष' करके लेखक बनने। सोचा, शायद कुछ दिनों में

लेखक-जगत् में दिल्ली की भी वही महिमा हो जाएगी जो अभिनेता-जगत् में बम्बई की है। मैंने ध्यान से देखा, गहरा साँवला रंग, बिखरे हुए बाल, बटन न लगने से एक ओर झूलती आसमानी क़मीज़, जेब में एक डायरी, लाल आँखें और कई दिनों से स्नान माँगता शरीर...

"और बात 'कुलटा' की ही नहीं है। 'एक इंच मुस्कान' की रंजना और अमला का पता सही बताने के लिए मुझे कितनी यंत्रणाएँ दी गई हैं, मैं ही जानता हूँ..." सामने वाले साहब बता रहे थे।

"यंत्रणा...?" मैं अभी तय नहीं कर पाया था कि बात की लाइन क्या रखूँ।

"जी हाँ, मैं बीमार था और न मुझे खाना दिया जाता था, न पीना, हर बार पूछा जाता था कि बताओ ये कौन हैं, कहाँ रहती हैं? 'अनदेखे अनजान पुल' की निन्नी कौन है? 'उखड़े हुए लोग' की पद्मा और जया आजकल कहाँ हैं? कभी 'कुलटा' की बीनू की तरह मेरे सामने स्वेटर बुना जा रहा है, कभी..." बेहद परेशानी से वह बता रहा था, "इधर कोई रचना राजेन्द्र यादव के नाम से निकली और उधर उसकी खोजबीन शुरू हुई...बाद में महीनों इसी बात पर झगड़ा कि इसका पारिश्रमिक कहाँ गया? उन लोगों को लगता है कि मैंने हज़ारों रुपये पारिश्रमिक और रॉयल्टी का छिपाकर अहमदाबाद में रखा हुआ है और इसका पता लगाने के लिए मेरे काग़ज़ों की जो तलाशी होती है बस..." वह उत्तेजित हो आया।

"यह तो बड़ी ग़लत बात है।" मैंने सारी स्थिति को समझने के लिए बात बदल दी, "आप वहाँ कर क्या रहे हैं आजकल?"

"मैं...मैं वहाँ अंग्रेज़ी का टीचर था, लेकिन ज्यॉग्रेफ़ी के एक देसाई ने साज़िश करके मुझे निकाल दिया, अब वही यह सब करा रहा है।" उसके स्वर में दुःख उभर आया, "मैं तो दो महीने से बीमार था। अभी भी ठीक कहाँ हुआ हूँ..."

"आप लिखते हैं...?" ख़याल आया, कहीं बीमारी में ही तो नहीं भाग आया। छूकर देखूँ?

"लिखता तो हूँ, लेकिन मेरे लिखे को रहने कहाँ दिया जाता है?" वह झुँझला उठा, "मेरी बीवी, बहन, माँ सब-के-सब उसे आपके पास तो भेज देते हैं। जो भी लिखता हूँ, उसी दिन पढ़ लिया जाता है।"

"यह तो अच्छी बात नहीं है।" मैं अपनी बात सोचने लगा, "जब आपको अपने लिखे हर पात्र और हर स्थिति की सफ़ाई देनी हो तो लिखेंगे क्या ख़ाक? एक तरफ़ लेखक और लेखन की ईमानदारी की बात और दूसरी तरफ़ लेखन के लिए ऐसा दारोग़ाना रवैया...लेकिन वे आपके साथ ऐसा क्यों करते हैं?"

"मैंने कहा न, देसाई मेरी जान को लगा है। वह बता देता है कि राजेन्द्र ने 'किनारे से किनारे तक' कहानी लिखी है, यानी वह अपनी बीवी पर शक करता है। 'प्रतीक्षा' की नन्दा कौन है, ज़रा राजेन्द्र से पूछिए तो? पूछिए नहीं, नन्दा-जैसे

कपड़े पहनकर राजेन्द्र के सामने आइए...और वे सब सारे दिन यही करती हैं। एकदम उसके कहने में हैं..."

मुझे सचमुच अफ़सोस हुआ, "कितने दिनों से ऐसा हो रहा है...?" मेरे भीतर इस सारी गम्भीरता के बावजूद एक विनोद उमड़ आ रहा था, बेचैनी थी। कोई इस पर विश्वास नहीं करेगा, कम-से-कम मन्नू को तो इनसे मिला ही देना चाहिए। लेकिन वह टिंकू को लेकर विद्याभूषण जी के यहाँ चली गई थी।

"एक-डेढ़ साल हो गया...मैं बहुत ही परेशान हूँ। काफ़्का के मैटामार्फ़ोसिस के नायक वाली हालत है...न मैं किसी से कुछ बोलता हूँ और न मुझसे कोई कुछ पूछता है। बस, सारे दिन यही तमाशा होता रहता है और मैं लेटा-लेटा देखता रहता हूँ..."

"आप कितने भाई-बहन हैं?" मैटामार्फ़ोसिस के नायक की स्थिति याद करके मैं कहीं सिहर उठा। घर में उसकी स्थिति कुछ-कुछ समझ में आने लगी, नौकरी छूट गई है, सारे दिन घर में रहता है, बीमार है और पढ़ता रहता है।

"अकेला हूँ। मैंने तो सबसे मिलना-जुलना छोड़ दिया है। जब हर आदमी आपसे बचे और कतराए तो किससे बातें करने को मन होगा? मेरा मन ही नहीं करता। कभी-कभी शीशे के सामने देखता हूँ कि सचमुच ही कीड़ा तो नहीं बनता जा रहा?"

"लेकिन वो देसाई आपसे इतना नाराज़ क्यों है?"

"वो हेडमास्टर का आदमी है। कुछ दिनों पहले हम लोगों ने एक 'सोसायटी ऑफ़ यंग क्रूसेडर्स' बनाई थी। जहाँ भी कोई ग़लत काम होता था, चोर-बाज़ारी, रिश्वत का पता लगता था, हम लोग उस अन्याय के ख़िलाफ़ जिहाद बोलते थे, उसे रोकते थे। मैं ही लीडर था। पुलिस, कोर्ट-कचहरी से लेकर व्यापारी तक हम लोगों से डरने लगे थे..."

"फिर...?" मैंने सोचा, यह केस किसी विक्टिमाइज़ेशन का तो नहीं है।

"कुछ लोगों ने हेडमास्टर से कहा, मेरी शिकायतें लगाईं। वो देसाई जाकर हेडमास्टर से मिल गया और मुझे परेशान करने लगा...मेरे घरवालों को पहले तो तरह-तरह से डराया-धमकाया, फिर उन्हें मेरे ख़िलाफ़ भरने लगा।" वह हर वाक्य के बाद मुझे इस तरह चुनौती से देखता कि बताओ, अब क्या राय है?

"आपको कुछ घटनाएँ याद हैं?"

"हाँ, हाँ। जैसे मैं गोर्की की 'मदर' पढ़ रहा था...उन्होंने बता दिया कि ये किताब राजेन्द्र ने लिखी है...देखो, एक काम करो, जैसे पावेल की माँ फैक्टरी में पावेल के लिए पर्चे ले जाती है और बाहर बैठकर देखती है, वैसा ही तुम करो। तुम स्कूल के बाहर पुलिया पर बैठ जाओ। देखें, फिर राजेन्द्र क्या करता है। एक दिन देखता हूँ कि मेरी माँ स्कूल के सामने पुलिया पर ठीक उसी तरह उन्हीं कपड़ों में बैठी है जैसे पावेल की माँ बैठा करती थी।" कुछ देर ललकारने की तरह मुझे देखकर उसने कहा, "एक दिन देखता हूँ कि आपके 'शह और मात' की

राजकुमारी अपर्णा की तरह एक हज़ार लड़कियाँ मेरे सामने से गुज़ारी जा रही हैं, आपकी कहानी 'ख़ुशबू' की तरह सैकड़ों रिक्शे सामने से ले जाए जा रहे हैं, एक हार लाकर मेरे तकिए के नीचे रख दिया जाता है, देखें अब राजेन्द्र क्या करता है? 'टूटना' की तरह मेरे घर में बैडमिंटन-कोर्ट बन गया है..."

अब तो कुछ भी तय करने को नहीं रह गया था। फिर भी सामने वाले का मानसिक स्तर जानने के लिए पूछ लिया, "आपको कौन-कौन से लेखक पसन्द हैं...?"

"मुझे गोर्की, इलियट, टॉमस मान, ज़्विग, हैनरी, जेम्स, चेख़व-दोस्तोएव्स्की, पास्तरनाक, काफ़्का, कामू, बैलो, सैलिंजर..." उसने होटल के बैरे की सब्ज़ी-सूची सुनाने की अदा से रटे हुए वाक्य की तरह दुहरा दिया, "लेकिन सबसे बड़ी मुसीबत यही है कि मैं जब-जब जो-जो किताबें पढ़ता हूँ, वे लोग ठीक वही बातें मेरे सामने करते हैं। मैं 'मैजिक-माउंटेन' पढ़ रहा हूँ, देखता हूँ कि वे लोग भी वही किताब पढ़ रहे हैं, वही पेज खोले हैं। उन्हें बता दिया जाता है कि देखो, राजेन्द्र ने तुम्हारे बारे में 'मैजिक-माउंटेन' में क्या लिखा है..."

"अच्छा...? यानी यह किताब आपकी लिखी मान ली जाती है?"

"कभी कहते हैं, मैं काफ़्का के नाम से लिखता हूँ, कभी कहते हैं ब्रेख़्त के नाम से...कभी जेम्स-जॉयस के नाम से...मैं उनकी बातों को बहुत सीरियसली नहीं लेता, मन में हँसता हूँ कि देखो, कितने बेवक़ूफ़ हैं। इन्हें यह भी नहीं पता कि कौन लेखक क्या है, कब मरा है? लेकिन बात गम्भीर तो है ही?"

"हाँ, गम्भीर तो काफ़ी है। लेकिन...अच्छा, आपके परिवार में क्या होता है? आपकी माँ-बहन-पत्नी बहुत पढ़ी हुई हैं क्या?"

"होती तो खेती है और घर के लोग बहुत पढ़े-लिखे नहीं हैं, लेकिन इलियट और सार्त्र को तो समझ ही लेते हैं।" फिर मुझे देखते रहकर रहस्य से बताया, "वो देसाई है न, उसी की सारी गड़बड़ी है। हम लोग जब साथ थे और यंग-क्रूसेडर्स में काम करते थे, तो उसे यह भी नहीं पता था कि आप कौन हैं, कमलेश्वर क्या लिखते हैं, निर्मल वर्मा क्या कहते रहते हैं...वो तो प्रेमचन्द, रमणलाल देसाई, मुंशी को ही जाने बैठा था...तब मैंने उसे ले जा-ले जाकर अपनी किताबें दीं, दोस्तोएव्स्की और टॉल्सटॉय के उपन्यास दिये...और अब हालत ये है कि जो किताब मैं पढ़ता हूँ वही वह भी पढ़ता है, सारे घरवाले उसके कहने से पढ़ते हैं और वो देसाई निशान लगा-लगाकर उन्हें समझा देता है कि देखो, राजेन्द्र ने तुम्हारे बारे में ये लिखा है... सारे गाँव वाले उसके कहने में हैं और चाहते हैं मैं गाँव छोड़ दूँ..."

"लेकिन आश्चर्य की बात है कि आपके गाँव वाले इतने पढ़े-लिखे हैं..."

"हाँ, हमारे गाँव का आठ साल का बच्चा जानता है कि डिलनटामस कौन है और शोलोख़ोव ने नोबेल-प्राइज़ को कैसे ठुकराया," फिर कातर चेहरे से मदद

माँगने की मुद्रा में कहा, "और सब-के-सब इस तरह मेरे ख़िलाफ़ हैं कि...और तो और, एक दिन देखा, मेरे खेतों में दर्जनों पवनचक्कियाँ लगी हैं..."

"क्यों?" अब उसकी बातों से मुझे आश्चर्य होना बन्द हो गया था।

"मैं उन दिनों सर्वेंटीज़ का डॉन-क्विक्ज़ोट पढ़ रहा था, सो यही देखने के लिए कि देखें, अब राजेन्द्र क्या करता है उन्होंने पवनचक्कियाँ लगा दीं..."

"यह तो सचमुच परेशानी वाली बात है...आप कुछ दिनों को वहाँ से कहीं चले जाइए..." मैंने सलाह दी।

"मैं तो चला गया था। राँची गया तो वहाँ भी जा पहुँचे और लोगों को बहका दिया।"

"राँची?" मैं चौंका, "राँची आप क्या करने जा पहुँचे? काफ़ी दूर है वह तो..."

इस बार वह शरमाकर ढीला हो गया, "मैं तो सिर्फ़ यही देखने गया था कि शायद वहाँ मेजर तेजपाल से मुलाक़ात हो जाए। उन्होंने डॉक्टरों को बहका दिया। उसने मुझसे बात ही नहीं की।"

अब मेरे लिए समझने को कुछ भी नहीं रह गया था। मैंने गहरी साँस ली। थोड़ी देर हम लोग चुपचाप बैठे रहे। ध्यानसिंह कॉफ़ी दे गया। "अच्छा, अब आप मुझसे क्या चाहते हैं?"

"मैं...? मैं चाहता हूँ कि आप ये अपनी चीज़ें मेरे नाम से छपाना बन्द कर दीजिए। और मेरे ही नाम से नहीं, ये जो और-और नामों से आप छपाते हैं, कभी हेमिंग्वे, कभी हक्सले...यह सब भी बन्द होना चाहिए। देसाई को भी समझा दीजिए कि मेरे घर बहुत आना-जाना न रखे। मुझे यह बिलकुल पसन्द नहीं है।"

"अच्छा देखिए, कोशिश करूँगा।" मैं अब अन्दर तक उदास होने लगा था, "अब आप क्या करेंगे?"

"मैं अपनी चीज़ें अपने नाम से लिखूँगा।"

कुछ देर के लिए हम लोग फिर चुप हो गए। वह झटके से उठा, "अब चलूँगा।"

"कहाँ? खाना-वाना..."

"नहीं, सीधे अहमदाबाद जाऊँगा। कोई-न-कोई गाड़ी मिलेगी।" और बड़े शिष्टाचार से उसने हाथ मिलाया। मैं देर तक तय नहीं कर पाया कि उसे रोकूँ या न रोकूँ। आकर कुर्सी पर बैठा तो लगा किसी ऊँचाई से अँधेरी गहराइयों में उतरता जा रहा हूँ...

शहर की यह रात और...

"नाइट स्काई ऑफ़ कैलकटा...कलकत्ता का नैश-आकाश..."

"अभी-अभी यहाँ अँधेरा छा जाएगा और ऊपरवाला गुम्बद चमचम करते सितारों से जगमगा उठेगा...फिर हम हर सितारे को अलग-अलग पहचान सकेंगे। बड़े शहरों में आकाश को इतने ग़ौर से देखने का अवसर कहाँ मिलता है!...शायद इन्हीं नक्षत्रों में आपको अपने घर पर चमकने वाले नक्षत्र भी दीखें...लेकिन इससे पहले आइए, कुछ जान लें...यह जो बीचोबीच हावड़ा ब्रिज-जैसा यंत्र रखा, यह बहुत ही क़ीमती है...हिन्दुस्तान में पहली बार इसे यहाँ स्थापित किया गया है...यह दो हज़ार साल बाद और दो हज़ार वर्ष पहले के आकाश को ज्यों-का-त्यों प्रस्तुत कर सकता है—यह नक्षत्रों की सही स्थितियाँ बता सकता है..."

और धीरे-धीरे अनाउंसर की आवाज़ की दिशा खो जाती है...अँधेरा गहराने लगता है और एक नकली आसमान छतरी की तरह ऊपर खुल जाता है, बुंदकियों वाले विभिन्न पेंटर्स बनाते छोटे-छोटे असंख्य तारे उग आते हैं...लोग अपने-अपने घरों पर चमकने वाले नक्षत्रों की तलाश में खो जाते हैं...अनाउंसर की आवाज़ कानों में अर्थहीन भनभनाहट बनकर गूँजने लगती है...सभी भूल जाते हैं कि वे खुले आसमान के नीचे नहीं, बिड़ला-प्लैनेटेरियम के शीत-ताप-नियंत्रित हॉल में बैठे हैं...वे मशीनों के बीच और मशीनों को घेरे बैठे हैं...कहीं से एक आवाज़ कहती है—'यह आधी रात का आसमान है' और शरीर शीत की फुरहरी की अनुभूति से रोमांचित हो आता है...आवाज़ बताती है—'यह दोपहर का समय है...' और कपड़े पसीने से तर होने लगते हैं। भीतर एक आश्चर्य होता रहता है कि कैसे एक अनजान आवाज़ की आज्ञा पर हम दोपहर और रात अनुभव करते जाते हैं। कुछ नहीं बदलता, लेकिन शरीर पसीने और शीत की अनुभूति से छा जाता है...जैसे यहाँ होता कुछ नहीं है, सब कुछ दूसरों द्वारा सजेस्ट कर दिया जाता है और हम चुपचाप अनचाहे वही प्रतिक्रिया करते जाते हैं...आवाज़, प्रकाश का नन्हा-सा तीर बनकर अब नक्षत्रों और ग्रहों का भेद, उनकी दूरी और दिशा बता रही है और हर व्यक्ति अपने-अपने घर की स्थिति बतानेवाले नक्षत्र को जान लेना चाहता है...

लेकिन शायद सारी ज़िन्दगी यों ही इन प्रकाश के तीरों के पीछे भागते निकल जाएगी...न अपना नक्षत्र मिलेगा, न 'घर'...सबके साथ-साथ रात होने की मजबूरी, सबके बीच मौसम बदलने की लाचारी...और हर 'आज' की तकलीफ़ को आने वाले 'कल' पर टाल देने की सुविधा, ताकि 'कल' के अख़बार में देखा जा सके, 'कल' हम कितने दुखी थे...और इन दो कलों के बीच सिर्फ़ एक रात...कलकत्ता की रात, यानी खोपड़ी पर झूलता पंखा...जब कभी 'उधर' (अपनी तरफ़) होते हैं, तो ऊपर निगाह उठते ही भीतर कोई चौंक उठता है; खुले आसमान के नीचे जब कभी आँख खुलती है तो भीतर कोई तलाश करने लगता है—यहाँ पंखा कहाँ लटका है...? पंखा नहीं मिलता—बस उसे 'मिस' करने का 'अनीज़ी' अहसास लटका रह जाता है, और इस अहसास के दोनों सिरों पर दो पंखे घूमते हैं—जब कलकत्ता में थे तो पंखा था...फिर वहाँ होंगे, तो फिर होगा...बारहों महीने चलता है, दिसम्बर-जनवरी के दो महीने मच्छर भगाने के लिए, बाक़ी गर्मी और हवा मथने के लिए...

"कलकत्ता की ट्रामों में तो पंखे हैं, बसों में भी लगने चाहिए..." किसी दुखी आत्मा मुसाफ़िर ने कहा था। "बस, यही कसर रह गई है..." मैंने सोचा—जिसके यहाँ जाओ वहाँ पंखा (कभी-कभी उस मशीन की भीतरी तहों में घूमता है जिसे एयर-कंडीशनर कहते हैं) जहाँ से आओ वहाँ पंखा, सिर्फ़ बीच के रास्तों की बसों में और हो जाए...कारों में तो लोग लगवाने ही लगे हैं। अब छतरियों में भी पंखे फिट होने चाहिए—कैसा सुन्दर दृश्य हो—(जैसे किसी ने सुझाया था कि बरसात में चश्मे के काँचों पर छोटे-छोटे 'वाइपर' होने चाहिए)...आप जेब में हाथ डालें और वहाँ एक पंखा घूम रहा हो...हाथ को भी तो गरमी लगती है न...

"लेकिन यहाँ अपनी जेब में कोई हाथ नहीं डालता—हर व्यक्ति दूसरे की जेब में पहले ही हाथ डाल चुका होता है..." मदन बाबू से कहूँगा तो वे हँसेंगे वही अपनी 'हिस्सेदार' हँसी। कोई बात अच्छी लगती है, या ख़ुश होते हैं तो वे एक साथ नहीं हँसते, एक बार में बात का जितना मज़ा ले लेते हैं, उतना ही हँसते हैं...'हा-हा!' फिर कुछ देर बाद और रस लेकर—'हा-हा...' यानी हिस्सों-हिस्सों में जैसे शायरी का मज़ा ले रहे हों...भोजन हो या भ्रमण, हर चीज़ में मज़ा लेना उनकी आदत है,...उन्हें देखकर मुझे हमेशा ऐसे मलंग का ध्यान आता रहता है, जिसे सभ्य-समाज में ज़बरदस्ती साफ़-सुथरे कपड़े पहनने पड़ते हों...

"जब हम लोग साथ-साथ इधर रहते थे तो क्या करते थे कि अख़बार ले आते थे...बस, यहाँ बिछाया और लेट गए...एकाध घंटा लेटे कि मज़ा आ गया...च्च् आ-हा! सारे कलकत्ता में उमस हो—लेकिन यहाँ वह हवा चलती है कि आ-हा!" हावड़ा-ब्रिज की रेलिंग पर झुके पानी में झाँकते हुए मदन बाबू बोलते हैं, "इस समय देख लो कैसी हवा है!"

सचमुच हवा ठंडी है...

रात का एक बजा है, और हम लोग—मैं, मदन बाबू और ठाकुर साहब, तीनों हावड़ा-ब्रिज की रेलिंग से झाँक रहे हैं—नीचे हुगली का तरल अँधियारा है, और उसमें छोटे-छोटे कीड़ों की तरह नावें बिखरी हैं—कुहरा-धूमिल आँखें मटकातीं—फिर दोनों ओर असंख्य बत्तियों का जाल फैला चला गया है...और कलकत्ता की ऊँची-ऊँची इमारतें अधर में लटके बादलों की तरह अवास्तविक हो उठी हैं... पुल की सारी लम्बाई में नीचे ट्राम की चार लाइनें और ऊपर बत्तियों की झालरें एक-दूसरी के समानान्तर चली गई हैं। एकदम सन्नाटा है, पीछे फट-फट करती मोटर से पाइप-सा लगाकर कुछ लोग ट्राम-लाइन की मरम्मत कर रहे हैं—दिन में तो लाइनें ख़ाली नहीं मिलतीं न...इतने बड़े सूने ब्रिज पर मदन बाबू की गाड़ी थके पिल्ले-सी पटरी से सटी खड़ी है...इस समय चौड़े पुल को देखकर विश्वास करना कठिन हो रहा है कि दिन में यहाँ चार-चार घंटे को ट्रैफ़िक जाम हो जाता है...और धनुष-जैसे उठे हुए पुल पर चींटियों की तरह हज़ारों गाड़ियों की क़तारें भों-भों, पीं-पीं करती खड़ी रहती हैं।

"अब किधर चलना है?" अचानक सचेत होकर मदन बाबू पूछते हैं और सोचने लगते हैं—"अब कहाँ से शुरू किया जाए?" फिर वह ट्राम लाइनें पार करते हुए अपनी गाड़ी में जा बैठते हैं। जिस इत्मीनान और आराम से वह अपनी सीट पर फिट होते हैं, उसे देखकर मुझे हमेशा लगता है जैसे पहले उन्हें बिठाकर बाद में गाड़ी बना दी गई है।

"कहाँ से शुरू किया जाए?" इस पुल की तरह सवाल का दूसरा सिरा भी हफ़्तों पहले टिका है...तभी से वह सवाल हमें परेशान कर रहा है।

"कभी सारी रात कलकत्ता की सड़कों पर चक्कर काटा जाए।" मेरा प्रस्ताव आया तो हस्बे मामूल मदन बाबू भन्ना उठे, "कलकत्ता सड़कों पर रहता है?"

"बिगाड़ने के लिए हमारे ये ही रह गए हैं?" प्रतिभा जी ने विरोध किया। शायद वह भी जानती हैं कि मदन बाबू इस तरह तभी भन्नाते हैं जब उन्हें कोई प्रस्ताव पसन्द आ जाता है।

"हाँ-हाँ, मदन बाबू, हो जाए!" संसार की हर चीज़ पर निष्कृपण दाद देनेवाले ठाकुर साहब चहक उठते हैं। दिन तय होता है। अगले दिन छुट्टी देखकर, ताकि लौटने पर ख़ूब सोया जा सके, सारी रात घूमने के बाद।

कोट और मफ़लर लपेटे जब मदन बाबू अपनी मॉरिस-माइनर नीचे छोड़कर शोर मचाते हुए मेरे दरवाज़े पर मुक्के और आवाज़ें मारते हैं तो छोटे-छोटे ख्रुश्चेव दिखाई देते हैं। ठाकुर साहब को बच्चोंवाली क्रिकेट की रंग-बिरंगी कैप पहना दी गई है और वह सांकोपांज़ा के आत्मविश्वास से पीछे बैठे-बैठे सिगरेट पीते रहते हैं।

सड़ाक्-सड़ाक् कहीं रसोई-बर्तन धोने की आवाज़ आती है, छत पर रोशनी जलाकर भोजन हो रहा है। बंगालियों के यहाँ रात में बारह बजे खाना होता है। नीचे

के बोस बाबू के रेडियो में कोई ड्रामा आ रहा है जो रात के सन्नाटे में दूर तक अपने 'डायलॉग' फेंकता है—वही अति नाटकीय थरथराती आवाज़ में पूरे ज़ोर से बोले गए संवाद, बनर्जी बाबू के यहाँ टाइपराइटर पर किसी केस की फ़ाइल तैयार हो रही है। वे मोटी-मोटी किताबें लिये बैठे हैं, टेबललैम्प के नीचे। मानसिंह ज़ोर-ज़ोर से टेलीफ़ोन पर ट्रंक से भाव बता रहे हैं, घटक बाबू की गाड़ी अभी-अभी आई है, राय चौधरी की पत्नी बच्चों को बहुत मारती है—शायद आज राय चौधरी फिर अभी निकल गए हैं; समर बाबू के यहाँ टेलीफ़ोन बज रहा है। मिश्रा जी दोनों टाँगें आरामकुर्सी पर समेटे, बनियान चढ़ाकर पेट पर हाथ फेरते सामने के कमरे में 'देश' पढ़ती बंगाली लड़की को देख रहे हैं...पानवाला अँधेरे में रोटियाँ सेंक रहा है...

"कैसा घना कुहरा!" मदन बाबू समझाते हैं, "यह कुहरा नहीं है, बल्कि कुहरे के बोझ से धुआँ ऊपर नहीं उठ पाता, वह है यह; इसे कहते हैं 'स्मॉग'। इसी में अक्सर यहाँ एक्सीडेंट होते हैं। देखो, कैसी धुन्ध है!"

"आप समझाओ मत, गाड़ी चलाओ सामने देखकर।" ठाकुर साहब को एक्सीडेंट एकदम पसन्द नहीं है। उसमें आदमी, आदमी न रहकर अख़बार की सुर्ख़ियाँ बन जाता है...बेचारे इकलौते पति हैं।

"पहले कुछ खा लो।" मदन बाबू को पता है, मैंने कुछ नहीं खाया है। वह न्यू मार्केट के पीछे मिनर्वा के पास गाड़ी खड़ी करते हैं कि दौड़कर दो-तीन लोग आते हैं, "बाबू पराँठा, मुगलाई क़ीमा..."

"रुको-रुको! एक को ऑर्डर देगा। अच्छा कौन पहले आया था? तुम...? तुम? दो पराँठा रोल करके लाएगा। ख़ूब प्याज़-मसाला देकर।" मदन बाबू अत्यन्त इत्मीनान से उसे समझाते हैं। तभी एक बहुत लम्बी क़ीमती गाड़ी उधर से आकर ठिठकती है और पराँठे देने वाले उसी पर लपकते हैं। इधर मदन बाबू हमारा ज्ञानवर्धन कर रहे हैं, "यह होटल रात को दो-ढाई बजे तक खुला रहता है। बैरे लोग बाहर आकर खड़े हो जाते हैं। सिनेमा के बाद या वैसे भी बहुत लोग आते हैं। गाड़ियों से उतरकर ऐसे होटल में जाना शान के ख़िलाफ़ समझते हैं न, इसलिए बैरे यहीं दे जाते हैं। चीज़ वाक़ई बहुत उम्दा बनती है यहाँ की। इसे खाने दो, आओ ठाकुर, हम लोग पान खाकर आते हैं।" बैरा काग़ज़ की तहों में लिपटा हुआ पराँठा दे जाता है। साढ़े ग्यारह बजे हैं। अंग्रेज़ी सिनेमा छूट चुके हैं और हिन्दी छूटने वाले हैं। ग्रैंड-होटल और कॉरपोरेशन बिल्डिंग के आसपास की चहल-पहल रहस्यमय हो उठी है। सामने रिक्शेवाला जब किसी को देखकर अँगूठे में पहना हुआ घुँघरू 'बम' पर मारता है तो बड़ी सांकेतिक 'ठक्-ठक्' होती है। वह पहले हर गुज़रने वाले के तौर-तरीक़े को टटोलता है, फिर 'ठक्-ठक्'—बंगाली, पंजाबी, सिन्धी, एंग्लो-इंडियन, अंग्रेज़ी, चीनी, पिराइवेट—एकदम फ़ैमिली की लड़की...ठक्! ठक्!...खट् से मिनर्वा की बत्तियाँ बुझ जाती हैं...एलिट का कालेप्सेबिल गेट बन्द

किया जा रहा है। झोंपड़ीनुमा बालों में ऊँची एड़ी से खट्-खट् करती स्कर्ट पहने एक लड़की, बुर्के वाली लड़की के साथ होटल में चली जाती है—गोद में बच्चा उठाए एक साहब के साथ-साथ में प्लास्टिक का थैला लिये पत्नी। सिनेमा से निकले हैं...ठक्-ठक्...बैरे एक-दूसरे से मज़ाक़ कर रहे हैं।

"चलो!" मदन बाबू फिर अपनी सीट पर आ बैठते हैं। "किधर?"

वेलेज़ली स्ट्रीट से पहले रिपन-स्ट्रीट और फिर एक बहुत पतली-सी गली से होकर फ्री-स्कूल स्ट्रीट की ओर निकलते हुए उन्होंने पूछा था, "इस कलकत्ता को देखा है तुमने? दिन में स्टेनो, ऑपरेटर, रिसेप्शनिस्ट, सेल्सगर्ल्स का काम करने वाली, इन्हीं जगहों में अपनी असली कमाई करती हैं। स्मगलिंग, चोरी, ख़ून, शराब पीकर हो-हल्ला यहाँ की जान है। यहाँ एक जॉन बाज़ार था, पता नहीं अब है या नहीं, वहाँ चार आने और आठ आने में लड़की मिलती थी। बारह-बारह साल की लड़कियाँ, छोटे-छोटे दरवाज़ों पर झुंड बनाए रँगी-पुती खड़ी रहती थीं। पतले-से पर्दे के पीछे ही बेड-रूम बना होता था और लोग लाइन लगाए बाहर खड़े रहते थे।"

"वह कहानी पढ़ी है न—मूत्री, मंटो की है या कृशन की है..." ठाकुर साहब सिगरेट का कश लगाते हुए याद करते हैं। "बस, कुछ वैसा ही दृश्य है..."

"लेकिन यह तो टूरिस्टों वाला कलकत्ता हुआ न..." मैं सोचते हुए अपने गाइड से पूछता हूँ, "पेशा करने वाली लड़कियाँ, शराब की बोतलें और दाँव पर हार-जीत—वातावरण बनाने के लिए कभी ग्रेट-ईस्टर्न और ग्रैंड के शानदार हॉल, और कभी इलियट रोड और पार्क स्ट्रीट की सस्ती-महँगी बार की मेज़ें—कभी करनानी मेंशन का कोई सूट, तो कभी फ्री-स्कूल स्ट्रीट, कोई फ़्लैट, अपार्टमेंट! ताश के पत्तों या सौदे के काग़ज़ों को बीच में रखकर एक तरफ़ की मजबूरी को ख़रीदने वाला कभी मारवाड़ी सेठ का लड़का, और कभी सेंट जॉर्जेज़ घाट पर खड़े जहाज़ का कोई ख़लासी, पर्सर। दाँव हारकर कभी वह कॉन्ट्रैक्ट परमिट और नोट देता है और कभी घड़ियाँ, कैमरे, टेपरिकॉर्डर...यह रात कलकत्ता की ही क्यों, बम्बई की भी हो सकती है, दिल्ली और हाँगकाँग की भी हो सकती है। दुनिया के हर बड़े शहर की रात का पैटर्न यही है। बाज़ारू सिनेमाओं की तरह पीछे के सेट्स बदल दिये जाते हैं—कहानी वही चलती है..."

"हाँ, उनके लिए जो सिर्फ़ चौरंगी और उसके आसपास घूम जाते हैं।" ठाकुर साहब पीछे से उछलकर हम लोगों के बीच अपना सिर निकाल लेते हैं, "लेकिन यार, कलकत्ता एक शहर नहीं है—अनेक शहरों का समूह है और हर जगह की अपनी एक ज़िन्दगी है, अपनी एक रात है। भवानीपुर और बालीगंज, शाम बाज़ार और बड़ा बाज़ार, खिदिरपुर और अलीपुर—हर जगह की ज़िन्दगियाँ बिलकुल अलग-अलग शहरों की ज़िन्दगियाँ नहीं हैं? जैसे आगरा और मथुरा..."

"ज़िन्दगी नहीं, यों कहो, हर शहर की अपनी एक ख़ास तरह की रात होती है।" सुधारक मदन बाबू पूछते हैं, "बोलो, अब कहाँ चलूँ?" फिर कुछ सोचकर कहते हैं, "चलो, पहले हावड़ा चलते हैं।" फिर ऑक्टर-लेनी मॉनूमेंट के पास से गुज़रते हुए बताते हैं, "और ठाकुर ने यह नहीं बताया कि इस मैदान की ज़िन्दगी बिलकुल अद्‌भुत है। रात को यहाँ मियाँ-बीवी भी घूमने निकलें तो लोग उन्हें धमकाकर घड़ी-पर्स छीन लेते हैं। टैक्सी-विक्टोरिया रेड-रोड पर खड़ी दीखे तो समझ लो, चलता-फिरता ब्रॉथल है। हर रोज़ यहाँ एक मर्डर होता है। एक बार क्या हुआ, एक प्राइवेट गाड़ी बड़ी तेज़ी से आ रही थी, पार्क स्ट्रीट के मोड़ पर पता नहीं कैसे एक आदमी चपेट में आ गया। लेकिन गाड़ी वाले शेर ने ऐसी स्पीड दिखाई कि पता नहीं चला। लाश सुबह तक पड़ी रही। अख़बार में भी निकला था..."

"और वह, फुटपाथ पर सोए हुए लोगों को कुचलता हुआ ट्रक निकल गया था..." ठाकुर साहब के पास हर बात का समानान्तर क़िस्सा होता है।" लाइन-की-लाइन बेचारे बेघर लोगों की सो रही थी, ट्रक सबको चटनी बनाता हुआ भाग गया..."

हावड़ा स्टेशन बन्द हो गया है। चकरघिन्नी की तरह घूमती बसों, ट्रामों, टैक्सियों वाला सड़कों का जंजाल सूना पड़ा है। हावड़ा शहर की ओर जाने वाले चौड़े पुल के बग़ल में, पान की दुकान के सामने मदन बाबू गाड़ी रोकते हैं, "यह हमारी ख़ास दुकान है। यह और इसके पास वाली चाय और खाने की दुकानें रात-भर खुली रहती हैं। कारख़ानों की नाइट-शिफ़्ट चलती है न..." जगमगाती दुकान के सामने ही 'चाँपाकल' (हैंडपम्प) लगा है। दो-तीन रिक्शा इस तरह रास्ता रोके खड़े हैं कि पानी बचाकर दुकान पर जाना कठिन है। नंगे-बदन काला-सा आदमी पास खड़ी टैक्सी को पानी भरी बाल्टी में कपड़ा डुबा-डुबाकर धो रहा है। हैंडपम्प के नीचे रिक्शावाला—या शायद दुकान का कोई आदमी—साबुन लगा-लगाकर ऐसे तन्मय भाव से नहा रहा है जैसे दोपहर के दो बजे हों। तहमद समेटकर टाँगें फटकारते हुए सरदार जी, गली के होटल में डकार लेते हुए और दाँत कुरेदते टैक्सी की ओर बढ़ते हैं, "हो गई धुलाई?"

"इस वक़्त इन लोगों को फ़ुरसत मिलती है।" चार बीड़े मुँह में जमाकर मदन बाबू बताते हैं।

मैं विराट पुल को देखता रहता हूँ—"इस वक़्त किसी को अन्दाज़ा हो सकता है कि दिन में यहाँ ऐसी भीड़ और भाग-दौड़ रहती है जैसे कहीं बम फटा हो...? उफ़! ज़रा देर यहाँ खड़े रहो तो दिमाग़ चकरा जाए।"

"लेकिन ग्यारह बजे स्टेशन बन्द हो जाता है।" पान वाले तिवारी जी बताते हैं, "अगर उस वक़्त कोई गाड़ी आई भी तो बाहर वार्ड में पड़ी रहती है। सबको बाहर निकालकर इस वक़्त सफ़ाई होती है। बस, यही आठ-दस दुकानें खुली रहती हैं।" वे नीचे रखे सन्दूक में कपड़े जमाते रहते हैं।

"चलो, चलो।" मदन बाबू गाड़ी में जा बैठे हैं। मन-लायक पान खाकर अब वह चैतन्य हो उठे हैं। उत्साह से कहते हैं, "अब इधर-उधर चक्कर लगाते हुए कलकत्ता की सबसे रौनकदार जगह ले चलते हैं..."

"कहाँ—सोनागाछी?" मैं पूछता हूँ।

"वैसे चलेंगे वहाँ भी, लेकिन वहाँ अब कुछ नहीं है।" फिर गुर्राकर पूछते हैं, "कोठे पर जाकर गाना सुनने वाली रात देखनी है?" फिर कुछ याद आ जाता है, "वह मज़ा देखना हो, तो हमारे ज़माने में बनारस आते—आहा!"

स्ट्रैंड रोड और डलहौजी स्क्वायर की अनेक मंज़िली पर्वताकार बिल्डिंगों के पैरों में पड़ी सूनी सड़कों पर ऐसे निश्चिन्त भाव से चलना बड़ा अस्वाभाविक लग रहा है—वरना यहाँ गाड़ी चलाना नसों के भीषण तनाव से गुज़रना है। कहीं कोई सिपाही शक्की निगाहों से हमें देखता है। ट्रैफ़िक की बत्तियाँ सो गई हैं। ऊपर-नीचे, खिड़कियों के शीशों के पीछे नियॉन-ट्यूब्स जल रहे हैं, और नीचे चारपाइयों पर बैठे दरबान बीड़ियाँ पी रहे हैं—खर्राटे ले रहे हैं, या थाली-कटोरी धो रहे हैं—जगह-जगह तम्बू लगाए सड़क-ट्राम की मरम्मत वाले काम कर रहे हैं—इधर-उधर लाल लैम्प रखे हैं—

सड़कों के बाद सड़कें गुज़रती चली जाती हैं—थोड़ी-थोड़ी दूर पर खड़े खम्भे, चौराहों की बीच, आँखों की चौंधियाती नियॉन बत्तियाँ, परछाईं और रोशनी के चौखटे, मँडराते हुए भुनगे, औंघते साइनबोर्ड और किसी रोशन खिड़की में घूमता पंखा...तार पर सरकती पानी की बूँद जैसी सड़कों पर फिसलती छोटी-सी गाड़ी... मिशनरो, सेंट्रल एवेन्यू...बहू बाज़ार स्ट्रीट...कॉलेज स्ट्रीट...दोनों ओर सफ़ेद कपड़ों से ढकी लाशों की तरह फुटपाथों पर सोते हुए लोग—कलकत्ता के दस लाख लोगों के बिस्तर—कहीं-कहीं बगल में खड़े रिक्शों की कतार—अँगड़ाई लेते कुत्ते...

"अपना क्या है बाबू, कहीं सत्तू-भात खाया, और रात में फुटपाथ पर रिक्शा खड़ा करके सो गए।" बलदेव बता रहा था। उस दिन सेकंड शो से निकला तो बारह बज गए थे। 'हिन्द सिनेमा' से रिक्शा ले लिया। कहा, "धीरे-धीरे चलो यार, चाँदनी रात है। यों तो कलकत्ता में चाँदनी रात देखने को मिलती नहीं है। तुम क्या यहीं रहते हो?"

"राजा बाज़ार।"

"वहाँ जाओगे अब इतनी रात में?" मैंने पूछा।

"मन होगा, और सवारी मिलेगी तो चले जाएँगे, नहीं तो अपना क्या है...।" वह बताने लगा, "वहीं अपने बासे के कई लोग हैं..."

मुंगेर में रहता है, लड़के हैं, उनकी शादी हो गई है—बहू है। हर साल बाढ़ में खेत बह जाता है। घर में पानी आ जाता है। मैं उसे ग़ौर से देखता हूँ, "यार,

तुम्हारी आराम करने की उमर है। तुम बुड्ढे आदमी हो। रात-रात भर रिक्शा चलाते हो। कहीं कुछ हो गया तो...?"

"ऐसा ही है।" वह गहरी साँस लेकर टाल देता है। यानी मुझे कॉन्फिडेंस में नहीं लेता। रिक्शा का एक रुपया रात को और दो रुपये दिन को देता है। नहीं, उसके साथी कुछ करते होंगे—वह दलाली का काम नहीं करता—रात को सवारी से ज़्यादा पैसे लिये जा सकते हैं। इसलिए निकलता है...घर ही गुज़र हो जाती तो यहाँ यों आकर रहने का शौक़ थोड़े ही है...? टैक्सी में रात को ड्राइवर के साथ एक और आदमी बैठता है, फिर भी लोग इधर-उधर ले जाकर, छुरा दिखाकर रुपये-पैसे या कभी-कभी टैक्सी तक छीनकर भाग जाते हैं। हम अकेले बुड्ढे आदमी हैं, छीन ले जा भैया, जो तुझे मिले छीन ले जा। एक दफ़ा ढाई रुपये हमसे भी ले गया था—हमने समझा, चलो, आज कोई सवारी ही नहीं मिली... क्या टाइम हो गया, बाबू...?"

ठाकुर साहब कहते हैं, कलकत्ता एक शहर नहीं है, इसलिए उसके किसी भी हिस्से की रात नहीं है, हर शहर जब रात की बाँहों में सोता है तो उसका अपना एक ख़ास रूप और व्यक्तित्व होता है—कैरेक्टर होता है...और वह कैरेक्टर एक रात का नहीं होता, अनेक रातों का मिलकर बनता है...हर सिनेमाघर, हर होटल, हर बार, हर चौराहे के आसपास उस रात का कोई-न-कोई टुकड़ा बुना रहता है। फिर जब-जब वहाँ से गुज़रते हैं तो वह टुकड़ा लम्बी रात की कड़ी में जुड़ता रहता है, क्योंकि वह रात एक स्थिति नहीं, एक प्रक्रिया है...जाने कहाँ-कहाँ गुज़ारी हुई रातों की एक मिश्रित (सिंथेटिक) प्रक्रिया...जो सिर्फ़ सूनी सड़कों पर ही रहती है... और सिर्फ़ अपनी रात होती है...

बिडन-स्ट्रीट के पेट्रोल पम्प से गलियों का वह सिलसिला, कभी-कभी ढके हुए रिक्शों का चुपके से मुड़ जाना...सिगरेट पीता हुआ बेकार आदमी, खम्भे की टेक लगाए मितली की हिचकियों में झटके खाता प्रौढ़, सड़क पर गुनगुनाती-लड़खड़ाती छाया...ख़ूब मोटी-ताज़ी बिल्ली का चौंककर मोटर के सामने से भागना...गली के मोड़ पर हेड-लाइट के सामने हरा दरवाज़ा, 'काली बाबू के भोट दिन' के साथ हँसिया और गेहूँ की बाल, 'सेतु', 'स्टार-थियेटर' का लाल बोर्ड, चूने से पुता बिजली का खम्भा, नाली में लुढ़कता ड्राम का खोल...हेड-लाइट मुड़कर सामने गली में आ जाती है। चाय की भिनकती हुई-सी दुकान...

कई तल्लों का एक बहुत बड़ा मकान...बन्द खुले कमरों के सामने से गुज़रना... नये-पुराने की तोलती-मुस्कराती आँख...रजनीगंधा के फूलों का मोल-तोल। एक बार का दस रुपया...नाम राज, भाई-भाभी सब, डिप्टीगंज, दिल्ली...मकान...नम्बर... कायस्थ...अब वहाँ हमें कौन लेगा?

काजल-लगी, चमकती, ख़ूबसूरत, चालाक आँखें...जो जानती हैं कि सुनने

वाला क्या जवाब चाहता है! अनेक बार के रटे हुए-से जवाब...रात-भर का पचास होगा...सुबह-सुबह हम सब भूतनाथ के मन्दिर ज़रूर जाती हैं...

पिछली कोई रात तैरती हुई निकल आती है। गलियों और सड़कों के हर तिलिस्मी मोड़ पर लगता है जैसे कोई किसी के पीछे छुरा लेकर अभी-अभी मोड़ पर ग़ायब हो गया। इस जगह क़दम-क़दम पर ख़तरा और रहस्य है...दोनों ओर से अभी चार आदमी टूट पड़ेंगे..."लाओ निकालो, तुम्हारे पास क्या है?"...पीं-पीं... हेड-लाइट फिर बन्द किवाड़ों पर घूमती है...

एक गली अचानक जगमगाते, चहल-पहल भरे बाज़ार में जा खुलती है, जैसे रात के डेढ़ नहीं, साँझ के सात बजे हैं...फूल, मिठाई, पान इत्यादि की बड़ी-बड़ी दुकानें..."यह है नीमतल्ला घाट...कलकत्ता का श्मशान।" इधर-उधर रेल की पटरी के आसपास भटककर गाड़ी ठीक भूतनाथ के मन्दिर के सामने आ खड़ी होती है। जगह-जगह लोगों के झुंड हैं और जोश में ढफ-मजीरे बज रहे हैं—थोड़ी-थोड़ी दूर आग के अलाव-से जलाकर। घाट की इमारत के बाहर मेला लगा है। "ये लोग सारे दिन रिक्शा खींचते हैं, सामान ढोते हैं, दरबानी करते हैं और रात को दो बजे भगवान भूतनाथ के सामने गाते-बजाते हैं।" एक ओर बहुत बड़ी भीड़ खड़ी है, मैं भी पहुँच जाता हूँ। बीचोबीच धोती-क़मीज़ पहने एक आदमी हाथ उठाकर गाता है..."हाँ, गुरुजी से भेद पूछने आया..." गुलाबी रेशमी साड़ी पहने लड़का, नखरे से घूँघट काढ़कर, कमर लचकाता, छातियाँ उछालता नाचते हु गुरुजी ए किसी के भी गले में बाँहें डाल देता है...आँखों में आँखें डालकर गाता है, "से भेद पूछने आया..." फिर घुँघरू पहने आदमी और यह 'औरत' जिस तरह लिपट-लिपटकर नाचते हैं, वह ट्विस्ट भी है, रॉक एंड रोड भी, कैबरे भी है और भाँगड़ा भी...लोग हँसते हैं, खिलखिलाते हैं...यहाँ-वहाँ रज़ाइयों में लिपटे लोग नदी-किनारे खुले में यों पड़े हैं जैसे मिट्टी के ढूह। "आहा, मस्त हो रहे हैं।" मदन बाबू चहकते हैं। हम लोग श्मशान की ओर बढ़ते हैं। तभी दो-तीन विदेशी युवक और कसे हुए ब्लाउज़ और जींस पहने दो लड़कियाँ श्मशान से निकलकर सामने खड़ी गाड़ी में आ बैठते हैं।

"ये आधी रात को यहाँ क्या कर रहे हैं?" ठाकुर साहब पूछते हैं।

"अरे, ये बाहर के टूरिस्ट लोग यहाँ बहुत आते हैं, तसवीरें खींचने!" मदन बाबू झूमते-झामते पान की दुकान के सामने जा खड़े हुए हैं।

"शायद वे दोनों बीटनिक कवि हैं।" मैं अपना अन्दाज़ा भिड़ाता हूँ, "एलेन गिंसवर्ग और पीटर ओरोलस्की। सुनते हैं इधर उन्हें बंगाली और अमेरिकन बीटनिक लड़कियाँ भी मिल गई हैं। अफ़ीम-भाँग खाकर ये यहाँ रात-रात भर मुर्दों का जलना देखते रहते हैं।"

"होगा...!" बड़ा-सा फाटक है, और उसके दोनों ओर दालानों की क़तार है और उनमें चिताएँ जल रही हैं। लकड़ियों की टालें हैं। बैठे और खड़े हुए लोग सूनी

और उदास आँखों से जलती हुई लपटों को ताक रहे हैं। एक पागल-सा आदमी लम्बा बाँस लेकर आग के बिलकुल पास तक चला जाता है—लपटों के बीच-बीच में भर्राई-सी 'फाट्! फाट्!' गूँजती है तो लगता है—यह शायद खोपड़ी जली है। यहाँ के कुत्ते कैसे मोटे-मोटे और तगड़े हैं। हम लोग सीढ़ियाँ उतरकर ठीक पानी के पास अँधेरे में आ खड़े हुए हैं। छप-से कभी कोई चीज़ डूब जाती है। शायद कछुए हों। "कछुए और भी तगड़े हैं।" ठाकुर साहब बताते हैं। ऐसी जगहों पर खामखाह मन उदास हो जाता है। पानी गन्दा और बदबूदार है। कोई आकर उसी पानी से मुँह धोता है, 'जय भूतनाथ!' यहाँ पता नहीं कब से बिना सिलसिला टूटे कोई-न-कोई चिता जलती रहती है। यह आग कभी नहीं बुझती..."

थके हुए-से हम लोग लौटते हैं। खम्भे के सहारे नाई किसी के लम्बे-लम्बे बालों को छील रहा है। नारियल की तरह पीली-पीली खोपड़ी आधी चमकने लगी है। चश्मे के पीछे गीली आँखें मिचमिचाते एक साहब हुगली की ओर देख रहे हैं। एक तरफ़ दो-तीन व्यक्ति कुल्हड़ों में चाय पही रहे हैं, "बहुत थक गए यार..." शायद लिहाज़ निभाने मुर्दनी में आए हैं...इस बहाने यहाँ बैठकर बातें करने का अवसर आ गया है। मदन बाबू कहते हैं—"मैं तो केयातल्ला के इलेक्ट्रिक क्रीमैटोरियम में जाऊँगा...पाँच मिनट में सब साफ़..."

"चलो! चलो!" हमें हाँकते हुए मदन बाबू बताते हैं, "इस नीमतल्ला घाट के बारे में कहा जाता है कि यहाँ की चिता कभी ठंडी नहीं होती।" बाहर ज़रा-सा भूतनाथ के मन्दिर में झाँककर मैं कहता हूँ, "चलो, यहाँ से निकलो मदन बाबू, तबीयत घबराती है..."

और फिर हम झाँझ-मजीरे, नाच-गाने की दुनिया में लौट आए हैं, जहाँ शिष्य गुरुजी से काम-कला के भेद पूछ रहा है। इस बीच दो अर्थियाँ और बड़े फाटक में चली गई हैं। गाड़ी घूमकर फिर उसी रौनकदार बाज़ार से गुज़रती है। जनेऊ डाले, नंगे बदन, लुटिया में फूल लिये एक साहब जल्दी-जल्दी भूतनाथ की ओर लपक रहे हैं, "अभी भी इस शहर में ऐसे लोग हैं जो नहा-धोकर जब तक भूतनाथ को फूल न चढ़ा लें, मुँह में पानी नहीं देते, चाहे रात के दो बज जाएँ..."

"चलो, अब सट्टा बाज़ार चलें, दूसरी रौनकदार जगह वह है।" फिर वही सपनीली सड़कें, सोए हुए बारजे, तारों की परछाइयाँ—इधर-उधर खड़े ट्रक और रिक्शा। बन्द दुकानों के पीछे से आती सिलाई की मशीन की खटर-खटर, एक बार जलाकर बुझा दिया जाता किसी कमरे का स्विच। सट्टा बाज़ार बन्द है। कहीं बहुत दूर नेपथ्य में 'चोर-चोर' की आवाज़ आकर ग़ायब हो जाती है।

"चलो, अब खिदिरपुर चलेंगे।" फिर स्ट्रैंड रोड, चौदह मंज़िल का नया सेक्रेटेरियट, ईडन गार्डन, क़िले का मैदान और हुगली में खड़े, बत्तियों की झालर लटकाए बड़े-बड़े जहाज़। देर तक कोई भारी-सी गाड़ी लगातार हमारे ऊपर

रोशनी डालती पीछे-पीछे चली आ रही है। मदन बाबू कई बार हाथ से इशारा कर चुके हैं—आगे निकल जाओ। लेकिन न रोशनी का फ़ोकस हटता है, न गाड़ी आगे आती है। झुँझलाकर हम खड़े हो जाते हैं। पुलिस की एक गश्ती-वैन आगे निकल जाती है।

डाक एरिया...खिदिरपुर : इधर-से-उधर जाती रेल की पटरियाँ और यहाँ-वहाँ सिर निकाले क्रेन। जहाज़ों की चौंक-चौंककर गूँजती भों-भों। चलो, वह खुल जाने वाला पुल देखें। लेकिन पहले यहाँ चाय पी लें। लेविल-क्रॉसिंग पर चाय की दुकान के सामने फिर एक पड़ाव। ठंड काफ़ी बढ़ गई है। एक ओर लड़का बड़ी-सी कड़ाही माँज रहा है। दुकान के नीचे, म्यानी में भट्ठी चढ़ाए बूँदियाँ निकाली जा रही हैं—'खट्-खट्, छन्न-छन्न...' 'हलवाइयों के यहाँ रात-भर काम होता है।'

"तीन-साढ़े तीन बजे हैं। यहाँ कुछ मज़ा नहीं आया। चलो, डाइमंड हार्बर पर समुद्र के किनारे सूर्योदय देखेंगे...पचीस-तीस मील होगा, पाँच बजे तक पहुँच जाएँगे..."

ट्राम-लाइन के किनारे-किनारे गाड़ी दौड़ती है—खिदिरपुर, इकबालपुर, मोमिनपुर, बर्दवान रोड, न्यू अलीपुर मिंट, बेहाला...अचानक सामने से भारी-सा ट्रक चला जाता है...बचते हैं तो पीछे पहाड़-जैसा पुआल लदा है। सँभलते-सँभलते फिर एक और ट्रक, फिर एक और ट्रक...पतली-सी सड़क पर गाड़ी नीचे लड़खड़ाकर उतर जाती है—"अरे, ताँता ही बँध गया! यह गाँवों से आ रहा होगा। पैकिंग वग़ैरह के काम आता है न। इधर तो कुछ नहीं है। ग्रांड ट्रंक रोड पर देखो, इस समय जो ट्रैफ़िक है। लाइन है कि टूटती ही नहीं। कलकत्ता का सारा ट्रांसपोर्ट-बिज़नेस ही रात में होता है..." मदन बाबू किसी मकान के सामने गाड़ी रोककर बताते हैं। पीछे के मकान की बन्द खिड़की के पीछे से नीली हल्की रोशनी के चौखटे झाँक रहे हैं। तालाब में मछलियों की बदबू भरी है।

"अब आप थक गए हो, मदन बाबू!" ठाकुर साहब कहते हैं, "हाँ, ज़रा-सा..." माफ़ी माँगने की तरह मदन बाबू कहते हैं और स्टीयरिंग पर कनपटी रख देते हैं, "मुझे म्यूज़िक कॉन्फ्रेंस में कभी नींद नहीं आती।" ठाकुर साहब अब सचेत हो रहे हैं—यह भी अजीब मस्त आदमी है। अभी दो मिनट में चंगे होकर कहेंगे, चलो, डाइमंड हार्बर...फिर ज़ोर से कहते हैं, "मदन बाबू, सो ही रहे हो तो यह इंजन तो बन्द कर दो।"—दो बैलगाड़ियाँ सब्ज़ी लादे गुज़र रही हैं।

मैं झुककर देखता हूँ। इंजन बन्द है और जो गूँज रहा है, वे सोने वाले के खर्राटे हैं। हम लोग बाहर निकलकर नई सिगरेटें जलाकर आसपास की जगह को पहचानने की कोशिश करते हैं। सामने का आसमान फीका पड़ने लगता है...अख़बारों का गट्ठर लादे एक साइकिल पीछे से गुज़र जाती है।

“नाउ वी आर एप्रोचिंग टु द डॉन...” अनाउंसर की आवाज़ के साथ क्षितिज पर लाल गेंद उभरने लगती है। ऊपर का गुम्बद सफ़ेद हो जाता है। भक् से हॉल रोशनी से भर उठता है। खट्-खट् कुर्सियाँ गिरती हैं और टटोलते हुए-से लोग अपनी-अपनी ‘रो’ से एक के पीछे एक निकलने लगते हैं। सबकी निगाहें ऊपर गुम्बद पर टिकी हैं जहाँ अभी भी एक लाल गोल धब्बा टँगा है...एक कप चाय मिले तो जल्दी से ब्रश करें...सवा दस बजे रजिस्टर हट जाएगा...चेतना के भीतर टाइप-मशीन अपने-आप खटखटाने लगती है...

ढोल

दृष्टिकोण

चीन की सांस्कृतिक क्रान्ति के बारे में पश्चिमी पत्रों के माध्यम से बहुत कुछ पढ़ने को मिलता है। कुछ सच, अधिकांश झूठ। एक समाचार यह भी है कि वहाँ वे सारी लोक-कथाएँ समाप्त कर दी गई हैं जिनमें 'एक था राजा' से कहानी शुरू होती है। ये कहानियाँ सामन्त काल की ध्वंसावशेष हैं और इनमें जनता नहीं राजा-रानियाँ ही छाए हुए हैं। उस समय सर्वसाधारण कैसे रहते थे, उनकी क्या समस्याएँ थीं, इसका कहीं कोई पता नहीं चलता। उधर राजाओं को प्रायः सर्वगुण सम्पन्न और समस्त मानवीय विशेषणों से विभूषित किया गया है।

लोक-कथाओं के पीछे युक्ति कोई नहीं होती, हो नहीं सकती। जिस तरह वे बनतीं, बिगड़ती या गढ़ी जाती हैं और उनके पार कहीं जनता की आकांक्षाएँ और मानसिक अभ्यास ही होते हैं। लेकिन एक बात चकित ज़रूर करती है। कहीं भी कुछ अच्छा, मेधावी और प्रतिभाशाली या महान् और विलक्षण करनेवाले, प्रायः राजा और राजकुमार ही होते हैं—कहीं-कहीं तो उनकी पहचान भी उनके सुन्दर होने से हो जाती है। साधारण लोगों के बीच अपने कार्यों और लक्षणों से वे बहुत जल्दी ही प्रमाणित कर देते हैं कि वे राजकुमार या राजकुमारी हैं—निर्वासित वा वेश बदले हुए। इन कहानियों के अन्त प्रायः जनता के न्याय स्वप्न होते हैं। अत्याचारी राजा का पतन होता है, सौतेली रानियाँ पश्चात्ताप करती हैं और षड्यंत्रकारी चाचा या मंत्री अन्त में समाप्त होते हैं। सिंहासन का वास्तविक हक़दार एक दिन सामने आकर अभिषेक करा ही लेता है। इन कहानियों में सदियों की मानसिक गुलामी निश्चित रूप से देखी जा सकती है जहाँ राजा और राजकुमारों के बिना अच्छाई की कल्पना ही नहीं की जा सकती, शायद बुराई की भी नहीं। काले और सफ़ेद, दोनों गुण वहाँ साफ़-साफ़ बँटे हुए हैं और उसी वर्ग तक सीमित हैं। जनता केवल उन्हें भोगती है, न्याय और पुरस्कार की याचना करती है।

नामों और शब्दों के पीछे से उन्हें व्यंजित करने वाली वास्तविकताएँ जब हट जाती हैं तो वे केवल मन की चीज़ रह जाते हैं। यानी वहाँ एक तरह की रूपहीनता या

एब्स्ट्रैक्शन आ जाती है। शब्द या तो केवल विम्ब रह जाते हैं या क्रमश: प्रतीक बनने लगते हैं। बीती हुई संस्कृति के शब्द वही सब व्यक्त नहीं करते जो अपने वर्तमान में किया करते थे। इन्हीं शब्दों, बिम्बों और प्रतीकों से भाषा समृद्ध होती है—अच्छे या बुरे से अलग, वे हमारी सांस्कृतिक-धरोहर बन जाते हैं। 'जन्म-जन्मान्तर' का अर्थ लम्बे समय से ही हैं, किसी धार्मिक विश्वास से नहीं। बंगाली मुसलमान 'बाबा आदम' के ज़माने को नहीं 'मान्धाता काल' को जानता है। यहाँ निश्चय ही मान्धाता, राम के पूर्वज नहीं हैं।

कथाकार के लिए सांस्कृतिक-बिम्ब या आर्क-टाइप संकेत-शब्द सबसे अधिक सार्थक और सहायक होते हैं। अगर उसे व्यक्तिगत बिम्ब और व्यक्तिगत प्रतीक-चित्रों का आविष्कार स्वयं ही करना पड़े तो शायद वह इसी में उलझकर रह जाएगा। इस प्रयत्न में हो सकता है कहनेवाली बात पीछे छूट जाए। नये शब्दों, चित्रों को संस्कार और व्याप्ति वा पुराने अर्थों के नये सन्दर्भ और प्रतीक देने का कार्य तो बड़े स्वाभाविक ढंग से रचना-प्रक्रिया के दौरान ख़ुद-ब-ख़ुद होता रहता है। मैं समझता हूँ कि यह कार्य जितना रूपकों और स्वप्न-कथाओं में होता है, उतना शायद ही किसी और शैली में होता हो।

मैं साग्रह कहना चाहूँगा कि मेरी ये कहानियाँ—आप इन्हें रूपक, फ़ैंटेसी, प्रतीक या किसी भी कठघरे में रखें—आज की सच्चाइयों की कहानियाँ हैं। सारी दुनिया में पता नहीं कब से इन राजा-राजकुमारियों को कथाकार अपनी बात कहने के लिए इस्तेमाल करता आया है बोलचाल के मुहावरे से अलग या तो वे शब्द कहीं कोई विशिष्टता ही ध्वनित नहीं करते या फिर इनकी विशिष्टता केवल जन-सामान्य की 'साधारणता' ढोने के काम आती है। कभी-कभी तो ये राजा-राजकुमार इतने साधारण और विशेषता-विहीन होते हैं कि लगता है, इनके पीछे कथाकार का दबा हुआ व्यंग्य ही बोल रहा है। सर्वान्ते के क्विकज़ोट को यहाँ न भी घसीटा जाए तो भी उत्तर प्रदेश और राजस्थान के 'राजा' लकड़ी काटकर ज़िन्दगी बसर करते हैं, 'रानियाँ' चक्की पीसती और रोटियाँ बनाकर राजा को खेत में खाना देने जाती हैं। हाँ, हल्का-सा एक आरोप ज़रूर कथाकार पर लगाया जा सकता है : ये शब्द उस समय अपनी वास्तविकताओं के कारण विशिष्ट थे तो आज अपने प्रतीकार्थों के कारण है। यानी उनकी विशिष्टता को जाने-अनजाने बरक़रार ज़रूर रखा गया है। बहरहाल, कथाकार का सामान्य से सामान्य पात्र चुनता ही उसे इतनी विशेषता तो दे ही देता है।

जैसाकि मैंने कहा, किस कोटि में इन कहानियों को रखा जाएगा, मैं नहीं जानता। मेरे लिए तो सभी कोटियाँ और विचाएँ इतनी घुली-मिली और उलझी हुई चीज़ें हैं कि

इनके बाहरी पक्ष को लेकर में किसी नतीजे पर नहीं पहुँच पाता। फ़ेबुल, पैरेबुल, फ़ैंटेसी या इस कोटि की प्रायः सारी रचनाएँ आन्तरिक रूप से बड़ी आसानी से एक-दूसरे में खपाई जा सकती हैं। यही क्यों, 'शुद्ध' कविता, 'शुद्ध' कहानी, 'शुद्ध' नाटक और 'शुद्ध' उपन्यास की खोज का एक दूसरा पहलू यह भी है कि आज सारी विधाएँ एक-दूसरे में गड्डमड्ड हो गई हैं—एक-दूसरे में अतिक्रमण कर रही हैं। यह स्थित विधाओं या रचनाकार की असमर्थता असम्पूर्णता की नहीं, इससे अलग है। निश्चय ही रचनाकार आज किसी ऐसे बाहरी, लेकिन गहरे सांस्कृतिक और मानसिक संकट के सामने आ खड़ा हुआ है कि सारी विधाओं की अपनी अस्मिताएँ और इयत्ताएँ खो गई हैं। किसी बाहरी आक्रमण का दबाव और रौंदता-रेला या तो छोटी-बड़ी इकाइयों को मान्यता ही नहीं देता या फिर हम ही सारे मतभेद भूलकर उसका सामना करने की बात सोचने लगते हैं। यह सचेत चुनाव नहीं, स्थिति की मजबूरी है। कौन जाने अभिव्यक्ति-मात्र की यह संक्रान्ति, अपने व्यर्थ हो जाने के अहसास से आई है या किसी आसन्न-संकट के सामने अपनी सीमाएँ और मर्यादाएँ ख़ुद ही खो बैठी है।

अपनी इन कहानियों के लिए भी यहीं कह सकता हूँ कि यहाँ विधा बिलकुल भी महत्त्वपूर्ण नहीं है...महत्त्वपूर्ण है अपने तात्कालिक वर्तमान का वह दबाव जिससे होकर, या जिससे छूटकर हम इन कहानियों में पहुँचते हैं...लिखते हुए या पढ़ते हुए कुछ के लिए यह 'पलायन' प्रीतिकर हो सकता है। वे यह तर्क भी दे सकते हैं कि इस अवकाश के बाद अधिक ताज़ा होकर अपने वर्तमान से जूझ सकेंगे। लेकिन मैं...या आज का कोई भी लेखक...ऐसी ऐयाशी नहीं पाल सकता। मैंने अपने परिवेश से भागने के लिए कहानियाँ नहीं लिखीं, उसे तोड़कर या वेधकर, गहराई और सार्थकता से उसे समझने के लिए ही इन्हें लिखा है। परिवेश और उसमें साँस लेते व्यक्ति, दोनों के जीवन्त-सम्बन्ध को पकड़ने के लिए जिस भाषा या प्रतीकों, बिम्बों और सांकेतिकता की तलाश मैंने पहली कहानियों में की थी, उन्हीं का अधिक गहरा और सार्थक प्रयोग कभी-कभी इन कहानियों की ओर ले गया है। मेरे साथ और पहले के बहुत लोगों को ले जाता रहा है।

पहले के लोगों ने बाहरी और भीतरी सच्चाइयों का बड़ा सुविधाजनक विभाजन कर लिया था और अपना-अपना क्षेत्र चुनकर वे उनसे जूझते थे। हमें लगा कि यह विभाजन नकली है और दोनों सच्चाइयाँ एक-दूसरे में होकर गुज़रती ही नहीं, उन्हें बनाती-बिगाड़ती और दिशा देती हैं। आदमी इन दोनों के हाथों ढलता भी है और स्वयं इन्हें ढालने का निर्णय भी लेता है। इस खोज में पाया कि बात केवल इतनी ही नहीं है; एक सच्चाई दूसरी को ढकने, दबाने के लिए आड़ की तरह भी काम में लाई जाती है। एक को पकड़ने के प्रयत्न में दूसरी का हाथ छूट जाता है। यही नहीं, अपने परिवेश, अपनी अनुभूति और अपने क्षण तक ही

सीमित और सच्चे होने के आग्रह में हम उन्हें बनाने-ढालने वाले बड़े सन्दर्भों से कट जाते हैं। तब लगा कि इस 'अपने वृत्त' को तोड़ या छोड़कर ही उसे सही तरह समझा जा सकेगा।

जो कुछ हमारे संवेदन-वृत्त में आ गया है, वही हमारा यथार्थ है, हमारे लिए यथार्थ है। बाक़ी सब सूचनात्मक वास्तविकता है। लेकिन इस यथार्थ को कलात्मक रूप से सम्प्रेषणीय बनाने के लिए ज़रूरी है कि हम उसे अपने से हट या उठकर देख सकें, उसे माध्यम की तरह इस्तेमाल कर सकें। कलाकार अपने किशोर काल में 'अपने यथार्थ' से असम्पृक्त नहीं हो पाता, वह या तो उसमें रस लेता है या उसे जस्टिफ़ाई करता है, और ज़िन्दगी भर कला के नाम पर आत्मकथा के टुकड़े देता रहता है।

मैं यह नहीं कहता कि हर कला कहीं-न-कहीं कलाकार की आत्मकथा नहीं होती—होती है। लेकिन बिलकुल ही दूसरे धरातल पर वास्तविकता को अपनी संवेदना का अंग बनाने के तनाव और संघर्ष भरी प्रक्रिया की कथा के रूप में ही कला, आत्मकथा हो सकती है, जीवन-वृत्त के दैनिक विवरण की पच्चीकारी के रूप में नहीं। जीवन के यथार्थ को भरपूर जीने, यानी बाहरी वास्तविकता को अपने भीतर से गुज़रते हुए, बदलते और बिखरते-बनते रूप लेते हुए देख सकने की तटस्थता कला की पहली और मौलिक शर्त है। वह अभिनेता कच्चा है, जो केवल जिये हुए चरित्र को ही दे सकता है, यानी अपने या अपने जैसे चरित्र का ही निर्वाह कर पाता है, दिये हुए चरित्र को जी सकना उसकी कला का विकास है।

यह सही है कि जिये हुए का आश्वासन हमें बल और प्रेरणा-दृढ़ बनाता है, लेकिन उस आश्वासन का विकास कहीं कलाकार का विकास भी है। दूसरे शब्दों में वह अपने-आपको अतिक्रमित करता चलता है। अपने यथार्थ को और-और यथार्थ से जोड़ता है।

लेकिन जब बाहरी और भीतरी किसी भी यथार्थ को अपना विवेक और मन समर्थन न देता हो—और सब कुछ बकवास या एब्सर्ड लगता हो, उस समय दो ही विकल्प हैं कि या तो भोले बने रहकर हम परम गम्भीरता से उसमें रस लेते रहें, उसे तरह-तरह के अर्थ और व्याख्या देते रहें—या उससे अलग हटकर उसकी खिल्ली उड़ाएँ—उसे उपहासास्पद रूप में पेश करें; ख़ूबसूरत औरतों के मूँछें बना दें, गधे के शरीर पर आदमी का मुँह लगा दें, शेर को विनोबा दाढ़ी भेंट कर दें। यह उस एब्सर्डिटी से पैदा होनेवाली वितृष्णा—डिस्गस्ट, प्रतिरोध, प्रोटेस्ट—नाम जो भी दे लें, उसी का इज़हार है और यथास्थिति के लिए बिना उस डिस्गस्ट के कलाकार होने का कोई मतलब नहीं है।

विधा जितनी ही अपर्याप्त और नाकाफ़ी होती है; प्रयोग की गुंजाइश और सम्भावना उतनी ही अधिक रहती है। चित्रकला की सँकरी सीमाओं ने ही उसमें सबसे अधिक प्रयोग कर सकने, उसे असाधारण गहराइयाँ देने की चुनौती पैदा की है। विधा के नाकाफ़ी होने की सचाई का साक्षात्कार, अपनी असामर्थ्य का स्वीकार ही हो, यह भी मैं नहीं मानता। जिन कहानियों ने चर्चा और प्रसिद्धि पाई है, ऐसी कहानियाँ मैं चाहने पर आज नहीं लिख सकता, ऐसा नहीं है। सही यह है कि मुझे ये बहुत अधूरी और असम्पूर्ण लगती हैं। उन्हें आज लिखना बेमानी लगता है। कोई भी रचनात्मक कलाकार उसी रचना को दुबारा नहीं लिख सकता।

यथार्थ को अपनी संवेदना का अंग बनाकर उससे असम्पृक्त हो जाना हमें उसके विश्लेषण और विशेषण तलाश करने में सहायक होता है। हम उसकी चीर-फाड़ भी कर सकते हैं, खिल्ली उड़ा सकते हैं और साथ ही उसे बड़ी सच्चाइयों से जोड़े रख सकते हैं। बड़ी सच्चाइयों से न जोड़ना, दिग्भ्रान्ति और सिनिसिज़्म को जन्म देता है। यों हर आधुनिक आज 'सिनिक' भी है। अपने यथार्थ के कुरूप और एब्सर्ड होने का लगाव-भरा अहसास हमें ऐसी तटस्थ नुक्ताचीनी भी दे सकता है, जो 'सिनिसिज़्म' जैसी लगे।

हर चीज़ वैसी ही नहीं है जैसी दीखती है। हमारी बातचीत, हमारे आपसी व्यवहार, हमारे कार्य-कलाप अलग-अलग स्तरों और खंडों में चलते हैं। इन दुहरे-तिहरे धरातलों को पकड़ने की भी कोशिशें हुई हैं। एक ही धरातल पर जीने वाले अखंडित व्यक्तित्व, द्वन्द्व और द्विधा-रहित व्यक्ति कभी हुए हैं या नहीं...मुझे नहीं पता। लेकिन हम तो खंड-खंड में और बिखरे हुए जीने के लिए ही अभिशप्त हैं। हमारी सच्चाई यही है कि हमारे मन्तव्य, व्यवहार और स्वप्नों में कहीं कोई संगति नहीं है। हो भी नहीं सकती। छायावादी कवि यह कहकर रो सकता था कि "किया दूर, कुछ स्वप्न भिन्न हैं, इच्छा क्यों पूरी हो मन की। एक-दूसरे से न मिल सके, यह विडम्बना है जीवन की" लेकिन यह आदमी की स्थिति नहीं, नियति है। यह विडम्बना और विसंगति उसे दयनीय नहीं, बेहूदा और एब्सर्ड लगती है। और वह इसे इसकी बेहूदगी में ही पकड़ना चाहता है...कि शायद अन्तिम अर्थहीनता और व्यर्थता को समझकर ही कहीं कोई सार्थकता तलाश की जा सके। हो सकता है यह कारण हो कि मैं एक कहानी, एक उपन्यास, एक कविता या एक नाटक नहीं लिखता...आज की, परिवेश की और अपनी वास्तविकता के सम्बन्धों, संघर्षों और असंगतियों के सूत्र खोजकर किसी भी माध्यम से उन्हें व्यक्त कर देना चाहता हूँ। इसे समग्र अभिव्यक्ति ही कहा जा सकेगा।

सच बात तो यह है कि इतिहास में बहुत कम ऐसे अवसर आए हैं जब कोई शास्त्र, कोई संहिता या कोई नियम-पुस्तक अपने आस-पास की कला, साहित्य-

संस्कृति को समझने में इतने असमर्थ और व्यर्थ हो गए हों। शास्त्र और ज़िन्दगी की दूरी इतनी अधिक बढ़ गई है कि एक ज़मीन पर खड़े होकर ज़िन्दगी बकवास, 'न जीने लायक' या पता नहीं 'किस नरक में जाती हुई' लगती है और दूसरे सिरे से देखें तो शास्त्र व्यर्य, अप्रासंगिक और किसी बहुत पिछड़े समाज के लिए बनाए गए दस्तावेज़ लगते हैं। वेदों में नवीनतम वैज्ञानिक उपलब्धियों के सूत्र और रस-सिद्धान्त से आधुनिक साहित्य को समझने का कातर अहंकार तो आज दयनीय भी नहीं लगता। अनिवार्यता केवल एक ही हमारे सामने रह जाती है कि किसी भी शास्त्र और नियम से ज़िन्दगी नहीं चलती...वह चलती है अपनी तरह, अपने नियम से... हज़ारों स्मृतियाँ और शास्त्र बने और भुला दिये गए। ज़िन्दगी और अपने परिवेश को समझकर आज की रचना को समझा जा सकता है...बासी धारणाओं के साथ नहीं।

इसलिए मेरे सामने किसी भी विधा की कभी कोई शुचिता...सैंक्टिटी...नहीं रही है। कुछ कहानियाँ बच्चों के लिए कहने की कोशिश की तो शीघ्र ही पाया कि वह केवल अपनी बात कहने की सुविधा के लिए स्वीकार किया गया एक रूप भर ही था। इस संग्रह में जहाँ 'ढोल' और 'सिंहवाहिनी' जैसी कहानियाँ हैं 'वहीं घर की तलाश' और 'परी नहीं मरती' भी हैं। हाँ, 'अन्धा शिल्पी और आँखोंवाली राजकुमारी' का धरातल बिलकुल अलग है और वह इस संग्रह की सबसे पुरानी कहानी है...लगभग अठारह-बीस वर्ष पहले विद्यार्थी काल में लिखी गई। तब शब्दों का मोह था, कुछ रूमानी-स्थितियाँ मन को अच्छी लगती थीं और 'चित्रलेखा' जैसे स्मार्ट वाक्यों में चमत्कार पैदा करने का कैशोर्य था। शायद कहने के लिए भी कुछ-न-कुछ रहा ही होगा। लेकिन वह निश्चय ही ज़िन्दगी में उतरने से पहले लिखी गई कहानी है। वै ऊँचे-ऊँचे तर्क, वे नदियों और पहाड़ों पर उन्मुक्त विचरनेवाले लोग...वे केवल अपनी इच्छाओं और सपनों से ही चलनेवाली छायाएँ...आज तो अपने भीतर उनका होना ही या तो अपराध लगता है या दम्भ...

'अभिमन्यु की आत्महत्या' से अपने आपकी स्थिति को समझने का एक दूसरा दौर शुरू हुआ था—इसीलिए शायद यह कहानी मुझे प्यारी भी है। '55-'56 में लिखी गई थी। बीच में इस नाम का संग्रह भी आया। अब वे सारी कहानियाँ दूसरे संग्रहों में बाँट दी हैं।

—राजेन्द्र यादव

सिंहवाहिनी

एक थी राजकुमारी। बहुत चंचल, बहुत फुर्तीली, बहुत सुन्दर और बहुत विदुषी। उसकी एक ही इच्छा थी, ऐसा कुछ किया जाए जो अद्‌भुत हो, नया हो और अभी तक किसी ने न किया हो। सभी ने स्वयंवर किये हैं, सभी राजकुमारों के साथ घोड़ों पर बैठकर चली गई है और सभी ने बाद में रानी बनकर महलों की शोभा बढ़ाई है। यही सब होना है तो इतने साधन होने का लाभ क्या है? किसी ने भी तो ऐसा अद्‌भुत कुछ नहीं किया कि लगे—हाँ, अपने किये में वह अकेली थी। राजकुमारी ने दुनिया के अच्छे-से-अच्छे फूल लगाए, बाग़बानी की, अजूबे इकट्ठे किये, शहरों और जंगलों में भटकी, पहाड़ों और समुद्रों में चक्कर लगाए। लेकिन जो वह करना चाहती थी, वही नहीं हुआ। राजा और राजमाता ने तरह-तरह के वर सुझाए, हर तरह उसका मन बहलाने की कोशिश की, लेकिन राजकुमारी थी कि उदास और दुखी ही होती चली गई। माँ-बाप चिन्तित, सहेलियाँ परेशान, मंत्री दुखी। इतना सब कुछ है, लेकिन वही नहीं है जो राजकुमारी चाहती है...

"राजकुमारी जी, आप मुँह से तो कुछ बोलिए। आपके मुँह से निकली बात ज़रूर पूरी होगी।" उसकी घनिष्ठतम सहेली ने एक दिन हमराज़ बनने के लिए पूछा।

"मुझे ख़ुद कुछ नहीं पता...मैं ऐसा कुछ नहीं चाहती हूँ जिसमें ख़तरा हो, रोमांच हो..."

"तो भी..."

"शेर पालूँगी...ज़िन्दा शेर पालूँगी।" झुँझलाकर राजकुमारी के मुँह से निकला। अचानक बात उसे ख़ुद ही बहुत सम्मोहक लगी। वह शेर पालेगी और उसे अपने पास रखेगी, साथ रखेगी। जो सुनेगा, दंग रह जाएगा। इतिहास में उसका नाम होगा—'शेरोंवाली राजकुमारी'...सिंहवाहिनी...!

सहेली भय से चौंक उठी। मुँह से निकला, "यह कौन मुश्किल है? कल ही शेर आ जाएगा। लेकिन राजकुमारी, शेरों-जैसे कुत्ते मिल जाएँगे...एक-से-एक बड़े और भयानक..."

"नहीं, शेर ही पालूँगी...छोटा-मोटा नहीं, जंगल का सबसे बड़ा और ख़ूँख़्वार शेर...ऐसा कि लोग देखें तो भय से साँस रुक जाए..."

"शेर पकड़वाना तो मुश्किल नहीं है, लेकिन राजकुमारी," सहेली ने सोचकर बताया, "उसे रखना मुश्किल काम है, पिंजरे में रखना होगा..."

"नहीं, खुला रखूँगी और अपने साथ ही रखूँगी।" आत्मविश्वास से उसकी आँखें अजीब हिंस्र-भाव से चमक उठीं, "देखूँ तो सही, प्यार से शेर को बस में करने की बात सच है या झूठ..."

राजकुमारी के चेहरे की ओर देखती सहेली चुप रह गई। वह होश में बोल रही है या बेहोशी में, लेकिन वह केवल सिर्फ़ बोल नहीं रही, कहीं अपने-आपको वचन दे रही है। सहेली गहरी साँस लेकर चुप हो गई। उसने अगले दिन राजा को बताया और शिकारियों के दल-के-दल शेर पकड़ने दौड़ पड़े। जंगलों का सबसे बड़ा और ख़ूँख़्वार शेर पकड़वाकर मँगवाया गया। चुस्त, तगड़ा और बिजली की कौंध जैसा फुर्तीला...सचमुच ऐसे शेर बहुत कम देखने को मिलते हैं। पकड़ने वालों को राजा ने मुँह-माँगा इनाम दिया।

राजकुमारी पिंजरे के पास गई तो बदबू के मारे उसका सिर फटने लगा, पास से देखा, पल-भर को साँस रुक गई। उसे लगा, आधा उत्साह ठंडा पड़ गया है, इसे पालना तो बहुत मुश्किल होगा। नाक और मुँह पर कपड़ा रखे वह कुछ देर उसकी ख़ूँख़्वारे आँखों, छुरे-से दाँतों और ग़ुस्से में फनफनाती मूँछों को देखती रही—लेकिन आँखें थीं कि उसके चिकने, गठीले और तगड़े शरीर से हटती ही नहीं थीं। बँधे साँपों-सी सलवटें कैसी तड़पती थीं, फैलती-सिकुड़ती पुतलियों के भीतर जैसे अंगारे चमकते हों। लौटकर वह रात-भर परेशान रही, शेर पाला जाए या नहीं। कहाँ जंजाल में फँसेगी। लेकिन सारे समय जैसे अँधेरे में सलवटों-सा कुछ तड़पता था और दो दहकते अंगारे उसके होश की तहों में उतरते जाते थे। उसके भीतर कुछ था जो किसी ऐसे ही 'ख़तरे' की तलाश में उसे पागल बनाए था। पता नहीं, क्या थाद्य उस भयानक और ख़ूँख़्वार में कि वह आकर्षण में बँधी बार-बार वहीं चली जाती और बिना पलकें झपकाए उसे देखती रहती—मुग्ध और सम्मोहित। तनी हुई नसें झनझनाती रहतीं और शरीर पसीने से तर-बतर हो जाता। अपनी इस हालत पर ख़ुद ही झेंपती वह इस तरह लौट आती जैसे मीलों का सफ़र करके थक गई हो। सारे दिन शेर दहाड़ता, ग़ुस्से से हुंकार मारता। पिंजरे की सलाखें झनझनाती रहतीं और पूरे राजमहल गूँजते रहते। कच्चा मांस खाता था, सारे पिंजरे को गन्दा रखता था और मुँह से लार टपकाता रहता। बदबू थी कि पास खड़े रहना मुश्किल। उसके ग़ुस्से और झुँझलाहट को देखकर दिल धक्-धक् करता कि अभी इसने पिंजरा तोड़ा और आसपास दो-चार का सफ़ाया किया। लेकिन जब तृप्ति और आलस में होता, बड़ा निरीह और भोला लगता। गद्दी जैसे पंजों से मुँह पोंछता, पूँछ घुमाकर

मच्छर-मक्खियाँ उड़ाता, गुस्से में गदा जैसी इधर-उधर पड़ती पूँछ चँवर की तरह मुलायम हो जाती—सागर की गरज की तरह उसकी गुर्राहट गूँजती। उसकी हर स्थिति को देखकर राजकुमारी को भय और कुतूहल साथ-साथ होते।

काफ़ी समय तो राजकुमारी असमंजस में ही पड़ी रही। इसे पालना तो अच्छी-ख़ासी मुसीबत हो जाएगी। कभी वह अपनी राजसी साज-सजावट को देखती, ख़ूबसूरत गलीचे, रंग-बिरंगे परदे और फूलों, ख़ुशबुओं में महकता माहौल। शेर के आने से सब उलट-पलट हो जाएगा, दुर्गंध-ही-दुर्गंध भर जाएगी। यह भी मन में आया कि शेर को बगीचे के पिंजरे में ही रहने दे और फूलों-क्यारियों की तरह या दूसरे पालतू जानवरों की तरह रोज़ उसे भी देख आया करे। न तो शेर को तकलीफ़ होगी और न अपनी व्यवस्था के अस्त-व्यस्त होने का डर रहेगा। लेकिन कोई था कि न उसे सोने देता था, न जागने। रात-दिन उसे बेचैन रखता और मन होता कि पिंजरे के पास ही खड़ी रहे। यह भी कोई बात हुई! इस तरह तो जंगल में जाने कितने शेर हैं और महलों में जाने कितनी राजकुमारियाँ हैं! उनसे क्या? उसे तो अपना शेर चाहिए, पिंजरे और रस्सियों में बँधा नहीं, कुत्ते, बिल्ली की तरह आसपास खुला-खेलता शेर...तभी तो वह सारी दुनिया में, इतिहास में 'शेरवाली राजकुमारी' कहकर जानी जाएगी...सहेली की गवाही में उसने अपने-आपको यही तो वचन दिया है।

सच पूछो तो राजकुमारी को न अब उस वचन की याद थी और न इस बात का ख़याल था कि उसे कुछ अद्‌भुत अनोखा करना है। वह तो बेहोश थी और सामने वह 'ख़तरा' था जिसकी उसके भीतर किसी को तलाश थी। रोज़ वह पिंजरे के पास जाती और एकटक बँधी उसे देखा करती, उसके गुस्से-नाराज़ी, सन्तोष और विश्राम सभी को समझने की कोशिश करती। जितना ही शेर को पालना परेशानी, मुसीबत और दिक़्क़तों-भरा लगता, उतनी ही उसकी ज़िद बढ़ती जाती। जो भी हो, अब इसे पालना तो है ही। स्थिति पर अब उसका कोई बस नहीं है। सारी व्यवस्था उलट-पलट हो जाएगी, सारा समय घिर जाएगा, न जाने कितने ख़तरे और झंझट बढ़ जाएँगे, लेकिन कोई बात नहीं। शेर को पालतू बनाने के सन्तोष और शेर के साथ रहने के यश ने नशे की तरह उसे बेबस का डाला था। शेर से नहीं, अपने भीतर की आदिम और हिंस्र पशुता से उसे जूझना है और इसके लिए योगियों की तरह तपस्या करनी होगी ताकि वह सर्वशक्तिमान सिंहवाहिनी हो जाए...

और अपनी बात उसे इस रूप में इतनी अच्छी लगी कि उसने सहेली से कहा। वह छूटते ही बोली, "भीतर की आदिम-पशुता को जीतने और सिंहवाहिनी होने का सपना तो बेशक बड़ा मादक है, लेकिन राजकुमारी जी, एक बात का ध्यान रखिए, शेर का सवार न मरता है न जीता...ऐसा शेर जब विद्रोह कर बैठता है तो उसके अयाल पकड़े बैठे रहने के सिवा कोई रास्ता नहीं बचता, उतरते ही खा जाएगा...जब तक ऊपर बैठे रहो तब तक वह कुछ नहीं कर पाता, लेकिन

आदमी और पशु की ताक़त में अन्तर तो है ही, एक दिन हारना तो आदमी को ही होता है..."

राजकुमारी सपने की दूरियों से बोली, "आदमी को क्यों हारना होगा? नहीं, आदमी को बिलकुल नहीं हारना होगा। यह लड़ाई विवेक और पशुता की लड़ाई है और इसमें हारेगा पशु ही...उसे पालतू होना ही होगा..."

सहेली मुस्कराई, "देख लीजिए...मन में पशुता और विवेक का आपने जैसा बँटवारा कर लिया है, असलियत में होगा वैसा नहीं..."

राजकुमारी हँस पड़ी, "मुझसे बहस मत कर। मेरा अपने पर बस नहीं है। जो होता है, होने दो। हार-जीत का फ़ैसला करने का मुझे होश नहीं है। मुझे कुछ नहीं सूझता।" फिर कुछ सोचने लगी, 'मुझे लगता है, इसे मैं पाल लूँगी। पहले पास जाते ही बदबू से दिमाग़ की नसें फटती हुई लगती थीं, आसपास खड़े रहना मुश्किल था। कच्चे मांस का इस तरह भचड़-भचड़ खाना देखा नहीं जाता था, उबकाई आती थी, दाँत, आँखें, पंजे और पूरे शरीर को देखकर भय और घिन से फुरहरी आती थी—वह सब कम होता जा रहा है। अब वैसा कुछ अजीब भी नहीं लगता। भयानक और हिंस्र का भी अपना एक सौन्दर्य है, इसे अब मैं ज़्यादा शिद्दत और ज़्यादा गहराई से देख पाती हूँ। लगता है, उसी ने मुझे अन्धा कर दिया है। रोज़ घंटों बैठकर उसे ताकते रहने में मुझे एक अजीब गोपन-सुख मिलता है, वह मेरी आदत होती जा रही है। उसके बिना मुझे अपना दिन और अपना होना अधूरा लगता है। लगता है, जैसे हम दोनों एक-दूसरे को पहचानने लगे हैं। उसकी आँखों में अब परिचय की एक मुलायम-सी चमक आ जाती है। उसका सारा हुलिया बदल जाता है। वह मेरी राह देखता है और जब तक मैं पहुँच नहीं जाती, खाने-पीने की चीज़ें सामने पड़ी रहती हैं..."

सहेली अजनबी की तरह उसके चेहरे और सारे शरीर को ग़ौर से देखती रही, "ख़ैर, आप समझती हैं कि आसार अच्छे हैं तो देख लीजिए, लेकिन मेरा कहना मानिए। अपनी ही तरह का एक मनुष्य चुनिए और उसके गले में वरमाला डालिए...शेरों को दूर से या चित्रों में देखना अच्छा लगता है, उन्हें पालतू बनाना सिर्फ़ पागलपना है...।"

"वही सही..." राजकुमारी ने गहरी साँस ली, "इस सबको आधे में छोड़ना अब मेरे हाथ में नहीं रहा। एक बार हम स्थिति को मानकर उसे जन्म दे देते हैं तो वह ख़ुद-ब-ख़ुद पौधे की तरह बढ़ती है। उसका बढ़ना हमारे चाहने पर नहीं रहता। हम उसे दूर से देखते भी नहीं रह सकते, उसके बढ़ने में औज़ार बन जाने की मजबूरी ही हमारे सामने रह जाती है। रोज़ सोते हुए सोचती हूँ कि कल से यह सब बन्द, न अपना समय रहा, न मनोरंजन। सारे वक़्त बस, वही तो दिमाग़ में रहता है। लेकिन अगले दिन पता नहीं कौन है जो मुझे ठेलकर वहीं जा पहुँचाता है!"

सहेली ने मुँह पर आई बात रोक ली। बाहर का पशु नहीं, आपके भीतर का पशु है जो आपको मजबूर कर देता है, इसी पशु से दो-दो हाथ करने को बेचैन वही हो रहा है और उसे आप नाम देती हैं विवेक। राजकुमारी की मजबूरी को कहीं वह समझती भी तो थी। ऊँचे पहाड़ को देखकर जैसे चोटी पर जा पहुँचने की, बड़े विशाल समुद्र को देखकर तैर जाने की जैसी दुर्निवार ललकार आदमी अपने भीतर महसूस करता है, वैसे ही किसी चुनौती के सामने बेचारी राजकुमारी मजबूर हो गई है। ख़तरे के पास खिचे चले जाना, उससे खेलना भी तो उतना ही स्वाभाविक है जितना उससे कतरा जाना, बच निकलना। बिना सीधा अनुभव किये आदमी अपना मन नहीं समझा पाता। दूसरे का अनुभव कहाँ-कब कुछ सिखा पाता है? एक आत्मविश्वास है जो फिर-फिर उन्हीं अनुभवों से गुज़रने को ठेलता जाता है।

और राजकुमारी का वह पागल-परिचय चलता रहा। अब राजकुमारी को देखकर शेर के सारे चेहरे-मोहरे पर जो भाव आ जाता, उसे वह पुलककर स्वागत में मुस्कराने का नाम देती। एक दिन उसने डरते-डरते पिंजरे के सीख़चों में हाथ बढ़ाया, तो प्यार से शेर उसे चाटने की कोशिश करने लगा। अपने-आप एक बार बढ़ा हुआ हाथ पीछे आया, फिर आगे गया। ओह, खुरदरी जीभ के स्पर्श ने उसके रोंगटे खड़े कर दिये, सारा शरीर झनझना उठा। शेर उसका हाथ चाटता रहा और उसे विश्वास नहीं हो रहा था। आसपास सब चकित। हाथ में खरोंचें आ गई थीं, लेकिन राजकुमारी सारे दिन अपनी विजय पर उमंगती रही। रह-रहकर राजकुमारी अपने हाथ को देखती और उस रोमांच को याद करने की कोशिश करती। पागल बना देने वाले किसी स्पर्श का उसे ध्यान नहीं, लेकिन वह स्पर्श कुछ उसी तरह का नशीला था। रह-रहकर सारा शरीर फुरहरी से सिहर उठता। शेर का उठना-बैठना, खाना-पीना अब उसे बहुत ही स्वाभाविक लग रहा था। शेर का अपना ढंग-ढर्रा है, उसमें वह कर भी क्या सकती है?

और महीनों की जान-पहचान, परिचय-घनिष्ठता के बाद वह दिन आया, जब राजकुमारी निस्संकोच उसके पिंजरे में चली गई, उसने शेर की पीठ पर हाथ फेरा, कान पर थपथपाया और अपने हाथों से कच्चा मांस खिलाया। न उसे घिन हुई, न कै करने की तबीयत हुई, और न जल्दी से भागकर बाहर जाने की घबराहट...उसने अपने मन को समझा लिया था, शेर को अगर पालतू बनाना है तो उसे ही अपने को शेर की ज़रूरतों, आदतों के हिसाब से ढालना होगा। शेर के लिए तो इतना ही काफ़ी है कि पिंजरे में बन्द है और उसे फाड़ नहीं खाता।

तब उसने शेर की ज़रूरतों को ध्यान में रखकर एक कमरा बनवाया, बिलकुल अपने कमरे के पास, ताकि हमेशा उसके ही पास रह सके। उसकी ज़िन्दगी का एकमात्र उद्‌देश्य ही जैसे उसे पालतू बनाना रह गया था। जिस दिन वह खुले शेर को केवल एक ज़ंजीर के सहारे कमरे में लाई, उस दिन सारे राज्य में भयानक सनसनी

थी। लाखों लोगों की भीड़ इकट्ठी हो गई थी, विदेशी अफ़सर, राजदूत, सैलानी और दर्शक जमा थे और राजकुमारी विश्व-विजय के गर्व से शेर को अपने महलों में ले जा रही थी। अब वह शेरवाली राजकुमारी थी। इतनी भीड़ और शोर-शराबे से शेर भड़क न जाए, यही उसे डर था और इसका उसने इन्तज़ाम कर लिया था। लेकिन उसे विश्वास यह भी था, ऐसा कुछ नहीं होगा। उसे लगा, शेर भी उसके मन के विश्वास को समझता है। उसने एकाध बार ग़ुस्से से भीड़ को देखा भी, लेकिन फिर जब सिहरन-भरी राजकुमारी की तरफ़ मुँह घुमाया तो उसे लगा, जैसे हँसकर विश्वास दिला रहा हो...

राजकुमारी ने कायाकल्प की बातें बहुत पढ़ी थीं, लेकिन इस बार कायाकल्प को उसने रोज़ अपने साथ घटित होते देखा था, वह सचमुच जैसे बादलों पर चलने लगी थी। रोज़ हज़ारों लोग उससे मिलने आते, उससे एक के बाद दूसरा सवाल करते, "ऐसे भयंकर शेर को आपने कैसे पालतू बनाया? आपको डर नहीं लगा? घृणा नहीं हुई? अब डर या कुछ ग़लत लगता है?"

राजकुमारी गर्व से मुस्करा-मुस्कराकर जवाब देती, "धैर्य और लगन से सब कुछ हो सकता है। महीनों मैंने उसकी हर आदत, चाल-ढाल को ग़ौर से देखा है, अपना और उसका अध्ययन किया है, अपने को उसके लिए तैयार किया है और चाहे जितना ख़ूँख़्वार जानवर हो, अपनी आदतों या मन को न समझता हो, ऐसा बिलकुल नहीं है। मैं जानती थी कि इसके लिए अपनी रुचि, संस्कार और अहं—सभी को मुझे मारना होगा, अपने को उसके ही हिसाब से ढालना होगा... और मैंने तय कर लिया था, मैं करूँगी..."

"हाँ, हाँ, अपने को ढालते सभी हैं, लेकिन उस ढालने से इतना बड़ा काम कितने कर पाते हैं? आपका ही यह कलेजा है, वरना कोई और तो शेर को देखकर ही बेहोश हो जाए...आप धन्य हैं..." लोग गद्गद प्रशंसा से कहते। उन्हें जैसे अपनी आँखों पर विश्वास नहीं होता, वे यही देखने के लिए विशेष रूप से खिड़की से घंटों झाँका करते, कैसे खाता है, कैसे रहता है, कैसे कब सोता-जागता है। लगता है, शेर सोचता भी है। राजकुमारी उसके इशारों और मन को कैसे पढ़ लेती है?

राजकुमारी उत्साह से विभोर होकर सारे सवालों के जवाब देती। उसने ऐसा काम किया है, जो दुनिया में हरेक के बस का नहीं है। यह भावना उसे औरों से ऊपर उठा देती। उसे लगता कि वह धन-वैभव में ही सबसे ऊँची नहीं है, उनका उपयोग किसी बड़ी सफलता और यश के लिए कर सकने में भी सबसे अनोखी है। उसकी ऊँचाई को कोई छू नहीं सकता...

धीरे-धीरे शेर उसके महलों में खुला घूमने लगा। राजकुमारी बैठी-बैठी मुग्ध और बेभान उसे देखती रहती...वह एक कमरे से दूसरे में मोटे-तगड़े बिलाव की तरह आता-जाता और टहलता या सोता। हाँ, दूसरे नौकर-चाकरों को देखते ही उसकी

भँवें तन जातीं, पूँछ के बाल और कान खड़े होने लगते। वे ख़ुद डर के मारे उधर नहीं आते थे। एकाध बार उसने किसी को झपटकर घायल भी कर दिया। सबने मिलकर एक दिन अरदास की, "राजकुमारी जी, आप जो कहेंगी, हम जी-जान से करेंगे लेकिन अपनी जान तो सभी को प्यारी है। हमारे भी बाल-बच्चे हैं।" राजकुमारी समझदारी से मुस्कराई, सभी का कलेजा तो उस जैसा नहीं है, वह तो कोई एक ही होता है राजकुमार भरत की तरह...उसने ख़ुद ही शेर का सारा काम शुरू कर दिया। लेकिन एक सलाह लोगों के कहने से मान ली। हाथ-पाँव और शरीर पर वह मोटे चमड़े के पट्टे बाँधे रहती—प्यार में भी जब शेर मुँह या पंजा मारता या हाथ या पिंडली चाटता तो घाव हो जाते। पता नहीं, कब ख़ून का स्वाद जाग उठे और वह हिंस्र हो उठे, यह डर उसे भी था ही। हालाँकि, अब उसका विश्वास और भी बढ़ गया कि वह शेर की ख़ुशी-नाराज़ी, रूठने-लाड़ करने, सबको समझने लगी है—यही नहीं, उसे ढंग से सँभाल भी सकती है। कब शेर सुस्त होता है, कब दार्शनिक बन जाता है, कब उसकी आँखों में पुरानी याद जागने लगती है, कब बच्चों की तरह खिलाड़ी बन जाता है; उसका रूठना, प्रसन्न होना—सभी उसे आश्चर्य और प्रसन्नता से भर-भर जाने लगे। सारे दिन उसके सोचने-बोलने का विषय वही रहता। वह अक्सर ही कहती, 'अपने से अलग किसी दूसरे की आदतों और प्रकृति को जानना ठीक वैसा ही रोमांचक अनुभव है, जैसा किसी अजनबी और अनजान प्रदेश में यात्रा करना। उसे ख़ुद ही खोज निकालना और उसके एक-एक हिस्से से ख़ुद और सीधा परिचय पाते जाना...किसी ने पहले इस प्रदेश की यात्रा नहीं की और आप ही वह पहले व्यक्ति हैं, जो दुनिया-भर की जोखिम उठाकर इस प्रदेश को क़दम-क़दम खोज रहे हैं, यह आपके लिए परम सन्तोष और गर्व की बात तो है ही; लेकिन किसी अनजान देश को खोज निकालना, वहाँ घूम आना एक बात है और अपने को उसके हिसाब से ढाल लेना दूसरी...या कहूँ, बेहद ही मुश्किल काम है। मगर उस स्थान को कुछ पहाड़ी मैदानों और समुद्रों के बहाने खोजते ही नहीं जाते, पल-पल अपने को उसके हिसाब से ढालते भी जाते हैं। जानने के बाद भी तो चीज़ें वही नहीं रहतीं; मौसम बदलते हैं, और वही चीज़ें नई हो उठती हैं, नई तरह का व्यवहार माँगने लगती हैं...' और यहाँ आकर वह भूल जाती कि वह शेर की बात कह रही है, या किसी अनजान-अनखोजे प्रदेश की...प्रदेश की बनावट को जानना और अपने-आपको बदलते मौसम के अनुसार तैयार करना...

अब राजकुमारी बाक़ायदा शेर के ऊपर बैठकर, खुली सड़कों और बगीचों में निकलने लगी थी। जो भी देखता, दंग होकर दाँतों तले उँगली दबा लेता। सब वाह-वाह कर उठते—राजकुमारी ने सचमुच कमाल कर दिखलाया है! ऐसा भयानक और ख़ूँख़्वार शेर कैसा पालतू बिल्ली की तरह व्यवहार करने लगा है! यह केवल राजकुमारी की ही हिम्मत और लगन का काम है, हरेक के बस का नहीं है। एक

तो वह राजकुमारी है, दूसरे उसे ज़रूर ही कोई देवी-देवता सिद्ध है। कैसी दुर्गा की तरह निर्भय घूमती है! कुछ लोगों ने उसके बारह हाथों की अफ़वाह भी उड़ा दी कि उन्होंने अपनी आँखों से देखे हैं। लोग रास्तों से भाग-भागकर घरों में घुस जाते और खिड़कियों-छज्जों से घंटों उधर देखते रहते, जिधर वह गई थी। सारी दुनिया से लोग केवल उस दृश्य को देखने चले आते। शंका से कोई-कोई कहता, "और तो सब ठीक है, लेकिन भाई, शेर तो शेर ही है। किसी दिन बिगड़कर जंगल की तरफ़ भाग निकला तो राजकुमारी की हड्डी-पसली का पता नहीं लगेगा। बहुत हुआ, शौक़ पूरा हो गया, राजकुमारी को अब यह सब बन्द कर देना चाहिए...सारे शहर में आतंक छाया रहता है..."

सुनकर वह लापरवाही से हँस देती—लोगों के लिए वह शेर होगा, लेकिन उसके लिए तो पालतू कुत्ते से अधिक नहीं है। एक दिन अगर मैं उसे दिखाई न दूँ, तो भूखा मर जाए, किसी दूसरे की शक्ल नहीं देखे...हालाँकि, भीतर-ही-भीतर आशंका भी होती कि सचमुच ही शेर किसी दिन निरंकुश हो उठा तो उसे सँभाला कैसे जाएगा? महलों में तो कोई-न-कोई इन्तज़ाम हो भी सकता है, लेकिन खुले में बाहर? साथ ही यह भरोसा भी था कि उसे स्थिति का सामना करना आता है, अगर शेर ने गिरा नहीं दिया तो वह सँभाल ले जाएगी। सहेली की बात याद करके हँसी भी आई। निरंकुश शेर पर बैठा आदमी न जीता है, न मरता...

लोग जब अविश्वास और भय से आँखें फाड़े शेर को देखते तो वह उनकी तारीफ़ों को अनसुना करके मन-ही-मन कहती, 'तुम्हें क्या पता, मैंने इसके लिए अपने को कितना मारा है? कितनी साधना की है, मैंने इसके लिए? तपस्या कोई होती हो तो शायद यही है। तपस्या से मैंने शेर को नहीं पाला, अपने भीतर और बाहर के पशुत्व पर विजय पाई है...अब अगर तुम मुझे या मैं ही अपने को देवी समझ लूँ, तो बहुत ग़लत तो नहीं है...'

सचमुच ही राजकुमारी ने साधना की थी। उसका खाना-सोना, उठना-बैठना ही शेर की ज़रूरतों के आसपास नहीं हो गया था, बल्कि पूरा महल उसी के हिसाब से ढल गया था। अब न वहाँ रंगीन पर्दे थे, न क़ीमती गलीचे, झाड़-फानूस, फूल-पौधों—सब पर धूल जम गई थी, सब अनदेखा और मुरझाया हो उठा था। न तो कोई उस सबको देखभाल कर पाता था और न ही उसे उधर ध्यान देने की फ़ुरसत थी—सारे दिन पट्टों में जकड़ी जब वह थककर लेटती तो जोड़-जोड़ दु:खने लगता था। लेकिन यही सन्तोष उसके भीतर नया जोश और उत्साह भर देता कि उसने शेर को अपना ग़ुलाम बना लिया था...

काफ़ी दिन बीत गए। राजकुमारी की कीर्ति चारों ओर छा गई...लोग सिंहवाहिनी के प्रति आदर करते, उसमें श्रद्धा रखते, लेकिन भय और विस्मय धीरे-धीरे कम होते गए थे...

एक दिन सहेली बोली, "राजकुमारी, आपको भले ही सन्तोष हो कि आपने उसे अपना ग़ुलाम बना लिया है, लेकिन सोचकर देखिए, आप उसकी ग़ुलाम हैं या वह आपका?"

राजकुमारी उपेक्षा से हँस दी, "शब्दों का फेर है, क्या फ़र्क़ पड़ता है? कोई किसी का ग़ुलाम सही...एक शेर है जो मेरे इशारों पर चलता है, यही क्या कम है? इसके लिए जो भी थोड़ी-बहुत असुविधाएँ हैं, वे मैंने अपनी ही मर्ज़ी से स्वीकार कर ली हैं..."

"मर्ज़ी नहीं, मजबूरी कहिए, राजकुमारी..." लेकिन बात बदलकर सहेली अपनी ही कहती रही, "यह बहुत चलेगा नहीं, क्योंकि स्वाभाविक नहीं है। आप सारे दिन चमड़े के पट्टे में जकड़े रहती हैं, उसके लिए गोश्त और खाने का इन्तज़ाम करती हैं, उसकी गर्मी-सर्दी ही आपका कारण है। आपको हमेशा उसके मन के मुताबिक व्यवहार करना पड़ता है..."

"क्योंकि वह मुझ पर आश्रित है, फिर शेर है तो उसकी ज़रूरतें उसी के हिसाब से पूरी करनी पड़ती हैं। ध्यान और समय देने ही पड़ते हैं। जितना हो सकता था, उसे मैंने बदल दिया है, लेकिन तुम सोचो, उसे कुत्ता तो नहीं बनाया जा सकता।" लाचार स्वर में राजकुमारी ने जवाब दिया।

"उसे कुत्ता नहीं बनाया जा सकता, लेकिन अपने को तो आदमी बनाए रखा जा सकता है। मुझे तो ऐसा लगता है, जैसे आपने उसे छोटे पिंजरे से निकालकर अपने को उसके साथ बड़े पिंजरे में क़ैद कर लिया है। महल ज़रूर वही है, लेकिन किसी पिंजरे से बेहतर कैसे है? न आप कहीं आ-जा पाती हैं, न आपके पास कोई आता-जाता है। चारों तरफ़ धूल और जाले लगे हैं। जो भी आता है, वह आपसे नहीं, एक अजूबा दृश्य देखने आता है...आप इस सबमें कहाँ हैं?"

लगा, कहीं सहेली ठीक ही कह रही है। उसकी अपनी ज़िन्दगी और अपना होना है ही कहाँ अब? अपने ही बनाए दृश्य ने बढ़कर उसे ढाँप लिया है। कहाँ कोई अब उससे मिलने आता है? उसकी सारी दिनचर्या क्या इस जानवर के ही आसपास नहीं सिमट गई है? मानो सारी उम्र का सफ़र तय करके यहीं पहुँचना हो! उसकी सारी शिक्षा-दीक्षा, सुन्दरता और कोमलता सूख-सूखकर मुरझा गई है और ज़िन्दगी के सबसे अच्छे दिन एक झूठे पागल शौक़ के पीछे घुले चले जा रहे हैं...जानती तो वह भी इस बात को अच्छी तरह ही है कि यह सब स्वाभाविक नहीं है और अब तो इसमें भी किसी के लिए न कोई आकर्षण रह गया है, न नयापन। सब इसे स्वाभाविक ही मानने लगे हैं। ख़ुद उसके लिए भी तो अब इस अनदेखे-अनखोजे प्रदेश में ऐसा कोई हिस्सा नहीं बचा जो विशेष रोमांचक और उत्तेजक हो। अगर सारी बात को इसी बिन्दु पर आना था, तो वह एक कुत्ता ही पाल लेती, कम-से-कम ऐसे अस्वाभाविक तनाव से भरे दिन तो न गुज़रते...शेर तो उसकी ज़िन्दगी

का पल-पल माँगता है, और बदले में औरों को देखकर, दुनिया की सुनकर वही ख़ुद अपने मन में अद्‌भुत और विलक्षण होने का गर्व, सन्तोष खोज लेती है, शेर तो उसे कुछ भी नहीं देता...

और जिस तेज़ी से नशा चढ़ा था, उसी तेज़ी से उतरने लगा। अरे, उसने कहाँ की बला अपने सिर डाल ली? सखी-सहेलियों के बीच उसे हँसे-खेले बरसों हो गए। कहीं घूमने जाना, खिलखिलाकर हँसना और मन बहलाना अब किसी और जनम की बातें लगती हैं। सजने-सँवरने की बात छोड़ भी दो तो शायद अपना चेहरा शीशे में देखे उसे महीनों हो गए...अच्छे कपड़े नहीं पहने, फूलों के बीच खुलकर साँस नहीं ली। वही शरीर पर खरोंच, घाव, घोड़ों की ज़ीन की तरह चढ़े हुए पट्टे। शीशा देखा तो धक् से रह गई...जानवर को पालने के नशे में मैंने ख़ुद अपने को जानवर बना लिया है...शेर के चेहरे पर भले ही मासूमियत और भोलापन लगता हो, ख़ुद उसके चेहरे पर अजीब वहशी सख़्ती आ गई है...साथ के असर ने क्या उसे यहाँ ला पटका है? शरीर और महलों से अब इत्र-चन्दन की ख़ुशबुओं के भभके नहीं, गोश्त और लीद की सड़ाँध ही आती है। न वह किसी के पास जाती है और न उससे कोई मिलने आता है। शायद सब बचने लगे हैं। लोगों ने उसे आदमी मानना ही छोड़ दिया है—सब एक दूरी और डर बीच में रखकर उस पार से मिलते हैं... सहेली को अगर इस बड़े पिंजरे में दो जानवर बन्द दीखते हैं तो बुराई कहाँ है?

वह बहुत उदास और सुस्त रहने लगी। उसने शेर की पहरेदारी-टहल कम कर दी और मन से चाहने लगी कि किसी दिन वह भाग ही जाए। लेकिन शेर नहीं भागा। लगता, जैसे शेर भी उसकी उदासी समझने लगा था और दूर करने के लिए परेशान होता था...उसे शेर की ख़ुशामद-भरी मजबूरी पर दया भी आती...

फिर एक दिन झुँझलाकर उसने अपने सारे पट्टे उतार फेंके, अपने को कमरे में बन्द कर लिया। वह पहले की तरह ख़ूब उबटन-मलाई लगा-लगाकर नहाई और बाहर घूमने निकल गई। उसे ख़ुद ऐसा लग रहा था, जैसे पता नहीं, कब से किसी शिकंजे में कसी थी, तहख़ाने में क़ैद थी और पहली बार खुले आसमान और फैली धरती को देख रही थी। बनवास से लौटे व्यक्ति की तरह वह अब अपनी दुनिया में वापस आ गई है। और उसने तय किया कि अपने को एक ही जगह क़ैद कर लेना ग़लत है। शेर अपनी जगह है, रहे। लेकिन वह अब अपनी दुनिया में भी आया करेगी।

लेकिन लौटकर पाया कि शेर बिगड़ गया है। उसने खाना-पीना कुछ भी नहीं लिया है, यही नहीं, उसने एक रखवाले को भी जान से मार डाला है। उसने ख़ुद जाकर शेर को खिलाया-पिलाया तब कहीं काफ़ी नाराज़गी के बाद वह शान्त हुआ और राजकुमारी अपने को अपराधी-सा महसूस करती रही। साथ ही उसे चिन्ता भी लग गई। वह शेर के बिना ज़िन्दा नहीं रह सकती और शेर उसे वापस आसानी से अपनी ज़िन्दगी में लौटने नहीं देगा। उसकी अपनी ज़िन्दगी में शेर आएगा नहीं,

आएगा भी तो उसे स्वाभाविक और सहज नहीं रहने देगा। उसके साथ लोग उसे नहीं, शेर को और शेर के उसके साथ होने को ही देखते हैं। फिर उसे भी तो यह गवारा नहीं था कि वह अब बिना शेर के पहले जैसी 'साधारण और सब जैसी' राजकुमारी ही रह जाए। लेकिन उसके साथ केवल उसका ग़ुलाम बनकर ही रहा जा सकता था। उसकी आदतें और अदाएँ अब उसे नख़रे लगने लगती थीं, जिन्हें बर्दाश्त करना अब पहले की तरह ख़ुशी नहीं देता था। मगर इन सबसे भी बड़ी बात यह कि उसे शेर के साथ रहने की, उसके नखरे सहने की, आदत पड़ गई थी और दूसरों की आदतों, नाज़ों पर नाचती, अपनी ज़िन्दगी झुठलाती इस ग़ुलाम-राजकुमारी से उसे घृणा थी।

फिर एक दिन जब शेर ने उसके बाहर जाने पर एक और पहरेदार को घायल कर दिया तो वह ग़ुस्से से आग हो गई, उसने कोड़ा लेकर उसे ख़ूब मारा, ख़ूब मारा...शिकारियों को बुलाकर उसके दाँत निकलवा दिये, पंजे के नाख़ून कतरवा दिये और अकेली कोठरी में भूखा-प्यासा बन्द कर दिया। शेर घायल-सा दहाड़ता और चिंघाड़ता रहा और राजकुमारी बिना कुछ खाए-पीए रोती रही...पहरेदार को घायल कर डालने वाला शेर कैसे निरीह बच्चे की तरह उसके कोड़े खा रहा था, बच रहा था और बार-बार मुँह बचाकर रिरिया रहा था...चाहता तो वह क्या न कर सकता था? इसलिए इस सबके बीच भी उसने तय कर लिया कि अब यह सब नहीं चलेगा और वह इस तरह शेर की ग़ुलाम नहीं रहेगी...अब तो उसे नहीं, शेर को ही उसकी ज़िन्दगी या सुविधाओं के हिसाब से बदलना होगा। कहाँ तक सिर्फ़ वही वह बदलती चली जाए! शेर के लिए बकरे और भैंसे मारे जाएँ और बुरी तरह मुँह और पंजों को ख़ून से लथेड़ता हुआ वह भचर-भचर खाता जाए, यह सब देखना भी अब राजकुमारी के लिए मुश्किल हो गया था। उसने देखा, दाँत न रहने से अब वह और भी गन्दगी करने लगा है, फिर भी भूखा असन्तुष्ट और भिखारी-सा ही दिखाई देता है... राजकुमारी ने धीरे-धीरे उसका खाना ही बदल दिया...वह गुर्राता या ग़ुस्सा दिखाता तो बेदर्दी से उस पर कोड़े बरसते। उसका दहाड़ना या गुर्राना सुनकर राजकुमारी कानों में उँगली दे लेती और नींद न आने से सारे दिन बेतरह झल्लाई रहती...

लोगों ने भी अब उससे डरना बन्द कर दिया था। कोई भी उसे छूता-कोंचता और उसके कानों या पूँछ से खेलता। वह सारे दिन इस तरह बीमार और सुस्त पड़ा रहता, जैसे कोई खजेला कुत्ता कंबल जैसी शेर की खाल ओढ़े पड़ा हो! न उसमें वह चुस्ती रह गई थी, न फुर्ती...बरगद की गली जड़ों जैसी सलवटें अब गिजगिजाहट ही पैदा करतीं...महल के कुत्ते उसे डराकर कोने में भेज देते...बिल्ली तक गुर्राकर सहमा देती। सारे दिन मुँह और आँखों से पानी बहता रहता, मक्खियाँ भिनभिनातीं...मरी छछूँदर जैसी पूँछ एक तरफ़ पड़ी रहती, गाल लटक आए थे और कानों में कलीले होने लगे थे।

पता नहीं, कैसी-कैसी निगाहों से असहाय बच्चे की तरह याचना से जब वह राजकुमारी के मुँह की तरफ़ देखता तो उसका दिल भर आता, आँखों में आँसू आ जाते। जंगल के राजा की यह हालत देखी नहीं जाती थी। लेकिन वह पाती थी कि उसे शेर से प्यार कभी भी नहीं रहा, पहले चकित-विस्मय था, जो उसके अपने भीतर था और आसपास चारों तरफ़ था, ख़तरे से जूझने का हिंस्र निश्चय था और आज केवल दया है। अपराध-बोध भी होता कि अपनी ज़रा-सी सनक में आकर उसने अच्छे-भले शेर की क्या हालत कर डाली है। मगर अब तो ऐसे शेर का अपने साथ जोड़े जाना भी उसे शर्मिन्दा ही करता है, तब अफ़ीमची की तरह पड़े ढीले-ढाले जानवर पर झुँझल ही आती : आख़िर ऐसी भी क्या लाचारी है, है तो शेर ही। कोई बात है कि शेर या तो शेर रहेगा या चूहे से भी बदतर हो जाएगा... इसे साधारण प्राणी बनना ही होगा। अब उसके ऊपर दूसरा पागलपन सवार हो गया कि वह शेर को सुधारकर ही मानेगी...

आख़िर एक दिन राजकुमारी ने शेर को गोली मार दी...

शेर उसकी ज़िन्दगी के हिसाब से ढलने और सुधरने के बजाय यों भी तो धीरे-धीरे मर ही रहा था। उसे जंगल में छुड़वाती तो भूखा-प्यासा वह गिद्ध-सियारों का भोजन बन जाता या फिर तिल-तिलकर महलों में ही मरता—बात एक ही थी। बहरहाल उसे मरना ही था। उसे जल्दी-जल्दी यह कष्ट भरा रास्ता तय कराके ठिकाने पहुँचा देना अपने भीतर उठती दया की एकमात्र माँग थी। फिर सड़क के कुत्ते से भी बदतर शेर की स्वामिनी होने की बदनामी अब उसके बर्दाश्त के बाहर थी। उसने तो ऐसा ही शेर चाहा था जिससे सब लोग डरें, वह ख़ुद भी डरती रह सके...जिसकी वह ख़ुद ग़ुलाम हो सके...इस मरे चूहे का उसे क्या करना था...

उस दिन उसने सहेली को बुलाकर इतने दिनों से मन में उठती बात कह डाली, "तूने सच कहा था। शेर पर सवार आदमी से अधिक मजबूर कोई दूसरा नहीं होता। न वह जीता है, न मरता! इस शेर को देखने से पहले ही जब किसी ऐसे शेर को पालने की बात मेरे दिमाग़ में आई थी, सच पूछो तो मैं तभी उस पर सवार हो गई थी और वही मुझे भटका रहा था।"

"लेकिन राजकुमारी, अच्छे-भले शेर को यों अपनी एक पागल इच्छा का शिकार बनाकर आख़िर आपको मिला क्या?" सहेली करुण हो आई।

राजकुमारी के पास इसका कोई जवाब नहीं था। वह उदास हो गई। गहरी साँस लेकर बोली, "कुछ भी नहीं। यही समझ ले कि दो जानवरों की लड़ाई थी और दोनों इस तरह गुँथ गए थे कि एक-न-एक को तो मरना ही था। इस फ़ैसले के बिना कोई छुटकारा नहीं था। कैसे कहूँ, कि इसमें मेरी या उसकी ही ग़लती थी। शायद दोनों अपनी-अपनी जगह सही थे और यही सही होना हम लोगों की लाचारी थी। यही समझ ले कि मैंने उस जानवर को मार ज़रूर दिया है, लेकिन अब ख़ुद भी

किसी लायक रह गई हूँ..." और अपने जीवन के बेशक़ीमती सालों के यों बरबाद होने और एक स्वतंत्र ज़िन्दगी को कुचल देने का बोझ उसकी आत्मा को सालने लगा। वह पागलों की तरह महीनों रोती-बिलखती रही—जैसा भी था, अपनी तरह का अकेला था...अब समझ में ही नहीं आता था कि अपना और अपने समय का क्या करे? ख़ाली होना बहुत ही बेमानी और अकेला हो गया था...?

आज भी वह शेर राजकुमारी के सबसे ख़ूबसूरत कमरे के बीचोबीच खड़ा है। देश के सबसे कुशल कारीगरों से उसमें भुस भरवाकर उसे बनवाया है, आँखों के लिए ख़ास तरह का काँच ढाला गया है। अपने खुले दिनों की तरह तगड़ा, फुर्तीला और ख़ूँखार दिखाई देता है। उसे कुछ इस तरह ऊँचे पर बैठाया गया है, जैसे अभी छलाँग लगाकर झपट पड़ेगा...उसके आसपास क़ीमती पर्दे, ग़लीचे, गुलदान, झाड़-फ़ानूस लगे हैं और सारा महल ख़ुशबुओं और चहल-पहलों से गूँजता रहता है।

देखने के लिए देश-विदेश से लोग आते रहते हैं। पहली बार तो उसके दाँत-आँखें, भारी शरीर को देखकर भय का रोमांच तन-मन को सिहरा देता है और विश्वास दिलाना मुश्किल हो जाता है कि शेर अब जीवित नहीं है। छूते और पास जाते हुए उसी तरह डर लगता है। राजकुमारी आँसू-भरी आँखों से उसे देखती है, प्यार से उसके सिर-पुट्ठों पर हाथ फेरती है और भरे-गले से उसकी एक-एक आदत, अभ्यास और हरकत या अपने ऊपर उसके निर्भर होने की बात विस्तार से बताती है...पता नहीं, उसमें शेर की याद होती है या अपनी विजय की याद... या केवल पश्चात्ताप! बहरहाल, यही राजकुमारी का रोज़ का काम हो गया है...

और वह अब दर्शकों, अतिथियों से छुट्टी पाकर इत्मीनान से अपनी ज़िन्दगी में लौट आती है...

ढोल

किसी शहर में एक क्लर्क रहता था। वह बहुत ही कमज़ोर, सूखा और दुबला-पतला था। सब तरह से वह कोशिश करके हार गया, लेकिन उसका स्वास्थ्य वैसा ही रहा। शहर में काफ़ी भीड़-भाड़, धक्का-मुक्की थी, इसलिए और भी दुखी था। फ़ाइलों, काग़ज़ों या दूसरे कामों में लगे रहने के कारण उसे समय नहीं मिलता था। भीड़ में किसी की कुहनी की चोट, किसी का धक्का उसे कई दिनों तक दर्द करता रहता था। उस समय तो केवल चोट लगती, आँखों के आगे अँधेरा छा जाता और वह लड़खड़ाकर पीछे हट जाता। अक्सर सपने देखता—एक दिन किसी दैवी शक्ति से ऐसा शक्तिशाली हो जाएगा कि इन सबको मज़ा चख़ा देगा। उसे विश्वास था कि एक-न-एक दिन ऐसा होगा ज़रूर। फ़िलहाल तो उसे हमेशा डर बना रहता कि कभी कोई उसे पीट-पटक देगा, उससे चीज़ें छीन लेगा, या उसे धक्का देकर गिरा जाएगा। इसलिए वह हमेशा सिर झुकाकर काम करने का भाव दिखाए रहता और जहाँ भी दो-चार आदमी दीखते, वहाँ से क़तरा जाता। जहाँ तक बन पड़ता, दफ़्तर या घर ही रहता और किसी चमत्कार की राह में, तरह-तरह की कल्पनाएँ किया करता। मगर यह आशंका उसे हमेशा बनी की तरह खाती रहती कि कभी कोई दुर्घटना हो सकती है। शान्ति उसे अपने कमरे में भी नहीं मिलती थी। ऊब, डर, आशंका उसे चैन से नहीं बैठने देते। कोई चोर-डाकू ही आ जाए, तो? जिस तरह हर राह चलता आदमी उसे अपनी तरफ़ ही आता लगता, उसी तरह रात-रात भर उसे चोर-डाकुओं की चिन्ता सताती। ज़रा-से खटके से कँपकँपी चढ़ जाती। शरीर पसीने-पसीने हो जाता। यहाँ से भागकर किसी और शहर में चला जाए, तो?—वह सोचता। लेकिन वहाँ भी तो यही सब लोग होंगे, यही सारी चिन्ताएँ होंगी। एक दिन चुपचाप कहीं भागना है, वह सोचता रहता और दुबला होता जाता।

अब भगवान की लीला देखिए कि एक दिन उसने कवच पहने हुए किसी पुराने योद्धा का चित्र देखा और उसे देखता रह गया। ख़याल आया कि अगर ऐसा ही कवच वह भी पहन ले, तो समस्या हल हो सकती है। आख़िर बहुत माथा-पच्ची करने के बाद उसने एक तरकीब खोज निकाली। वह बाज़ार से अपने शरीर के नाप

का एक ढोल ख़रीद लाया और घर के दरवाज़े बन्द करके ठोंक-पीटकर उसे अपने शरीर के हिसाब से तैयार करने लगा। अपनी समझ से पूरा होने पर उसने शरीर पर ढोल चढ़ाकर ऊपर से ढीला-ढाला कुरता पहना। शीशे के सामने गया, तो अपने को देखकर हँसी आ गई। सूरत-शक्ल ज़रूर बेडौल लगती है, लेकिन दूसरे लोग धक्का-मुक्की करके उसे परेशान नहीं कर पाएँगे। जल्दी ही उसके भीतर के कसे अंग दु:खने लगे, तो उसने ढोल उतारकर अलग रख दिया। बहुत बड़ा बोझ उतर गया। अपने-आपको समझाने लगा कि जल्दी ही आदत पड़ जाएगी, तो इतना बुरा नहीं लगेगा। पहले घर के भीतर ही इसे पहनने का अभ्यास करना होगा।

अभ्यास चाहे जितना हो जाए, लेकिन इतना वह भी जानता था कि इसे पहनकर बाहर निकलने की हिम्मत नहीं होगी। कम-से-कम इस शहर में वह कभी भी ऐसा नहीं कर पाएगा। उसने जैसे-तैसे करके अपना तबादला और भी बड़े शहर में करा लिया।

बड़े शहर में वह पहले ही दिन भीतर ढोल और उसके ऊपर ढीला-ढाला चोग़ा पहनकर निकला, तो बेहद घबराया हुआ और चौकन्ना था। हमेशा लगता रहा, जैसे सब लोग उसे ही घूर रहे हैं। शायद सब ताड़ गए हैं कि वह उसके शरीर का स्वाभाविक रूप नहीं है और उसने कपड़ों के भीतर एक ढोल पहन रखा है। इसका मतलब है कि सभी उसके मन की कमज़ोरी भी जान गए हैं। यह बात उसे परेशान और दुखी करती थी। वैसे लोग, पता नहीं, उसकी तरफ़ ध्यान देते या नहीं, लेकिन अपनी इस हरकत से उसने अपनी इस कुंठा को और भी उजागर कर दिया है—कहीं उसने ग़लती तो नहीं कर डाली? पहले उसे सिर्फ़ अपनी चिन्ता थी। अब शरीर, ढोल और मन—तीनों की चिन्ता सताने लगी।

जगह नई थी, इसलिए उसकी तरफ़ बहुत कम लोगों ने ध्यान दिया था। चलो, यह भी अच्छा है। पुराने शहर में होता, तो सब-के-सब खाल खींचकर रख देते।

फिर भी कुछ अजीब तो लगा ही, कई लोग उसकी यह हुलिया देखकर हँसे, कुछ ने संजीदा होकर पूछा कि ख़ैरियत तो है, नई जगह ही आबोहवा माफ़िक आ रही है या नहीं? उसके मुँह से अनायास निकला कि रीढ़ की हड्डी में तकलीफ़ है, इसलिए डॉक्टर ने पहनने के लिए कुछ दे दिया है, तभी उसे एहसास हुआ कि पिछले शहर में झुके-झुके काम करने से उसकी रीढ़ में दर्द रहा करता था। कम-से-कम इस समय उसे निश्चय ही लगा कि दर्द रहता था। सामने वाले चेहरों पर हमदर्दी और विश्वास देखकर उसे अपने भीतर एक बड़ी ही दुष्ट प्रसन्नता हुई—अरे, वह इतनी आसानी से लोगों को बेवक़ूफ़ बना सकता है। बात को ढंग और तर्क से, व्यक्तिगत विश्वास के साथ कहा जाए, तो कैसी सहजता से सबके गले उतर जाती है, यह कहना उसे कुछ दिन चल सकने वाला और अच्छा लगा। हो सकता है, थोड़े दिनों में सबको उसे इस रूप में देखने की आदत पड़ जाए! ढोल को पहनने का उसने कैसा सटीक कारण दिया है, इससे उसे अपनी बुद्धि पर विश्वास जागा।

एकाध बार भीड़ में उसे किसी ने धक्का दिया, तो देखा कि ख़ुद ही अपनी चोट सहलाता हुआ पीछे हट गया, इसीलिए तो मैंने यह तरकीब की है, बच्चू! उसने मन में ख़ुश होकर सोचा, आठ-दस बार लोग ऐसा करेंगे, फिर ख़ुद ही बचने लगेंगे।

लेकिन अभी आदत नहीं पड़ी थी और उसे लगता रहता था कि जल्दी-से-जल्दी घर पहुँचे, दरवाज़े बन्द करके ढोल उतारे और शरीर को ढीला छोड़कर चैन की साँस ले। सारा शरीर एक ही हालत में रहने से बुरी तरह अकड़ जाता है। उतरे हुए ढोल को वह बड़ी मुग्ध आँखों से देखता, कल्पना करता कि वह अभी भी उसमें है और अलग खड़ा होकर अपने-आपको देख भी रहा है कि कैसा लगता है। इस तरह हर दिन को वह पूरे विस्तार के साथ आँखों के आगे लाकर फिर से पीता, ख़ुद बड़ा गहरा सन्तोष होता, हँसी आती और अपना ही नाम लेकर ढोल को बुलाता—'कहो मिस्टर, कैसे हो? आज तो बड़े अच्छे कपड़े पहनकर घूमे! तुम्हें देखकर एक बार तो बॉस भी सकपका जाता है!' और फिर ख़ुद ही लोट-पोट हो जाता...ढीला-ढीला चोग़ा, उसके भीतर भारी-भरकम 'शरीर'—वह एक किसी रोमन राजनीतिज्ञ की तरह लगता है! कुछ कहो, अब उसका एक भारी-सा व्यक्तित्व बन गया है।

डॉक्टर वाले बहाने का असर कम हो गया है, उसे धीरे-धीरे इस बात का अहसास होने लगा, क्योंकि लोगों के चेहरे की हमदर्दी की जगह एक विचित्र-सा व्यंग्य लेने लगा था। कहीं इसका कारण यह तो नहीं है कि मैं बहुत आत्म-सन्तुष्ट दिखाई देता हूँ? इस आत्म-सन्तोष की भी वजह है। जहाँ आसपास वाले हमदर्दी दिखाते हैं, पीठ पीछे हँसते हैं या उसे दिलासा देते हैं कि जल्दी ही उसकी तकलीफ़ दूर हो जाएगी, वहीं भीड़-भाड़ में या दूसरी जगहों पर लोग उसे ग़ौर से देखते हैं, उनकी आँखों में आश्चर्य और भय होता है। उनसे उसका कोई वास्ता नहीं होता, लेकिन सहमकर उसके लिए जगह छोड़ देते हैं। या तो इज़्ज़त के कारण, या अपने चोट न लग जाए, इसलिए बचते हैं। उसने पाया कि उसमें एक अद्‌भुत शक्ति पैदा हो गई है। यह शक्ति उसमें निरन्तर विकसित भी हो रही है, इस अनुभूति से बड़ा सुखद मज़ा आने लगा था। कौन देख रहा है और उसकी निगाहों में कौन-सा भाव है, इस बात को वह बिना हिले-डुले कैसे सटीक ढंग से पढ़ लेता है!

दफ़्तर के कुछ लोग बेतकल्लकुफ़ होने के जोश में उसके कन्धे पर हाथ मारकर कोई मज़ाक़ की बात कहने की कोशिश में ख़ुद अपने को चोट लगा बैठे थे। ऐसे समय हमदर्दी का भाव ख़ुद उसके चेहरे पर होता, पर मन-ही-मन कहता, साले बड़े बेतकल्लुफ़ होने चले थे, आया मज़ा! आगे हिम्मत नहीं होगी। ऐसे मौक़े पर उसके भीतर हँसी का सैलाब उमड़ने लगता कि किसी दोस्त का हाथ कुछ सोचकर ऊपर उठा-का-उठा ही रह गया है। ऊपर से वह बहुत संजीदा और गम्भीर बना रहता।

इतना ही नहीं, उसके चेहरे-मोहरे और इस ढब से उसे सबकी निगाहों का केन्द्र बना दिया है, यह भी वह जानता था। लोग उसकी तरफ़ आपस में इशारे करते हैं, यही बात उसे बेइन्तहा सन्तोष देती थी कि कैसा भी जमाव हो, उसके मन में कैसी भी भावना हो, ध्यान सबका उधर जाए बिना नहीं रहता। सबसे अलग और कुछ विशिष्ट होना, सबके मन में भय, आश्चर्य और कुतूहल पैदा करना, ख़ुद ढोल के भीतर सुरक्षित रहना, अपने इस रहस्य से सन्तोष और गर्व पाते रहना, इस एक ही तरक़ीब से कितने सारे काम एक साथ हो गए हैं। अपनी सफलता पर वह ख़ुद ही अपनी पीठ ठोकता। देखने में भद्दा कुछ ज़रूर लगता है, भीतर शरीर भी दु:खने लगता है, चलने-फिरने में अपने-आपको और ढोल को एक साथ सँभाले रखना कोई आसान नहीं है, पर इसने सोचा, इसकी भी आदत पड़ जाएगी, और उसने फ़ैसला कर लिया कि ढोल ज़िन्दगी-भर उसके साथ रहेगा। इसलिए ढोल चाहे उसे अपने हिसाब से ढाले या नहीं, वह ख़ुद चलने-फिरने, उठने-बैठने, सबमें अपने को ढोल के हिसाब से ढालेगा।

ऊपर से सब कुछ बड़ा गम्भीर, ग़मगीन और स्थिर-सा था, लेकिन हर क्षण भीतर लगता कि ज़िन्दगी बेहद दिलचस्प, सनसनाहट-भरी नाटकीयता से गुज़र रही है। उसे अपने और अपनी ज़िन्दगी को लेकर कभी भी इतना मज़ा नहीं आया। वह अब एक बड़ा-सा आदमक़द शीशा ले आया था और रोज़ नियम से उसके सामने खड़ा होकर हँसने-मुस्कराने, उठने-बैठने का अभ्यास करने लगा था। जानता था कि अभी उसकी चाल-ढाल, हाव-भाव बहुत सहज नहीं हैं। पहली बार शीशे के सामने यह देखकर उसके मन में धक्का लगा कि मुस्कराने, उठने-बैठने या चलने में उसे चेहरे और आँखों का भाव अजीब दर्दीला-सा हो उठता है। किसी दूसरे के ऐसे भाव को देखकर यह ज़रूर सोचता कि दर्द की ऐंठन की वजह से इस आदमी के चेहरे पर ऐसी तकलीफ़ उभर आती है। लोग भी क्या उसके हाव-भाव में ऐसी ही कुछ यातना देखते हैं? यानी जिसे वह सम्मान और भय समझता रहा है, वह केवल दया और हमदर्दी से आगे नहीं है। यह बात पिछले कुछ दिनों से उसे लगातार कोंचने लगी थी कि उसके हाव-भाव स्वाभाविक नहीं हैं। कभी-कभी झुँझलाहट भी होती कि क्यों नहीं इस झंझट को उतार फेंकता और पहले की तरह ही मुक्त और खुला हो जाता है? हो सकता है, उसका भ्रम ही हो और लोग पहले उसे दया और उपेक्षा से न देखते हों! और मान भी लो कि ऐसा था, फिर इस और उस स्थिति में फ़र्क़ ही क्या रहा? उनसे मुक्त होने के लिए ही तो उसने यह बाना धारण किया है। अब तो जैसे भी हो, इसी स्थिति में से कोई हल निकालना होगा। इसे छोड़कर पुरानी हालत में लौट जाना आसान क़तई नहीं है। बिना ढोल के अपने को देखने की कल्पना ही बड़ी अजीब-सी लगती है। ढोल उतार देने पर लोग भी शायद अब न पहचान पाएँ। तो क्या अब ज़िन्दगी-भर यों ही इस बोझ

से दबे गम्भीर और ग़मगीन रहना होगा? उसने फ़ौरन ही अपने को सुधारा, यह फ़ैसला तो उसने ख़ुद ही लिया था कि ज़िन्दगी-भर इसे अपने साथ रखेगा। और झमेला लगे या झंझट जैसे भी हो, इसे निभाने के सिवा अब कोई रास्ता नहीं है। अब क्या कभी भी उसे सीधा और आत्मीय स्पर्श नहीं मिलेगा? हमेशा ही, अपने हर निकटतम से ढोल की दूरी से, ढोल के भीतर रहकर ही मिलना होगा? अपने-आपको उसने यह कैसा देशनिकाला दे दिया है? क्या अब यों ही अकेले, अनजाने और अनदेखे ही मरना होगा?

उसे यह विश्वास हो गया कि लोग या तो उसे दया से देखते हैं या भय से। उनके व्यवहार से लगता है, जैसे उसे छूत की कोई बीमारी है—वे सावधानी और दूरी बरतते हैं। यह दया भय पहले उसे अच्छे लगते थे, अपने बचाव और अहं को सन्तोष मिलता था, लेकिन अब उसे धीरे-धीरे यही लगने लगा, जैसे यह उसे अछूत बनाए रखने की चालाक साज़िश है। वह आता है, तो लोग बातें करते-करते चुप हो जाते हैं। जहाँ वह होता है, लोग खुलकर व्यवहार नहीं कर पाते। कुछ ऐसा तनाव बना रहता है, जैसे एक घनिष्ठ परिवार के बीच कोई घुसपैठिया आ गया हो! और सभी राह देख रहे हों कि कब वह जाए और वे आराम-इत्मीनान से बातें करें। ज़रूर ये सब उसके पीछे, उसी की बातें करते होंगे। उसके चेहरे-मोहरे और हाव-भाव का मज़ाक़ उड़ाते होंगे। उसने कई बार एक-एक को विश्वास में लेकर असलियत जानने की कोशिश की, उन्हें दावतें दीं और अपना दुःख रोया कि लोग किसी की तकलीफ़ के बारे में कैसे क्रूर हैं। लेकिन इसके सिवा कुछ भी पता नहीं चला कि औरों के मन में उसके लिए या तो सिर्फ़ उदासीनता है, या दया और भय।

जो चीज़ उसे भीतर तक तिलमिला गई, वह यह नई स्थिति के लोग उदासीन हैं। वे दया करें, भय करें, घृणा करें। कुछ करें, लेकिन उदासीन होने से कैसे बर्दाश्त होगा? नहीं, नहीं, उदासीन कैसे रहेंगे? उनके बीच में ऐसा अजूबा घूमता रहे और उनका ध्यान न जाए, ऐसा कैसे हो सकता है? अब वह अपने और दूसरों से बहस करके यह साबित करने में लग गया कि यह न दया है, न भय, इतनी ख़ूबसूरती से बचाव की यह तरक़ीब निकालने, विशिष्ट बन जाने की अक्लमन्दी और कौशल की इज़्ज़त है। जिसे वह दूरी समझता है, वह उसका लिहाज़ और ख़ास ख़याल है। लोग उसकी बुद्धिमानी और पराक्रम के कारण उसे विशेष और ऊँचा मानते हैं। अपनी रक्षा और दूसरों पर असर डालने के लिए जो काम वे लाख सिर पटकने पर नहीं कर पाए, उसे उसने कैसी ख़ूबसूरती से किया है! यही देखकर लोग दंग हैं और मन-ही-मन उसे 'हीरो' मानते हैं।

औरों और अपने को तरह-तरह से यह सब समझाते हुए वह भीतर अपनी तारीफ़ भी करता था—कैसी अच्छी तरह वह अपनी बात समझाने लगा है, कैसी लाजवाब दलीलें उसने सोच निकाली हैं! उसे यह विश्वास भी होने लगा कि उसका दिमाग़ खुल जाने का कारण यह ढोल ही है। अगर वह इसे उतार दे, तो पहले की तरह साधारण और सामान्य आदमी बन जाएगा। उसने और भी गहरा विश्लेषण करके पाया कि पहले वह अपने भीतर से सारी दुनिया को देखता था और बाक़ी सब उसे अजनबी और अपरिचित लगते थे—वह ख़ुद अपने लिए 'बेचारा' था। आज वह अपने भीतर से उठकर उसमें घुस गया है और उसकी निगाहों से अपने को देखने लगा है। इसलिए उन्हें वह अजनबी और दूसरे नक्षत्र का प्राणी लगता है। यह हरेक के भीतर उतरकर अपने-आपको देखने की क्षमता आख़िर उसे ढोल ने ही तो दी है। पहले तो वह जान ही नहीं पाता था कि लोग उसे देखकर क्या सोच रहे हैं। अब वह लगातार उसके भावों के उतार-चढ़ाव को पढ़ता चला जाता है। मन-ही-मन उनकी बातों और तर्कों को दुहराकर हँसता है। अब उसकी चाल-ढाल न केवल स्वाभाविक और सहज हो गई है, बल्कि चेहरे पर अजीब-सी मुस्कराहट भी रहने लगी है कि दूसरे के भीतर क्या चल रहा है, ऐसी पारदर्शी निगाह प्राप्त कर लेना कोई आसान काम है? इस सबके विश्लेषण से उसके मन में बहुत बड़ा आत्मविश्वास जागा। ये बेचारे कुछ भी नहीं कर पाएँगे...

मगर जिसका उसे डर था, वही हुआ। शीघ्र ही उसे पता चल गया कि वे सामने पड़ने पर भले ही बहस बचाने या बेकार झमेला मोल न लेने के कारण हाँ-में-हाँ मिलाने लगते हों, पीठ पीछे वही सब कहते हैं, जो उसके मन में कहीं दबा पड़ा है—'साला ढोंगी है! दिखावा करता है! पता नहीं, कहाँ से फटा-टूटा ढोल उठा लाया है और उसे पहनकर समझता है, जैसे ख़ुदा हो गया है! सोचता है कि हीरो है और नया फ़ैशन चला रहा है!' लीजिए साहब, लोग उदासीन न हो जाएँ, इसलिए उसने अपनी तरफ़ से खुलना और बहस करना शुरू किया, तो वे यह सब बकवास करने लगे। उसे उनसे बातें करने में चिढ़ होने लगी—झूठे, मक्कार, चोर! तुम लोग बाद में जो कहोगे, मुझे सब पता है। एक-एक वाक्य को ज्यों-का-त्यों दुहरा सकता हूँ। हालत यहाँ तक हो गई कि वह कोई ठीक बात भी कहता और कोई सामने वाला सहमत हो जाता तो वह चौंक उठता। ज़रूर कोई ग़लत या झूठी बात है, तभी तो यह साला सहमत हो गया है! जान-बूझकर ग़लत और झूठी बात कहकर सामने वाले को सहमत कर लेने में जहाँ लोगों को आसानी से बेवक़ूफ़ बनाने का सन्तोष और अपने भीतर एक दुष्ट आत्मविश्वास जागता, वही सही बात कहकर लोगों की सहमति और समर्थन देखकर उसे अपनी बात ख़ुद झूठी और ग़लत लगने लगती।

उसे सही और ग़लत का भेद समझ में आना बन्द हो गया। एक साथ उसे सारी बातें सही लगतीं और एक साथ ही ग़लत। एक क्षण में वह दुनिया का सबसे दुखी, दयनीय और धोखा खाया प्राणी होता और दूसरे ही क्षण सबसे बुद्धिमान अद्‌भुत और विशेष। सही और ग़लत के घपले की कुछ ऐसी धमा-चौकड़ी मचती कि उसका सिर चकरा जाता। अब तो उसे यह भी शक होने लगा कि वह अपने ऊपर विश्वास करता है या नहीं...अपनी किस बात को ठीक समझे, किसको नहीं...वह औरों को बेवक़ूफ़ बना रहा है या ख़ुद बन रहा है...

लेकिन यह हालत अधिक समय तक नहीं रही और उसे पक्का विश्वास हो गया कि यह सबकी मिलीभगत है, एक भयंकर साजिश है और उसे काटकर अलग कर दिया गया है। सालों ने उसके दिमाग़ की यह हालत कर दी है कि कोई दूसरा होता, तो अब तक पागल हो गया होता। सब लोग उसके ख़िलाफ़ साज़िश करते हैं, सब टुच्चे-कमीने और घटिया हैं। सामने हैं-हैं करते हैं और पीठ-पीछे छुरी मारते हैं। इस नतीजे पर पहुँचकर उसने कुछ हल्कापन महसूस किया। वह सीधा-सरल और कुछ अधिक अक्लमन्द आदमी है और इन कमीनों से ऊँचा है, बस, यही उसका अपराध है। और इसलिए ये लोग किसी दिन या तो उसे फाड़कर खा जाएँगे या उसका ढोल और चोग़ा छीन लेंगे या पकड़कर जेल में बन्द करा देंगे, जैसा कि हर जीनियस के साथ होता है। हाँ, अब समझ में आया कि वह 'जीनियस' है और बाक़ी लोग कीड़े-मकोड़े जैसे तुच्छ हैं, वरना ढोल की बात किसी और के दिमाग़ में क्यों नहीं आ गई? वह कभी भी इन लोगों के बीच का आदमी नहीं बन पाएगा। इन दुष्टों की साजिश यही है या तो ये उसे भी अपने जैसा ही मामूली और साधारण बना डालेंगे या फिर छुतहा चूहे की तरह अकेला करके मार देंगे। ऐसी साधारण-सी बात कुछ देर से समझ में आई कि न तो वह इतना नीचे उतर सकता है और न ये कम्बख़्त इतना ऊँचे उठ सकते हैं। इसलिए दोनों एक-दूसरे के साथ इतना अनकुस (अनकम्फर्टेबुल) महसूस करते हैं। अरे, इनसे तो कोई संवाद सम्भव ही नहीं है। सब साले उससे और उसके ढोल से जलते हैं।

मजबूरी यह थी कि अब वह पुराने शहर भी नहीं लौट सकता था। यही नहीं, वहाँ का कोई आदमी कभी दूर से दीख भी जाता तो वह कतरा जाता। हालाँकि यह भी जानता था कि वह ख़ुद शायद इस 'धज' में न पहचान पाए। जब सामने से कोई यों बिना उसे पहचाने निकल जाता, तो कचोट उठती और मन ललक उठता कि वह दौड़कर उससे लिपट जाए, उसे अपना नाम बताए, अपने हाल-चाल सुनाए, उसके सुने लेकिन अब ढोल के कारण वह ऐसा नहीं कर पाता था। यह भी शक होता था कि हो सकता है, यहाँ वालों ने उसके ख़िलाफ़ उन्हें भड़का दिया हो और वे उसकी उपेक्षा कर रहे हों! वह दाँत पीसकर कहता,

सबको समझूँगा। अब तो बिलकुल साफ़ था कि उनके और उसके बीच एक लड़ाई की शुरुआत हो चुकी है और वह कहीं भाग भी नहीं सकता। लेकिन वह भागे क्यों? वह भी इन्हें दिखा देगा कि किससे पाला पड़ा है। यह सोचकर वह मुस्कराने लगा कि जिस योद्धा की तसवीर देखकर ढोल की बात उसके दिमाग़ में आई थी, आख़िर उसे वही योद्धा बन जाना पड़ा। कोई बात नहीं, लड़ाई ही सही! बात तो साफ़ हुई!

लेकिन बात साफ़ नहीं हुई थी। उसकी समझ में नहीं आ रहा था कि लड़ाई कहाँ से और किससे शुरू करे...ऊपर से तो सब मीठे-मीठे और बगुला भगत बने रहते हैं, पीठ पीछे जो कहते-करते हैं, वह एक-एक बात समझता है। हुँह, यह उनकी लड़ाई की एक चाल है। उसे उनके इस भुलावे में बिलकुल भी नहीं आना।

अब उसकी चाल-ढाल में एक शहीद योद्धा जैसी कड़क आ गई। उसने अपने युद्ध का पूरा नक़्शा तैयार कर लिया। उसने धीरे-धीरे लोगों से मिलना-जुलना, बातचीत करना बन्द कर दिया। उसका चेहरा-मुहरा सख़्त हो गया। अरे, मुझे तुम कमीनों की क्या चिन्ता! अब वह अपनी हर बात में एक ख़ास निश्चिन्तता और उद्‌दंड लापरवाही लाने की कोशिश करने लगा। इसके लिए भी उसने रोज़ शीशे के सामने अभ्यास किया। कभी किसी मतलब, ज़रूरत या जानकारी के लिए किसी से बातें भी करता, तो भीतर एक ग्लानि बनी रहती—किन लोगों के धरातल पर उतरना पड़ रहा है। अपनी हर मुद्रा से वह ऐसा जताने की कोशिश करता, जैसे वह उन पर अहसान कर रहा हो, वरना वे इस लायक क़तई नहीं हैं, उन्हें उसका आभार मानना चाहिए। लेकिन बदले में जब वे ऐसा कोई भाव न दिखाते, तो उनका टुच्चापन उसके लिए और भी पक्का हो जाता। अपनी समझ में उन्हें इस तरह जलाकर वह और भी मज़ा लेता और ख़ुद अपनी निगाहों में ऊँचा उठ जाता।

एकाध बार उसे भ्रम हुआ, जैसे कुछ और लोग भी कपड़ों के नीचे ढोल पहने घूम रहे हैं। यानी लड़ाई अब घोषित होती जा रही है और वे लोग भी अपनी तरफ़ से तैयारी कर रहे हैं। सालों ने छिपाने की तो भरसक कोशिश की है, लेकिन अब कोई उसकी निगाहों को धोखा दे सकता है? यह सबकी नस-नस पहचानता है। नक़लची बन्दर! ओछे और बेअक्ल! इससे एक चीज़ तो पक्की होती जा रही है कि उनमें से हर आदमी उसकी तरह का ढोल पहनकर 'विशेष' और 'महान' बनना चाहता है। और इसीलिए उसकी सफलता पर कुढ़ता है। उल्लू के पट्ठो, मैं तुम सबकी एक-एक की असलियत जानता हूँ। अपना तो कुछ नहीं है, नक़ल ही कर सकते हो तुम। लेकिन मैं भी देखूँगा, कैसे मेरी तरह बनते हो! मन होता, उसके पास एक बुलडोज़र हो और सबको कमर तक गड़वाकर बुलडोज़र चलवा दे...

उसके योद्धा और 'हीरो' होने का इससे अधिक प्रमाण और क्या होगा कि लोग उसकी नक़ल करते हैं। बातचीत, चाल-ढाल सबको उतारने के लिए पागल हैं। यह तो इस ढोल का ही प्रताप है कि वह ईर्ष्या जगा सकता है, फ़ैशन चलाने की ताक़त रखता है। अपनी महानता के इस सबूत से जहाँ उसे बहुत शक्ति मिली, वहीं यह डर भी सताने लगा कि अगर कहीं इन सब सालों ने ढोल पहनने शुरू कर दिये, तो वह कहीं का नहीं रहेगा! लेकिन फ़ौरन ही उसने अपने-आपको समझाया—अरे, यह कहीं सबके बस की बात है! इसके लिए बड़े-बड़े कष्ट सहने पड़ते हैं और अपने-आपको तपाना पड़ता है। उसने रात-दिन कैसी-कैसी तकलीफ़ें भोगकर, घृणा, उपेक्षा और दया पीकर, हीरो होने का यह सम्मान पाया है। इस हीरो होने वाली बात से उसे अपने प्रति काफ़ी श्रद्धा हुई। मुझ जैसा कमज़ोर, साधारण, सूखा आदमी भी इस ऊँचाई को प्राप्त कर सकता है, इस पर अचानक ही विश्वास नहीं होता। ज़रूर इस ढोल में कोई दैवी शक्ति है और इसे सिद्ध करने के लिए कैसे उसने अपने शरीर को तोड़-मरोड़ डाला है! कैसी शारीरिक और मानसिक यंत्रणाएँ सही हैं! और अब क्या कुछ कम है? यह तो बाक़ायदा युद्ध और षड्यंत्र है! इस दृष्टि से विचार करने पर उसे लगा कि वह केवल योद्धा ही नहीं, जीता-जागता 'शहीद' है। पैगम्बर भी तो इतनी ही तकलीफ़ भोगते होंगे। उसने हठ-योग साधना जैसा ही काम तो किया है।

योद्धा, निर्वासित, विजेता, शहीद—अब यही सारे शब्द उसके दिमाग़ में घूमते रहते थे। शीशे के सामने अपने को देखकर ख़ुद ही उसका तन-मन भय से सिहर उठता...उस जैसा साधारण और तुच्छ आदमी कितने महान और ऊँचे आदमी के सामने खड़ा है! इस तरह आमने-सामने खड़ा होना और आँखें मिलाना हरेक के बस की बात है! एक 'वह' शीशे के सामने खड़ा होता है और एक 'वह' औरों के बीच खड़ा होकर उनकी 'नीचाई' पर उतरकर उनकी भाषा में इस महान को देखता, श्रद्धा-भक्ति और भय से गद्गद होकर झुक-झुक जाता। जालसाज़ी, झूठ, फ़रेब और टुच्चेपन से घिरा, लोगों की ईर्ष्या, जलन और उपेक्षा के बीच घुटता, यह 'महान जीनियस' बेचारा और कितना अकेला और दुखी है! यह सोचकर ही आतंक होता था कि अगर उसमें बुद्धि और शक्ति नहीं होती, तो पता नहीं ये लोग उसका क्या कर डालते?

उसका मिलना-जुलना, बाहर निकलना, सभी कुछ बन्द हो गया। उसने तय किया कि उसे ख़ुद ही अपनी महानता की रक्षा करनी पड़ेगी। ऐसी नायाब और गैबी चीज़ को इन बेवक़ूफ़ और घटिया लोगों की दया पर नहीं छोड़ा जा सकता। ये तो उसे पल-भर में तोड़-फोड़कर ठिकाने लगा देंगे। कभी कोई उससे मिलने आता, तो हमेशा ऐसा चौकन्ना रहता कि कहीं वह उसकी महानता का कोई फुँदना न तोड़ ले। वह उससे एक दूरी बरतता—ज़्यादा मुँह लगाने से पास

आने की कोशिश करेगा, इसलिए तोल-मोलकर और कम बोलता। हमेशा ढोल पहने रहने और कम चलने-फिरने से शरीर काफ़ी अकड़ गया था, इसलिए कम-से-कम हरकत करता।

क्रमश : उसने पाया कि वह औरों की निगाह में 'सिद्ध' होता चला जा रहा है। उनसे निरन्तर चलने वाली लड़ाई को महसूस करते हुए भी यह सन्तोष का विषय था कि लोग उसके प्रति सम्मान का भाव रखते हैं। वह जानता था कि दूरी बनाए रखना शुरू में भले ही कष्टदायक हो, लेकिन इसके बाद जो उनके और उसके बीच 'सेतु' बनता है, वह श्रद्धा का ही है। कभी उसे अपने पर ही गर्व होता कि कैसा क्षुद्र व्यक्ति कहाँ पहुँच गया और कभी लोगों पर क्रोध आता कि ये किसी की क़ीमत नहीं आँक पाते, मर जाऊँगा, तब समझ में आएगा कि कैसा 'महान' इन नीचों के बीच ही मौजूद था।

जब से उसने ढोल ग्रहण किया था, उसका ज़्यादातर सोचना सिर्फ़ अपने बारे में ही होता था—यानी ख़ुद अपने को लेकर, या उसे लेकर दूसरे जो सोचते हैं। सारे समय इसी उधेड़बुन और बेनाम-बेचेहरा लोगों को सवाल-जवाब देते-देते उसकी समझ में सचमुच नहीं आता था कि सामने वाले साक्षात् व्यक्ति से क्या बातें करे। अगर सामने वाले चेहरे पर अपने 'महान व्यक्तित्व' के लिए श्रद्धा, आतंक या आश्चर्य देखता तो ज़रूर बोलने में आसानी हो जाती। यह सिद्धि प्राप्त करने के लिए वह कितनी-कितनी रातों नहीं सोया है। लोगों ने उसके मुँह पर पागल और ढोंगी कहा है। बोलते-बोलते अपने प्रति दया और श्रद्धा से उसका गला भर आता। उस समय वह इस तरह के भाव दिखाता, जैसे किसी और के बारे में बता रहा है। जब तक सामने वाली मुद्रा में श्रद्धा और विश्वास दिखते, वह बोलता रहता। जहाँ ज़रा भी अविश्वास दिखता, तो ऐसी चालाकी से चुप हो जाता, जैसे कुछ सोचते-सोचते कहीं खो गया है। मन-ही-मन दाँत भींचकर कहता—'तुम कमअक़्ल, इन ऊँची बातों को नहीं समझोगे—इधर जिस तरह, जिस भाव से लोग आने लगे थे, उससे एक बात तो पक्की हो गई थी कि वह चारों तरफ़ चर्चा का विषय हो गया है। एक जीता-जागता मिथक और लीजेंड बन गया है।

और इन्हीं सब चिन्ताओं, सवाल-जवाब और दिमाग़ी उठा-पटक से गुज़रने के बाद उसे नींद आनी बन्द हो गई थी। वह पहले अपने ढोल को रात को उतारकर अलग रख दिया करता था, लेकिन जब सोता था, तो उसकी रग-रग दुःखती थी। यह सही है कि ढोल उतारने का काम वह एकदम अकेले में, चारों तरफ़ से खिड़की-दरवाज़े बन्द करके ही करता था—लेटता, तो सारे समय ढोल की रखवाली करता। इस बात को एक क्षण नहीं भुला पाता था कि उसके और लोगों के बीच एक भयानक लड़ाई चालू है। वे हर समय उसका यह दैवी ढोल चुराने या उसे मार डालने की साज़िश करते रहते हैं। वे अब समझ गए

हैं कि इस शक्ति का राज़ क्या है और रात-बिरात कोई भी घुस आ सकता है। उसे सारी रात चोरों और दुश्मनों की आहटें और खटके सुनाई देते रहते। अगर ख़ुदा-न-ख़ास्ता कोई घुस भी आया, तो अब उसमें इतनी ताक़त नहीं थी कि ढोल का बचाव करता, इसलिए ग़ुसलख़ाने-रसोई तक में उसे साथ ही ले जाता और उसे निहारकर ख़ुश होता रहता। एक और बात पर भी उसका ध्यान गया कि ढोल जब शरीर पर नहीं होता, तब भी उसकी चाल-ढाल ऐसी होती, जैसे अभी भी उसे पहने हो...वह सजीव चीज़ की तरह उस पर प्यार से हाथ फेरता और बातें करता...इधर वह उसे पहनकर ही सोने लगा था। अब बिना उसके अपनी कल्पना भी असम्भव लगने लगी थी। वह सोचता था कि बिना ढोल के जब वह ख़ुद अपने को नहीं पहचान पाता, तो मान लो, कभी वह बाहर निकले, तो लोग उसे क्या खाकर पहचानेंगे?...लगेगा, जैसे चेहरा बदलकर घूमने निकला है। वह पुराने राजाओं की तरह वेश बदलकर लोगों के बीच घूमने, उनके भीतर की बात जानने के सपने देखा करता। दुनिया में उसके लिए केवल दो ही चीज़ें सच या सही थीं—वह और ढोल।

'वह और ढोल...या वह या ढोल...' एक दिन अचानक ही यह सवाल उसके भीतर उठ खड़ा हुआ। नींद, थकान, द्वन्द्व और घुटन के कारण बहुत सोचना तो इस पर असम्भव था, लेकिन उसने पाया कि वह औरों की तरह से सोचता है। काल में, स्थानों में घूमता है, लेकिन उसका सारा कुछ इसी ढोल के आसपास सिमट गया है। वह क्या औरों की तरह 'बाहरी आदमी' हो गया है, जिसके मन में कहीं ढोल के प्रति दुर्भावनाएँ भरी हैं? नहीं, नहीं, ऐसा कृतघ्न वह कभी नहीं होगा। मगर तब उसके और ढोल के बीच आपस में सम्बन्ध क्या है? उसने अपनी सुरक्षा, सम्मान और शक्ति के लिए एक सिद्धि पाई थी...अब क्या असली 'वह' नहीं है?—इस तरह के धुँधले-धुँधले सवाल उसके मन में इधर अक्सर ही उठने लगे थे।

एक बार वह कई दिनों तक घर से बाहर नहीं निकला और उसके घर से अजीब-सी गन्ध आने लगी। खिड़की, दरवाज़े, रौशनदान—सभी बन्द थे, तो लोगों ने दरवाज़ा तोड़ा...बिस्तर पर ढोल सहित वह लेटा था। लोग उससे डरने लगे थे, इसलिए बड़े बहस-मुबाहिसे, हिचक और हिम्मत के बाद नाकों पर रूमाल रखकर पास गए, तो पाया कि कहीं कोई हरक़त नहीं है, वह मर गया है! सारी खाना-पूरी तहक़ीक़ात के बाद जब अरथी बाहर निकाली गई, तो किसी को पता भी नहीं चल सका कि छछूँदर-जैसा सूखा 'वह' कब और कहाँ सरककर खो गया...बादाम की सड़ी और सूखी मिंगी और तभी एक चमत्कार हुआ—अरथी के फूल और

मालाएँ फेंक-तोड़कर ढोल अचानक उठकर बैठ गया और इस तरह हाथ जोड़कर मुस्कराने लगा, जैसे लोगों के अभिवादन और अभिनन्दन स्वीकार कर रहा हो! लोगों में खलबली मच गई...'राम-नाम सत्य है' और 'हरिबोल' की आवाज़ें गले में घुट गईं...उनकी समझ में नहीं आ रहा था कि अरथी को फेंक-फाँककर चीख़ें मारते हुए इधर-उधर भागें, या...

ग़ुलाम

रँगे सियार को राज तो मिल गया, लेकिन समस्या यह आई कि अब शासन कैसे चलाया जाए! जंगल में शेर-चीते, भालू-भेड़िए सभी थे और सब पर अपना हुक्म चलाना आसान नहीं था। उनमें से कौन कब अचानक बिगड़ खड़ा हो और अपनी ही जान के लाले पड़ जाएँ! राजा बनने के बाद भी तरह-तरह के भय और सन्देह उसे सारे समय चील-कौवों की तरह खाते-नोचते रहते थे। कहीं किसी को असली बात का पता चल गया तो बोटी-बोटी अलग हो जाएगी—इसलिए नींद आना तो उसे वैसे ही बन्द हो गया था।

लोमड़ी पूँछ फुलाए उसके आसपास ही घूमती थी और इन दिनों वही उसकी सबसे भरोसे की और अच्छी सलाहकार थी। उसने राजा की चिन्ता समझकर एक दिन बड़े प्यार से कारण पूछा। राजा बोला, "लोमड़ी रानी, इतना बड़ा राज है, समझ में नहीं आता, इसे कैसे चलाऊँगा? अन्दरूनी इन्तज़ाम देखता हूँ तो बाहरी हमलों का डर रहता है, और बाहर ज़्यादा ध्यान दूँ तो यहाँ गड़बड़ी होती है। इसी चिन्ता में मैं हूँ कि सारी चीज़ें कैसे ठीक रखी जाएँ!"

लोमड़ी ने अक़्लमन्दी से गम्भीर मुँह बनाकर कहा, "आप एक-एक हिस्सा एक-एक को सौंप दीज़िए और समझा दीजिए कि वे अपनी सारी ज़िम्मेदारी को देखेंगे, आप उन्हें मंत्री बना लीजिए, इज़्ज़त दीजिए और समझा दीजिए कि वे सारी हालत रोज़ आपको बताते रहें। मेरा सुझाव यह है कि एक शेर बाहरी विभाग का अधिकारी हो और भेड़िया घरेलू विभाग का।"

राजा को अपनी लोमड़ी रानी की अक़्ल पर बहुत भरोसा था। उसे यह सलाह पसन्द आई। यही सबसे सीधा तरीक़ा भी था। लेकिन तब शेर और भेड़िया दोनों आसपास ही बने रहेंगे, उनसे घंटों बैठकर सलाह और विचार करने पड़ेंगे। पता नहीं, कब कहाँ असलियत खुल जाए और लेने के देने पड़ जाएँ। राजा तो यह चाहता था कि राज अच्छे ढंग से चले, लेकिन इस तरह के ख़ूँख़्वार जानवरों से कम-से-कम मिलना-जुलना हो। उसने हिचकिचाकर कहा, "तुम्हारी सलाह तो एकदम ठीक है, लेकिन..."

हिचक देखकर लोमड़ी राजा के मन की बात समझ गई। बोली, "नये और जवान लोगों में जोश और ग़ुस्सा तो बहुत होता है, समझ और अनुभव नहीं होते। राज-काज जोश से नहीं, अनुभव और समझदारी से चलता है। इसलिए ये भेड़िया और शेर ऐसे चुने जाएँ जो बूढ़े हों और अनुभवी हों और इनकी अपने-अपने समाज में इज़्ज़त हो...।"

हाँ, बूढ़े होंगे तो डर कम रहेगा। डरपोक और कमज़ोर का दिमाग़ बहुत चलता है। राजा के दिमाग़ में अचानक ही आ गया कि इन बूढ़ों को इज़्ज़त और सुरक्षा की बड़ी भूख होती है। इनमें कुछ और तो रह ही नहीं जाता, अपने को इज़्ज़तदार बनाकर ये लोग सुरक्षित रहना चाहते हैं। दोनों को बराबर का ओहदा दिया जाए, ताकि अपनी-अपनी इज़्ज़त के लिए दोनों आपस में ही लड़ते रहें और दोनों को एक-दूसरे का डर बना रहे। अगर दोनों मिल गए तो अपने लिए ख़तरा बढ़ जाएगा। उसने ख़ुद अपने-आपको शाबासी दी कि उसका दिमाग़ सचमुच चलता है और ऐसा कुशाग्र बुद्धि प्राणी राजा होने के लायक है। उसने समझदारी से कहा, "तुम्हारी बात ठीक है लोमड़ी रानी, हमें अनुभवी लोगों की ज़रूरत है। लेकिन मेरे राज में सब बराबर हैं। शेर को मैं चाहे जितनी इज़्ज़त की निगाहों से देखता होऊँ, लेकिन सरकारी तौर पर दोनों को बराबर का ही ओहदा दूँगा, ताकि कहने को यह न हो जाए कि मैंने किसी के साथ पक्षपात किया...लेकिन मैं चाहता हूँ कि इनका सम्बन्ध सीधा मुझसे न रहकर तुमसे रहे।" उसने सोचा, इस तरह रोज़-रोज़ उनका सामना होने से वह बच जाएगा।

लोमड़ी धन्य हो गई। उसने प्रशंसा और प्यार से राजा को देखा और जीभ से उसकी मूँछें चाटी। अगले दिन ही सभा बुलाई गई और लोमड़ी ने बड़े प्रभावशाली भाषण के बाद राजा की ओर से एक बहुत बूढ़े शेर और भेड़िए को बाहरी और घरेलू शासन का भार सौंप दिया। अनुभवी और बड़ी उम्र की पूरी क़द्र करते हुए भी राजा के लिए सब बराबर हैं और उनकी आज्ञा से दोनों को बराबर का दर्जा दिया जाता है, इस भाषण से प्रजा पर बड़ा अच्छा प्रभाव पड़ा। यह आशा भी प्रकट की गई कि हमारे सामने बहुत काम हैं और अभी हमें बहुत कुछ करना है। आपसी सहयोग और सद्भावना से ही हम बड़े और आगे बढ़े हुए राज्यों के बराबर पहुँच जाएँगे। तालियाँ बजीं, राष्ट्रगान गाया गया।

अब माँद के भीतर अँधेरे में सियार राजा बैठता, बाहर इधर-उधर दोनों बूढ़े—यानी शेर और भेड़िया। उन्हें हटाया नहीं जा सकता, किस समय उनकी सलाह की ज़रूरत पड़ जाए, या उन्हें ही राजा को कोई ख़बर देनी पड़े। लोमड़ी सन्देश लाने-ले जाने के लिए बराबर बाहर-भीतर का चक्कर काटती। लेकिन राजा को हमेशा यही डर था कि पता नहीं कब भेद खुल जाए! उधर जो वह चाहता था, वह भी नहीं हो रहा था; दोनों बेहद सुस्त और मरे-से पड़े रहते, मक्खियाँ भिनभिनाया

करतीं। जब तक इन दोनों के बीच खटपट नहीं कराई जाएगी, न तो इनकी यह सुस्ती टूटेगी और न जोश आएगा। लेकिन शुरुआत कहाँ से की जाए? इधर राजा को यह महसूस हुआ कि सारी बातें लोमड़ी के ज़रिए नहीं कहलाई जा सकतीं। मन का असली डर उसके सामने भी नहीं खुलना चाहिए। साथ ही यह भी लगा कि लोमड़ी भेड़िए के आसपास बहुत चक्कर लगाने लगी है और दोनों सारे समय कुछ खुसुर-फुसुर किया करते हैं। हो-न-हो, लोमड़ी ने असली भेद भेड़िए को बता दिया हो और दोनों उसे मारकर ख़ुद राजा-रानी बन बैठने की साजिश कर रहे हों! ऐसे में अपनी बिरादरी के कुछ लोग मदद कर सकते थे, लेकिन उनसे डर था कि कोई दिलजला सबसे पहले भंडा भी फोड़ सकता था!

आख़िर बहुत दिमाग़ी उठा-पटक के बाद उसने तय किया कि क्यों न भेड़िए को राज्य की स्थिति देखने के लिए कुछ दिनों को बाहर भेज दिया जाए। इससे लोमड़ी से भी उसका मिलना-जुलना कम हो जाएगा और वह ख़ुद भी आँखों से दूर रहेगा। उसने एक दिन लोमड़ी को बुलाकर राज्य की बुरी स्थिति का बखान किया और समझाया कि इस समय बहुत ज़रूरी है कि घरेलू मंत्री सारे राज्य का दौरा लगाकर असली हालत बताएँ। लोमड़ी राजा के पास ही रहती थी, सारे उतार-चढ़ाव वह समझ गई कि मामला कुछ और है। उसने जाकर सारी बात भेड़िए को बताई, उसे कुछ समझाया। थोड़ी ही देर में गुर्राता हुआ भेड़िया सीधा राजा के सामने जा पहुँचा।

"धूर्त बदमाश गीदड़, मेरे सामने चालाकी करने की कोशिश की तो एक पल में ठिकाने लगा दूँगा। मैं तेरी असलियत जानता हूँ। तुझे शर्म नहीं आती कि बूढ़ों को आराम से बैठने देने की बजाय इधर-उधर दौड़ाता है? डर और डाह से तेरा दिमाग़ ख़राब हो गया है।" भेड़िए ने झपटने के लिए तैयार होकर राजा को सुनाया। लोमड़ी खिसक गई थी।

भय और घबराहट से राजा को पसीना छूटने लगा। उसकी घिग्घी बँध गई और मुँह से बोल निकलना मुश्किल हो गया। हकलाकर कहा, "भेड़िए बाबा, मेरी बात तो सुनो। मेरी असलियत आपके सामने खुल ही गई है, अब मारो या जिलाओ—सब कुछ आपके हाथ में ही है। मैं तो आपकी दया पर ही हूँ। सब कुछ होते हुए भी आप ही मेरे पास पड़ते हैं। शेर और हाथी तो हमारी बिरादरी के भी नहीं हैं। आप इस गद्दी पर बैठिए, मैं आपकी सेवा करूँगा।" कहकर वह भेड़िए के चरणों पर गिर पड़ा।

भेड़िया अनुभवी था। उसने सोचा कुछ भी हो, जंगल के सारे जानवर तो इसे राजा मानते हैं, वे इसे भगवान की तरफ़ से भेजा हुआ समझते हैं। मेरे राजा बनने से नया बखेड़ा हो जाएगा। उसने ठंडे होकर कहा, "मुझे गद्दी लेकर क्या करना है! गद्दी पर तू ही बैठ, लेकिन यह समझ ले कि हम इज़्ज़तदार जानवर हैं और

इज़्ज़त से ही रहेंगे। तू अपनी हैसियत में रह और बूढ़ों को इधर-उधर दौड़ाकर परेशान मत कर...।"

राजा ख़ुशामद से उसके पाँव चाटता और पूँछ सहलाता रहा। तभी कहीं से लोमड़ी भी आ गई और तीनों ने सलाह की कि राज्य की सरहदों की देखभाल के लिए शेर को दौरे पर भेज दिया जाए।

लोमड़ी और भेड़िए ने लगातार बाहरी हमलों और ख़तरों की बातें कह-कहकर, राजा की आज्ञा का हवाला देकर शेर को दौरे पर भेज दिया। शेर बड़े बेमन से चला तो गया, लेकिन भीतर बहुत ही भुनभुनाया। सारे दिन लोमड़ी और भेड़िए को 'महल' में आते-जाते देखकर उसे किसी गहरी साज़िश की गन्ध भी आ रही थी। बुढ़ापे में आराम की जगह यह भाग-दौड़ उसे बिलकुल भी पसन्द नहीं आई।

इधर एक तरह भेड़िया ही राज्य करने लगा था। वह राज्य की आज्ञा के नाम पर चाहे जिसे मरवा देता, चाहे जिसे इधर से बदलकर उधर फेंक देता। सारे ख़ास-ख़ास ओहदों पर वह अपने और लोमड़ी के भाई-भतीजों को ले आया। उसके नाम से जंगल के सारे जानवर काँपते थे और अब जब महल में आता तो शान से गद्दी पर बैठता। राजा अपने दोनों पंजों से उसकी पूँछ दबाता और जीभ से उसका शरीर चाटता रहता। उसके सामने ही लोमड़ी और भेड़िया इश्क़ लड़ाते रहते, आपस में किलोलें करते और वह मन-ही-मन कुढ़ता हुआ इनकी सेवा करता। उसकी इज़्ज़त और जान भेड़िए के हाथ में थी। कभी-कभी उसका मन होता कि बाहर जाकर अपनी सारी प्रजा को बता दे—भाइयो, मैं राजा-वाजा कुछ नहीं, एक छोटा और डरपोक गीदड़ हूँ और मेरा नाम ले-लेकर जो कुछ किया जाता है, उसमें न मेरा हाथ है, न मेरी जानकारी, लेकिन जानता था कि ऐसा वह नहीं कर सकता। इतने दिनों धोखा दिया है, इस आधार पर सारे जानवर उसे मार डालेंगे, और अगर वे न भी मारें तो यह भेड़िया तो छोड़ेगा नहीं। लोमड़ी भी उससे जा मिली है। वह भी कहीं मुझे नीचा समझती है। बस, एक ही उम्मीद थी कि शेर लौट आए तो किसी तरह उस तक अपनी बात पहुँचाई जाए। तब तक तो पूँछ से भेड़िए का चँवर डुलाते हुए सब कुछ बर्दाश्त करना ही होगा।

शेर ख़ुद ही ग़ुस्से में दहाड़ता हुआ लौटा था। कहीं भी कुछ नहीं था और उसे बेकार ही इन लोगों ने दौड़ा दिया था। वह सीधा महल में घुसा चला गया। भेड़िया नहीं चाहता था कि शेर और राजा मिलें, लेकिन शेर का मिज़ाज देखकर भीतर जाने और भेद लेने की हिम्मत नहीं पड़ी। उधर राजा भी अचानक शेर को सामने देखकर सकपका गया, उसकी बोली बन्द हो गई। वह सीधा उसके चरणों पर लेट गया, "महाराज, आपको परेशान करने में मेरी कोई ग़लती नहीं है। मुझे तो इन लोगों ने किसी लायक़ नहीं रखा और मेरी कोई पूछ नहीं है। जो मन होता है, करते हैं। मैं तो एक तरह से यहाँ क़ैद हूँ। आप ख़ुद सोचिए, मेरी हिम्मत आपको

परेशान करने की हो ही कैसे सकती है? मैं क्या जानता नहीं हूँ कि आप ही जंगल के असली राजा हैं, आपके ख़ून में शासन करना है। मैं तो सच्चे दिल से चाहता हूँ कि आप जैसे अनुभवी और रोबीले हाथों में सारा राज-काज रहे और मुझे छुट्टी मिले। आपके साथ जो ज़्यादती हुई है, उसका मुझे सचमुच बहुत अफ़सोस है।"

यह सब सुनकर शेर दया से पिघल गया। उसकी समझ में सारा खेल आ गया। वह एकदम बाहर निकला और सीधा भेड़िए पर टूट पड़ा। जब तक कोई कुछ समझे, उसने भेड़िए के टुकड़े-टुकड़े कर डाले। फिर उसी तरह लौटकर राजा को बताया कि उस बदमाश का सफ़ाया कर दिया है। तुम राजा हो, राजा ही बने रहो। मैं इज़्ज़त के साथ कहीं आराम करना चाहता हूँ। मुझे छुट्टी मिलनी चाहिए। राजा ने सोचा कि अगर ऐसा दयालु और शक्तिशाली शेर अपने पास बना रहे तो किसी का डर नहीं रहेगा। उसने फिर उसके पाँव चाटे, पूँछ दबाई, शरीर चाटा, "महाराज, आप इस उम्र में कहाँ जंगल-जंगल मारे फिरेंगे? आप यहीं रहिए, आपको सारी सुख-सुविधाएँ देने का ज़िम्मा मेरा है। हम लोग आपकी सेवा करेंगे।" ख़ैर, किसी तरह शेर मान गया। उधर लोमड़ी भी पलट गई थी और राजा के पास आकर इस तरह शेर से रुकने का आग्रह करने लगी थी, जैसे कभी भेड़िए से उसका परिचय ही न रहा हो।

अब शेर मज़े से अच्छे-से-अच्छा खाना खाता, जब तक मन होता रहता, और बहुत थक जाता तो बाहर घूम आता। जब तक वह महल में रहता, लोमड़ी और सियार दोनों उसकी सेवा करते रहते। राजा उसकी पूँछ दबाया करता और लोमड़ी शरीर चाटती रहती। लोमड़ी ने पहले भेड़िए की तरह शेर को भी पटाने की कोशिश की, लेकिन शेर ने उसकी तरफ़ देखा भी नहीं। उसे भी लगा कि उसका उद्धार राजा की रानी बने रहने में है। अब वह रानी बनकर सारा राज-काज देखती, राजा के नाम पर तरह-तरह की आज्ञाएँ जारी करती। इस तरह राजा का यश दिन-दूना और रात-चौगुना बढ़ता चला गया। उसके योग्य शासन की चारों तरफ़ धाक जम गई। राजा बिना शेर की सलाह से कुछ न करता। शेर भी बड़ा सुखी था।

शेर बूढ़ा तो था ही। एक दिन यों ही बाहर चहलक़दमी करने गया तो लौटा नहीं। या तो कहीं मर गया या किसी और ने उसे मार दिया। जैसे ही महल में ख़बर पहुँची तो चारों तरफ़ मातम छा गया। पूरे जंगल में सरकारी शोक मनाया गया, झंडे झुका दिये गए। दफ़्तरों की छुट्टियाँ हो गईं और चारों तरफ़ शोक-संगीत गूँजने लगा। राजा को सचमुच ही दुःख हुआ था। एक तो उसकी समझ में ही नहीं आ रहा था कि सारा राज्य कैसे चलेगा, वह किससे सलाह लेगा? भेड़िया अपनी तेज़ बुद्धि के कारण और शेर अपने अभ्यास के कारण जिन मसलों को चुटकी में हल कर देते थे, उसमें सियार राजा के हाथ-पाँव फूल जाते थे, दिमाग़ ही काम नहीं करता था। दूसरे, सारे दिन उसके हाथ-पाँव दर्द करते रहते, जीभ ऐंठती रहती, पूँछ दबाने और

शरीर चाटने की ऐसी आदत पड़ गई थी कि समझ में ही नहीं आता था कि अपने पंजों और जीभ का क्या करे। वह सुस्त और उदास रहने लगा।

एक दिन सारे जंगल में तहलका मच गया कि राजा बीमार हो गया है और उसकी तबीयत दिन-ब-दिन बिगड़ती चली जा रही है। राजा की हालत सचमुच बहुत ही ख़राब हो गई थी और सारे सरकारी अफ़सर, मातहत इधर-से-उधर दौड़-धूप कर रहे थे कि अब क्या होगा। ईश्वर का भेजा हुआ राजा अगर बीमार हो गया है तो ज़रूर कोई भारी मुसीबत राज्य पर आने वाली है। लोमड़ी बेचारी रात-दिन सेवा कर रही थी। राजा सूखकर काँटा हो गया था और कोशिश करने पर भी उसकी आवाज़ नहीं निकलती थी। बस, आँखें फाड़े इस छूटते वैभव और राजसी ठाट-बाट को देखा करता था। सबको लग गया कि अब राजा कुछ ही दिनों का मेहमान है। लोमड़ी सबसे कहती कि राजा को अपने दोनों प्रिय मंत्रियों के जाने का ऐसा सदमा बैठा है कि अब शायद ही उठ सकें। वह ज़ोर-ज़ोर से रोने लगती—अब पता नहीं, कौन राजा हो? उसे अपने सुख-आराम छिन जाने की चिन्ता हो रही थी। उधर यह भी समाचार उसे मिल रहे थे कि राजा बनने के लिए बड़ी-बड़ी उठा-पटक जंगल के जानवरों में चल रही है। किसी का कहना था कि फ़ौजें विद्रोह कर देंगी और कोई सेनापति ही राजा बन बैठेगा। किसी का अन्दाज़ था कि भेड़िए के लाए हुए भाई-भतीजों में से ही कोई राजा बनेगा। उधर राज्य-भर के हक़ीम-वैद्य रात-दिन एक करके राजा की जान वापस लाने में लगे हुए थे।

तब किसी ने ख़बर दी कि बहुत दूर जंगल के किसी कोने की माँद में कोई बहुत ही बूढ़ा सियार-वैद्य रहता है और आसपास उसकी बड़ी शोहरत है। वह किसी से कुछ लेता-देता भी नहीं है। फ़ौरन राजा के चर दौड़े गए और उस वैद्य को ले आए। बड़ी गम्भीरता से नाक पर चश्मा खिसकाकर वैद्य ने राजा की हालत देखी। वह देखते ही राजा की असलियत समझ गया। लोमड़ी को एक तरफ़ ले जाकर उसने कुछ समझाया। लोमड़ी की समझ में कुछ भी नहीं आया, लेकिन उसने फ़ौरन ही सेवक दौड़ाए कि जैसे भी और जहाँ से भी हो, कोई मरा हुआ शेर या भेड़िया लाया जाए। लोगों ने समझा कि शायद उसके किसी हिस्से की दवा बनाकर राजा को खिलाई जाएगी। सारा राज-काज ठप्प हो गया था और लोग जल्दी-से-जल्दी राजा की समस्या को हल कर डालना चाहते थे।

बड़ी मुश्किल से किसी झाड़ी में फँसकर भूख-प्यास से मरा हुआ एक सूखा-सा बाघ मिला। शेर या भेड़िया मिला ही नहीं उस समय। ख़ैर, बाघ की ठठरी अन्दर भेज दी गई और जनता भीड़ लगाकर महलों के बाहर नये सूचना-पत्र की राह देखने लगी। वैद्य ने सबको महलों से बाहर निकाल दिया, सिर्फ़ लोमड़ी ही वहाँ रही। आज्ञा दे दी गई कि कोई भीतर न आने पाए। जब वैद्य ने राजा को उठाकर बाघ के पैरों पर डाला और उसके पंजे अपने हाथ में पकड़कर बाघ की

पूँछ सहलाने लगा। और कुदरत का कमाल देखिए, जैसे-जैसे उसके पंजों से बाघ की पूँछ सहलाई जाती रही, बीमार और बेहोश राजा में उसी-उसी तरह शक्ति का संचार होता रहा। सारे शरीर में चेतना आई, आँखें खोलीं और राजा ख़ुद ही जीभ से बाघ के पाँव और शरीर चाटने लगा।

सारे जगंल में ख़ुशी की लहर दौड़ गई कि वैद्य के इलाज से राजा की हालत सुधर गई है। प्रार्थनाएँ और मंगल-गान होने लगे, वैद्य की जय-जयकार होने लगी। और कुछ ही दिनों में राजा स्वस्थ हो गया। वह और लोमड़ी मिलकर निहायत ही योग्यता और कुशलता से राज्य करने लगे। वैद्य के सिवा इस रहस्य की किसी को भी जानकारी नहीं हो पाई कि यह चमत्कार कैसे हुआ? आज भी राजा जब बाघ की पूँछ पर हाथ फेरता है या उसके पाँव चाटता है तो जादू की तरह उसके भीतर आत्मविश्वास की लहरें आने लगती हैं। जटिल-से-जटिल समस्या के हल उसके दिमाग़ के सामने ख़ुद ही खुलने लगते हैं। इस तरह वह दिन-रात अपनी साधना में लगा, योग्यतापूर्वक राज-काज चला रहा है।

अभिमन्यु की आत्महत्या

I shall depart, steamer with swaying masts, raise anchor exotic landscapes.

'Sea Breeze'
Mallarme'

तुम्हें पता है, आज मेरी वर्षगाँठ है और आज मैं आत्महत्या करने गया था?

मालूम है, आज मैं आत्महत्या करके लौटा हूँ?

अब मेरे पास शायद कोई 'आत्मा' नहीं बची, जिसकी हत्या हो जाने का भय हो। चलो, भविष्य के लिए छुट्टी मिली!

किसी ने कहा था कि उस जीवन देनेवाले भगवान को कोई हक़ नहीं है कि हमें तरह-तरह की मानसिक यातनाओं से गुज़रता देख-देखकर बैठा-बैठा मुस्कराए, हमारी मजबूरियों पर हँसे। मैं अपने-आपसे लड़ता रहूँ, छटपटाता रहूँ, जैसे पानी में पड़ी चींटी छटपटाती है, और किनारे पर खड़े शैतान बच्चे की तरह मेरी चेष्टाओं पर वह किलकारियाँ मारता रहे। नहीं, मैं उसे यह क्रूर आनन्द नहीं दे पाऊँगा और उसका जीवन उसे लौटा दूँगा। मुझे इन निरर्थक परिस्थितियों के चक्रव्यूह में डालकर तू खिलवाड़ नहीं कर पाएगा कि हल तो तेरी मुट्ठी में बन्द है ही। सही है कि माँ के पेट में ही मैंने सुन लिया था कि चक्रव्यूह तोड़ने का रास्ता क्या है, और निकलने का तरीक़ा मैं नहीं जानता था; लेकिन...लेकिन निकलकर ही क्या होगा? किस शिव का धनुष मेरे बिना अनटूटा पड़ा है? किस अपर्णा सती की वरमालाएँ मेरे बिना सूख-सूखकर बिखरी जा रही हैं? किस एवरेस्ट की चोटियाँ मेरे बिना अधूती बिलख रही हैं?—जब तूने मुझे जीवन दिया है तो 'अहं' भी दिया है, 'मैं हूँ' का बोध भी दिया है और मेरे उस 'मैं' को हक़ है कि वह किसी भी चक्रव्यूह को तोड़कर घुसने और निकलने से इनकार कर दे...और इस तरह तेरे इस बर्बर मनोरंजन की शुरुआत ही न होने दे...

और इसीलिए मैं आत्महत्या करने गया था, सुना?

किसी ने कहा था कि उस पर कभी विश्वास मत करो, जो तुम्हें नहीं, तुम्हारी कला को प्यार करती है, तुम्हारे स्वर को प्यार करती है, तुम्हारी महानता और तुम्हारे धन को प्यार करती है। क्योंकि वह कहीं भी तुम्हें प्यार नहीं करती। तुम्हारे पास कुछ है जिससे उसे मुहब्बत है। तुम्हारे पास कला है, हृदय है, मुस्कराहट है, स्वर है, महानता है, धन है और उसी से उसे प्यार है; तुमसे नहीं। और जब तुम उसे वह सब नहीं दे पाओगे तो दीवाला निकले शराबख़ाने की तरह वह किसी दूसरे मैक़दे को तलाश कर लेगी और तुम्हें लगेगा, तुम्हारा तिरस्कार हुआ। एक दिन यही सब बेचने वाला दूसरा दुकानदार उसे इसी बाज़ार में मिल जाएगा और वह हर पुराने को नये से बदल लेगी, हर बुरे को अच्छे से बदल लेगी, और तुम चिलचिलाते सीमाहीन रेगिस्तान में अपने को अनाथ और असहाय, बच्चे-सा प्यासा और अकेला पाओगे...तुम्हारे सिर पर छाया का सुरमई बादल सरककर आगे बढ़ गया होगा और तब तुम्हें लगेगा कि बादल की उस श्यामल छाया ने तुम्हें ऐसी जगह ला छोड़ा है जहाँ से लौटने का रास्ता तुम्हें ख़ुद नहीं मालूम...जहाँ तुममें न आगे बढ़ने की हिम्मत है, न पीछे लौटने की ताक़त। तब यह छलावा और स्वप्न-भंग ख़ुद मंत्र टूटे साँप-सा पलटकर तुम्हारी ही एड़ी में अपने दाँत गड़ा देगा और नस-नस से लपकती हुई नीली लहरों के विष बुझे तीर तुम्हारी चेतना के रथ को छलनी कर डालेंगे और तुम्हारे रथ के टूटे पहिये तुम्हारी ढाल का काम भी नहीं दे पाएँगे...कोई भीम तब तुम्हारी रक्षा को नहीं आएगा।

क्योंकि इस चक्रव्यूह से निकलने का रास्ता तुम्हें किसी अर्जुन ने नहीं बताया—इसलिए मुझे आत्महत्या कर लेनी पड़ी और फिर मैं लौट आया—अपने लिए नहीं, परीक्षित के लिए, ताकि वह हर साँप से मेरी इस हत्या का बदला ले सके, हर तक्षक को यज्ञ की सुगन्धित रोशनी तक खींच लाए।

मुझे याद है, मैं बड़े ही स्थिर क़दमों में बांद्रा पर उतरा था और टहलता हुआ 'सी' रूट के स्टैंड पर आ खड़ा हुआ था। सागर के उस एकान्त किनारे तक जाने लायक पैसे जेब में थे। पास ही मज़दूरों का एक बड़ा-सा परिवार धूलिया फुटपाथ पर लेटा था। धुआँते गड्ढे जैसे चूल्हे की रोशनी में एक धोती में लिपटी छाया पीला-पीला मसाला पीस रही थी। चूल्हे पर कुछ खदक रहा था। पीछे की टूटी बाउंड्री से कोई झूमती गुनगुनाहट निकली और पुल के नीचे से रोशनी—अँधेरे के चारख़ाने के फ़ीते-सी रेल सरकती हुई निकल गई—विले पार्ले के स्टेशन पर मेरे पास कुल पाँच आने बचे थे।

घोड़बन्दर के पार जब दस बजे वाली बस सीधी बैंड-स्टैंड की तरफ़ दौड़ी तो मैंने अपने-आपसे कहा—'व्हाट डू आई केयर? मैं किसी की चिन्ता नहीं करता!'

और जब बस अन्तिम स्टेज पर आकर खड़ी हो गई तो मैं ढालू सड़क पार कर सागर-तट के ऊबड़-खाबड़ पत्थरों पर उतर पड़ा। ईरानी रेस्तराँ की आसमानी

नियोन लाइटें किसी लाइटहाउस की दिशा देती पुकार जैसी लग रही थी...नहीं, मुझे अब कोई पुकार नहीं सुननी...कोई और अप्रतिरोध पुकार है जो इससे ज़्यादा ज़ोर से मुझे खींच रही है। दौड़ती बस में सागर की सीली-सीली हवाओं में आती यह गम्भीर पुकार कैसी फुरहरी पैदा करती थी। और मैं ऊँचे-नीचे पत्थरों के ढोकों पर पाँव रखता हुआ बिलकुल लहरों के पास तक चला आया था। अँधेरे के काले-काले बालों वाली आसमानी छाती के नीचे भिंचा सागर सुबक-सुबककर रो रहा था, लम्बी-लम्बी साँसें लेता लहर-लहर में उमड़ा पड़ रहा था। रोशनी की आड़ में पत्थर के एक बड़े-से टुकड़े के पीछे जाने के लिए मैं बढ़ा, तो देखा कि वहाँ आपस में सटी दो छायाएँ पहले से ही बैठी हैं। 'इवनिंग इन पेरिस' की ख़ुशबू पर अनजाने ही मुस्कराता मैं दूसरी ओर बढ़ आया। हाँ, यही जगह ठीक है, यहाँ से अब कोई नहीं दीखता। धम से बैठ गया था। सामने ही सागर की वह सीमा थी जहाँ लहरों के अज़गर फन पटक-पटककर फुफकार उठते थे और रुपहले फेनों की गोटें सागर की छाती पर यहाँ-वहाँ अँधेरे में दमक उठती थीं। पानी की बौछार की तरह, छींटे शरीर को भिगो जाते थे और पास की दरारवाली नाली में झागदार पानी उफ़न उठता था।

सब कुछ कैसा निस्तब्ध था! कितना व्याकुल था! हाँ, यही तो जगह है जो आत्महत्या जैसे कामों के लिए ठीक मानी गई है। किसी को पता भी नहीं लगेगा। सागर की गरज में कौन सुनेगा कि क्या हुआ और बड़े-बड़े विज्ञापनों के नीचे एक पतली-सी लाइन में निकली इस सूचना को कौन पढ़ेगा? इस विराट बम्बई में एक आदमी रहा, न रहा। मैंने ज़रा झाँककर देखा। मछुओं के पास वाले गिरजे से लेकर ईरानी रेस्तराँ के पास वाले मंडप तक, सड़क सुनसान लेटी थी। बँगलों की खिड़कियाँ चमक रही थीं और सफ़ेद कपड़ों के एकाध धब्बे से कहीं-कहीं आदमियों का आभास होता है। रात का आनन्द लेने वालों को लिए टैक्सी इधर चली आ रही थी।

असल में मैं आत्महत्या करने नहीं आया था। मैं तो चाहता था, कोई मरघट-जैसी शान्त जगह, जहाँ थोड़ी देर यों ही चुप बैठा जा सके। यह दिमाग़ में भरा सीसे-सा भारी बोझ कुछ तो हल्का हो, यह साँस-साँस में सरकती सुई की नोक-सा दर्द कुछ तो थमे। लहरें सिर पटक-पटककर रो रही थीं और पानी कराह उठता था। घायल चील-सी हवा इस क्षितिज तक चीख़ती फिरती थी। आज सागर-मन्थन ज़ोरों पर था। चारों ओर भीषण गरजते अँधेरे की घाटियों में दैत्य-वाहिनी की सफ़े-की-सफ़े मार्च करती निकल जाती थीं। दूर, बहुत दूर, बस दो-चार बत्तियाँ कभी-कभी लहरों के नीचे होते ही झिलमिला उठती थीं। बाईं ओर नगर की बत्तियों की लाइन चली गई थी। सामने शायद कोई जहाज़ खड़ा है, बत्तियों से तो ऐसा ही लगता है। इस चिंघाड़ते एकान्त में, मान लो, एक लहर ज़रा-सी करवट बदलकर इधर झपट पड़े

तो...? किसे पता चलेगा कि कल यहाँ, इस ढोंके की आड़ में, कोई अपना बोझ सागर को सौंपने आया था, एक पिसा हुआ भुनगा। मगर आख़िर मैं जिऊँ ही क्यों? किसके लिए? इस ज़िन्दगी ने मुझे क्या दिया? वही अनथक संघर्ष...स्वप्न-भंग, विश्वासघात और ज़लालत। सब मिलाकर आपस में गुत्थम-गुत्था करते दुहरे-तिहरे व्यक्तित्व, एक वह जो मैं बनना चाहता था, एक वह जो मुझे बनाना पड़ता था...

और उस समय मन में आया कि क्यों नहीं कोई लहर आगे बढ़कर मुझे पीस डालती? थोड़ी देर और बैठूँगा, अगर इस ज्वार में आए सागर की लहरें तब भी आगे नहीं आईं तो मैं ख़ुद उसके पास चला जाऊँगा और अपने को उसे सौंप दूँगा...कोई आवेश नहीं, कोई उत्तेजना नहीं...स्थिर और दृढ़...ख़ूब सोच-विचार के बाद...।

अँधेरे के पार से दीखती रोशनी के इस गुच्छे को देख-देखकर जाने क्यों मुझे लगता है कि कोई जहाज़ है जो वहाँ मेरी प्रतीक्षा कर रहा है। जाने किन-किन किनारों को छूता हुआ आया है और यहाँ लंगर डाले खड़ा है कि मैं जाऊँ और वह चल पड़े। यहाँ से दो-तीन मील तो होगा ही। कहीं उसी में जाने के लिए तो मैं अनजाने रूप से नहीं आ गया...क्योंकि वह मुझे लेने आएगा यह मुझे मालूम था। दिन-भर उस जानने को मैं झुठलाता रहा और अब आख़िर रात के साढ़े दस बजे बम्बई की लम्बी-चौड़ी सड़कें, और कन्धे रगड़ती भीड़ें चीरता हुआ मैं यहाँ चला आया हूँ। जाने कौन मन में घिसे रिकॉर्ड-सा दिन-भर दुहराता रहा है कि मुझे यहाँ जाना है, मुझे जाना है। अनजान पहाड़ों की ख़ूँख़्वार तलहटियों से आती यह आवाज़ हातिम ने सुनी थी और वह सारे जाल-जंजाल तोड़कर उस आवाज़ के पीछे-पीछे चला गया था। जाने क्यों मैंने भी तो जब-जब पहाड़ों के चीड़ और देवदारु-लदे ढलवानों पर चकमक करती बर्फ़ानी चोटियों और लहराते रेशम से फैले सागर की तरंगों को आँख भरकर देखा है, मुझे वही आवाज़ सुनाई दी है और मुझे लगा है कि उस आवाज़ को मैं अनसुनी नहीं कर पाऊँगा। हिप्नोटाइज़्ड की तरह दोनों बाँहें खोलकर अपने को इस आवाज़ को सौंप दूँगा। अब भी इसी पुकार पर मैं अपने-आपको पहाड़ की चोटी से छलाँग लगाकर लहरों तक आते देख रहा हूँ। वह जहाज़ मेरी राह में जो खड़ा है। मैं आवाज़ देकर उन्हें बता देना चाहता हूँ कि देखो, मैं आ गया हूँ...देखो, मैं यहाँ बैठा हूँ, मुझे लिये बिना मत जाना।

मुझे लगता है, एक छोटी-सी डोंगी अभी जहाज़ से नीचे उतार दी जाएगी और मुझे अपनी ओर आती दिखाई देगी...बस, उस लहर के झुकते ही तो दीख जाएगी। इसमें एक अकेली लालटेन जल रही होगी। समय की उस अनादि लहराती धारा में एक लालटेन वाली नाव! कहाँ पढ़ा था? हाँ, याद आया, चेख़व की 'कुत्ते वाली महिला' में ऐसा ही दृश्य है जो एक अजीब कवित्वपूर्ण छाप छोड़ गया है मन पर...गुरोव और सर्जिएव्ना को मैं भूल गया हूँ (अभी तो देखा था उस पत्थर की आड़ में) मगर इस फुफकारते सागर को देख-देखकर मेरा सारा अस्तित्व

सिहर उठता है। यह गुर्राते शेर-सी गरज और रह-रहकर मूसलाधार पानी की तरह दौड़ती लहरों की वल्गाहीन उन्मत्त अश्व-पंक्तियाँ। मुझे इस चक्रव्यूह से निकलने का रास्ता कोई क्यों नहीं बताता? अलीबाबा के भाई की तरह मैंने भीतर जाने के सारे रास्ते पा लिये हैं लेकिन उस 'सिम-सिम खुल जा' मंत्र को मैं भूल गया हूँ जिससे बाहर निकलने का रास्ता खुलता है। लेकिन मैं उस चक्रव्यूह में क्यों घुसा? कौन-सी पुकार थी जो उस नौजवान को उस अनजान देश की शाहज़ादी के महलों तक ले आई थी?

दूर सतखंडे की हाथीदाँती खिड़की से झाँकती शाहज़ादी ने इशारे से बुलाया और नौजवान न जाने कितने गलियारे और बारहदरियाँ लाँघता शाहज़ादी के महलों में जा पहुँचा। सारे दरवाज़े ख़ुद-ब-ख़ुद खुलते गए। आगे झुके हुए ख्वाजासराओं के बिछाए ईरानी क़ालीन और किवाड़ों के पीछे छिपी कनीज़ों के हाथों उसे हाथों-हाथ लिये चले गए; और नौजवान शाहज़ादी के सामने था...ठगा और मंत्र-मुग्ध।

शाहज़ादी ने उसे तोला; अपने जादू और सम्मोहन को देखा और मुस्करा पड़ी। नौजवान होश में आ गया। हकलाकर बोला, "हीरे बेचता हूँ, जहाँपनाह।"

"हाँ, हमें हीरों का शौक़ है और हमने तुम्हारे हीरों की तारीफ़ सुनी है।"

और उसकी चमड़े की थैली के रंगीन चमकते अंगारे शाहज़ादी की गुलाबी हथेली पर यों जगमगा उठे जैसे कमल पर ओस की बूँदें सतरंगी किरणों में खिल-खिला उठें...उसे हीरों का शौक़ था। उसे हीरों की तमीज़ थी। उसके कानों में हीरे थे, उसके केशों में हीरे थे, कलाइयाँ हीरों से भरी थीं और होंठों के मखमल में जगमगाते हीरों पर आँख टिकाने की ताव उस नौजवान में नहीं थी।

"क़ीमत...?" सवाल आया।

"क़ीमत...?"

"क़ीमत नहीं लोगे क्या?" शाहज़ादी के स्वर में परिहास मुखर हुआ।

नौजवान सहसा सँभल गया, "क्यों नहीं लूँगा हुज़ूर? यही तो मेरी रोज़ी है। क़ीमत नहीं लूँगा तो बूढ़ी माँ और अब्बा को क्या खिलाऊँगा?" लेकिन वह कहीं भीतर अटक गया था। उसकी पेशानी पर पसीना चुहचुहा आया।

"क़ीमत क्या, बता दे?" किसी ने दुहराया।

"आपसे कैसे अर्ज करूँ कि इनकी क़ीमत क्या है? जरूरतमन्दों और पारखियों के हिसाब से हर चीज़ की क़ीमत बदलती रहती है। आपको इनका शौक़ है, आप ज़्यादा जानती हैं।"

"फिर भी, बदले में क्या चाहोगे?" शाहज़ादी ने फिर पारखी निगाह से हीरों को तोला। उसकी आवाज़ दबी थी, 'लगते तो काफ़ी क़ीमती हैं।'

"हुज़ूर जो मुनासिब समझें। खुदारा, मैं सचमुच नहीं जानता कि इनकी क़ीमत आपसे क्या माँग लूँ! आप एक दीनार देंगी, मुझे मंज़ूर है।" नौजवान कृतार्थ हो आया।

"फिर भी आख़िर, अपनी मेहनत का तो कुछ चाहोगे ही न!" शाहज़ादी की आँखों के हीरे चमकने लगे थे और उनमें प्रशंसा झूम आई थी।

"हीरों को सामने रखकर शाहज़ादी इनकी मेहनत की कहानी सुनना पसन्द करेंगी?" इस बार नौजवान की वाणी में आत्मविश्वास था और उसने गर्दन उठा ली थी। होंठों पर मुस्कराहट ऐंठ आई थी।

"तुम लोग ये सब लाते कहाँ से हो?"

"कोहकाफ़ से।"

'कोहकाफ़' सुनकर ताज्जुब से खुले शाहज़ादी के मुँह की ओर नौजवान ने देखा और बाँहों की मछलियों को हाथों से टटोलते हुए बोला, "तो सुनिए, मेढ़ों और बकरों का एक बड़ा झुंड लेकर मैं पहाड़ी की सबसे ऊँची चोटी पर जा पहुँचा। वहाँ उनको मैंने जिबह कर डाला और उनके गोश्त को अपने बदन पर चारों तरफ़ इस तरह बाँध लिया कि मैं ख़ुद भी गोश्त का एक भारी लोथ लगने लगा। उसी ग़लाज़त और बदबू में मुझे वहाँ कई दिन बारिश और धूप सहते रहना पड़ा। तब फिर आँधी की तरह वह उकाब आया जिसका मुझे इन्तज़ार था। चारों ओर एक ज़लज़ले का आलम बरपा हो गया था। उसने झपटकर मुझे अपने पंजों में दबोचा और बच्चों को खिलाने के लिए ले चला घोंसले की तरफ़। बीच आसमान में लटकता मैं चला जा रहा था। आख़िर मैंने अपने-आपको एक बहुत ही वसीह खुली घाटी में पाया। वही कोहकाफ़ था। यहाँ एक चोटी पर मादा उकाब अपने बच्चों को दूध पिला रही थी। जैसे ही मैंने ज़मीन छुई, छुरी की मदद से अपने को फ़ौरन ही उस सड़े गोश्त से अलग कर लिया, और चुपचाप एक चट्टान की आड़ में हो गया। चारों ओर देखा तो मेरी आँखें ख़ुशी से दमकने लगीं। वह घाटी सचमुच हीरों की थी। कितने भरूँ और कितने छोड़ूँ! मैं सब कुछ भूलकर दोनों हाथों से हीरे अपनी झोली में भरने लगा। लेकिन यह देखकर मेरी ऊपर की साँस ऊपर और नीचे की नीचे रह गई कि चारों तरफ़ उस घाटी में भयानक अज़दहे लहरा रहे थे—उकाब के डर से उस चोटी के पास नहीं आते थे, लेकिन जैसे उस चोटी की रखवाली कर रहे हों। उनकी फुफकारों से सारी घाटी गूँज रही थी। जलती लपटों-सी जीभें देख-देखकर मेरे तो सारे होश फ़ना हो गए। अब कैसे लौटूँ? आख़िर मैंने मौत की परवाह न करके फिर उसी उकाब के साथ वापस आने की सोची और फिर उसके पंजे से जा चिपका। बीच में पकड़ छूट गई; क्योंकि दो दिन लगातार लटके उड़ते रहने से मेरे हाथों ने जवाब दे दिया था। छूटकर जो गिरा तो सीधा समुन्दर में जा पड़ा। ख़ैर, किसी तरह एक बहता हुआ तख़्ता हाथ लगा और उसी के सहारे आपके इस ख़ूबसूरत मुल्क़ में आ लगा।" नौजवान की आवाज़ में चुनौती और आत्मविश्वास दोनों थे। "यह मेरी मेहनत की कहानी है, शाहज़ादी!"

शाहज़ादी ने उस जाँबाज़ नौजवान को प्रशंसा की निगाहों से देखा, "आफ़रीं! सचमुच आदमी तुम हिम्मत वाले हो!" फिर जाने क्या सोचती-सी अनमनी अपलक

आँखों से उसे देखती रही...देखती रही और दूर कहीं हीरे की घाटियों में खो गई। वह भूल गई कि उसके होंठों की वह मुस्कराहट अभी तक अनसिमटी पड़ी है। वहीं कहीं दूर से बोली, "यों चारों तरफ़ से ग़लाज़त में लिपटे, पंजे में बँधे अनजानी ख़ूँख़्वार अँधेरी घाटियों में उतरे चले जाने में कैसा लगा होगा तुम्हें? और फिर जब तुमने भट्ठों-सी जलती अज़दहों की आँखें देखी होंगी।" फिर उसे होश आ गया। स्नेह से बोली, "अच्छा, क़ीमत बोल दो अब। और देखो, हमें इसी घाटी के हीरे और चाहिए।"

"आपने इन्हें परखा, मेरी मेहनत को देखा, बस आपकी यह हमदर्दी मुस्कराहट ही इनकी क़ीमत थी और वह मुझे मिल गई।" हिम्मत करके वह बोला, "और पारखी की यह हमदर्दी मुस्कराहट मुझे मिलती रहे, मैं फिर ग़लाज़त और गन्दगी में लिपटूँगा, फिर ख़ौफ़नाक ग़ारों और घाटियों में उतरूँगा और फिर भयानक अज़गरों और अज़दहों के माथों से क़ीमती मणि और हीरे चुन-चुनकर लाऊँगा।..."

और तब अपनी बात बीच में ही तोड़कर मलिक शहरज़ाद ने सुलतान शहरयार से पूछा, "इसके बाद जानते हैं साहिबेक़ुरान, कि क्या हुआ?" फिर गहरी साँस लेकर ख़ुद ही बोली, "मेरे आक़ा!" इसके बाद बात ख़त्म होने से पहले ही वे सारे हीरे उस नौजवान के मुँह पर आ पड़े थे और शाहज़ादी की ख़्वाबगाह के किवाड़ फटाक से इस तरह बन्द हो गए कि नौज़वान का माथा उस आबनूसी लकड़ी से जा बजा और किवाड़ों पर नक़्श लकड़ी के ख़ूबसूरत फूल उसकी आँखों के आगे-आगे फिरकनी की तरह नाच उठे, लेकिन हीरों की शौक़ीन शाहज़ादी के हाथों से आज कितना क़ीमती हीरा निकल गया था, इसे वह आज नहीं जान पाई...हीरे उसे और भी मिलेंगे, लेकिन शायद कोहकाफ़ के अज़दहों वाली घाटी का हीरा उसे न मिले..." वह धीरे से दर्द से हँसा, "शाहज़ादी को कोई ऐसा हीरा मंज़ूर नहीं है जिसकी क़ीमत वह अशर्फ़ियों में न चुका सके।" और उसे तब अपनी ग़लती महसूस हुई। उसने शाहज़ादी से सीधे ही बात करने की ज़ुर्रत की थी और इसे उसकी जबान में गुस्ताख़ी कहते हैं। वह भूल गया था कि उनके बीच में हीरा था और हीरा शाहज़ादी का शौक़ था, लेकिन उस नौजवान की रोज़ी था। शाहज़ादी को तो हीरों से सरोकार था; वह कहाँ से आता है, कौन लाता है, इन सब फ़िज़ूलियत से उसे क्या मतलब? लेकिन वह अपने-आपसे बोला, 'यही तो हीरा है जो मुझे शाहज़ादी के महलों के भीतर उसकी ख़्वाबगाह तक ले आया है, लेकिन ख़ैर, हीरा पास रहा तो मैं और भी ऊँचे महलों में जाऊँगा...शाहज़ादी की मुस्कराहट में जादू है।'

लेकिन जब उसने घूमकर देखा तो लगा कि जाने किन अनजानी भूलभुलैयों में वह खड़ा है। अब कोई क़नीज उसे रास्ता नहीं दिखाती थी, अब कोई ख्वाज़ासरा उसके लिए क़ालीन नहीं बिछाता था, अब कोई दरवाज़ा उसके लिए अपने-आप नहीं खुलता। गलियारों और बारहदरियों के पार अब कोई मुस्कराती आवाज़ उसे

नहीं खींचती थी। और उसने पाया कि उस जादुई गुफा का 'खुल जा सिम-सिम' का मंत्र उसे बिलकुल याद नहीं आ रहा। वह हिन्दी-जादूगर के बताए उस काठ के घोड़े पर चढ़कर बादलों में उड़ने तो लगा था; लेकिन उसे नीचे उतारने की कला उसे मालूम नहीं थी।

माँ सुभद्रा, तुम चक्रव्यूह की बात सुनते-सुनते सो क्यों गई थीं?

जहाज़ अभी मेरी राह देख रहा था और बत्तियाँ अभी भी आँखें झपका-झपकाकर मुझे बुला रही थीं...मरोड़े खाते हुए झाग उगलती लहरों की अप्रतिरोध्य पुकार अभी भी बाँह पकड़कर खींच रही थी। और उनकी मणियाँ अब भी कठोर पत्थरों पर बिखर-बिखर जाती थीं। हाँ, सुभद्रा तो मेरे एक दोस्त की पत्नी का नाम है न... कैलाश की पत्नी का।

कैलाश की पत्नी के नाम के साथ ही उसका एक क़िस्सा आँखों के आगे उभरकर आता है।

पाँच साल में ही सुभद्रा ने पाया कि कैलाश के साथ उसका निर्वाह नहीं हो सकता। अपनी एक पुरानी क्लास-फ़ेलो से उसका प्यार है, पत्नी के साथ तो जैसे वह केवल कर्तव्य निभा रहा है। उसने कैलाश के पतलून की जेब से निकले ख़त से जान लिया कि उसे मीना का नवीनतम ख़त मिला है तो वह अपमान से रो पड़ी। बहुत बार रोई थी वह इस बात को लेकर, बहुत बार उसने सिर फोड़े थे, मायके गई थी, और बहुत बार अपने बड़े लड़के प्रदीप हो धुना था। चूल्हों में न जाने कितनी बार पानी औंधाया गया, न जाने कितनी बार थालियाँ फेंकी गईं और कैलाश ने साफ़ कह दिया था, "अब मेरे बस का नहीं है कि अपने बचपन के दिनों से चले आते पन्द्रह-बीस साल के सम्पर्क को तोड़ लूँ। मीना मेरे व्यक्तित्व और जीवन का एक भाग बन गई है। पिता का दिया हुआ फ़र्ज तुम हो, और मीना मेरा अपना फ़र्ज़ है। मुझे कहीं तो ज़िन्दा रहने दो।"

"ठीक है, तुम ज़िन्दा रहो, तुम्हारी मीना जी ज़िन्दा रहे। मैं जा रही हूँ," जब लड़ाई अपने चरम पर पहुँच गई तो सुभद्रा भाभी ने कहा। वह सचमुच आजिज़ आ गई थी। कभी-कभी कैलाश का व्यवहार उसके प्रति ऐसा हो जाता कि मुझे ख़ुद बुरा लगता है। "मैं अब तुम्हारे रास्ते से हट जाऊँगी। सँभालो अपने बच्चों को...!"

"टल जाती तो जीवन में शान्ति आती," कैलाश ने कुढ़कर जवाब दिया।

उसने छह महीने के धीर को कैलाश की गोद में ला पटका और बैठकर धरती पर नीलाथोथा पीसने लगी। ऐसी धमकियाँ कैलाश बहुत बार देख चुका था, बैठा देखता रहा। औटते दूध में नीलाथोथा डाला गया; मगर वह मनहूस और बुझा बैठा देखता रहा। सुभद्रा भीतर चली गई तो उसने सुनाया, "तुम्हें क़सम है अपने घर

वालों की जो इसे पी ही न लो। या लाकर मुझे दे दो, मैं पी जाऊँगा।" लेकिन उसके जाने के ढंग से सहमकर बच्चे को खाट पर डालकर जब तक कैलाश भीतर पहुँचे-पहुँचे, तब तक गिलास ख़ाली हो चुका था और सुभद्रा पहले से मुँह पोंछ रही थी। तब कैलाश झटके से जैसे सचेत हुआ। झपटकर उसने सुभद्रा को बाँहों में भर लिया। "और सुभद्रा, सुभद्रा! बताओ, तुमने सचमुच वह दूध पी लिया?" फिर उसने गिलास के तले में चिपका नीलाथोथा देखा। सुभद्रा हाँफती हुई झूम रही थी। वह बौखलाया-सा भागा-भागा मेरे पास आया, "चलो, चलो। अभी इमर्जेंसी चलना है। सुभद्रा ने ज़हर पी लिया है। नीलाथोथे में मिलाकर जाने क्या पी लिया है और अब हिलती-डुलती भी नहीं है।" कैलाश पागल हो गया था, मैं वहाँ पहुँचा तो सुभद्रा के होंठों के कोनों से नीला-नीला पानी जैसा टपक रहा था। आँखें शराबियों की तरह बोझ से बन्द थीं। गोद में भरकर हमने उसे ताँगे में रखा, झटक-झटककर जगाये रखने की कोशिश करते रहे। पलकें उठा-उठाकर आँखें खोलते रहे। लेकिन वह होश में नहीं थी। प्रदीप माँ से चिपककर रो पड़ा। उफ़, सुभद्रा भाभी ने यह क्या कर डाला?

इमर्जेंसी वार्ड में मुँह में नली डाल-डालकर उन्हें कै कराई गई, सोने न देने की पूरी कोशिश की गई और जब विश्वास हो गया कि सारा ज़हर निकल गया तो नाक में नलियाँ डालकर ऑक्सीज़न दिया जाने लगा। तभी उन्हें होश आया, पलकें उठीं। प्रदीप तो पास ही खड़ा था। बग़ल में पड़े अपने बेजान हाथ में उन्होंने प्रदीप का छोटा-सा हाथ महसूस किया, उसे दबाया, पहचाना। तब सहसा उन्होंने तड़पकर नलियाँ निकालकर फेंक दी और ज़ोर से रो पड़ी, "डॉक्टर साहब, मुझे बचा लो। मेरे बच्चे बहुत छोटे-छोटे हैं। उन्हें कौन देखेगा? कौन कपड़े पहनाएगा, सुलाएगा कौन उन्हें? मुझे मेरे बच्चों के लिए बचा लो डॉक्टर साहब! मैं भीख माँगूँगी, आटा पीसूँगी, लेकिन इन बच्चों के लिए जिऊँगी।"

मेरी आँखों में आँसू आ गए थे।...

दूर जहाज़ों की झिलमिलाती बत्तियों में सुभद्रा भाभी का चेहरा उभर आया था, 'मुझे मेरे बच्चों के लिए बचा लो, डॉक्टर साहब! मैं भीख माँगूँगी, मैं आटा पीसूँगी और इन बच्चों के लिए जिऊँगी।'

सुभद्रा भाभी, माँ थी—वह कैलाश के लिए ज़हर खाकर मर सकती थी; लेकिन बच्चों के लिए मौत के चंगुल से छूटकर भी आ सकती थी। मैंने तो अपने 'बच्चों' को नौ महीने नहीं, नौ-नौ वर्ष दिमाग़ में रखा है, न जाने कितना ख़ून और नींद देकर पाला है...और उन्हें छोड़कर यहाँ चला आया हूँ मरने? यहाँ, जहाँ की हर प्रतिध्वनि कहती है, 'मुझे मेरे बच्चों के लिए बचा लो डॉक्टर...'

और मैं झटके से उठ बैठा, ठीक जैसे सुभद्रा भाभी उठी थीं। हाथ में कंकड़ को ज़ोर से घुमाकर लहरों पर फेंक दिया और दूर प्रतीक्षा करते जहाज़ की ओर

ग़र्राती लहरों से बोला, "नहीं, दोस्त सागर, अभी नहीं...अभी नहीं अँधेरे की गरजती लहरो! भाई जहाज़, फिर कभी आना। आज तो मैं लौट रहा हूँ...।" तब मैंने देखा कि लहरों के फुहार में मेरे कपड़े सराबोर हो गए थे।

फिर मैं लौट आया। ऊबड़-खाबड़ पत्थरों के ढोंकों पर क़दम रखता हुआ... खंदकों को पार करता हुआ, जैसे शिव लौट आए थे, सती की लाश को कन्धे पर लादकर।

वह मेरी आत्मा की लाश थी...

सुना, आज अपनी वर्षगाँठ पर मैं 'आत्महत्या' करके लौटा हूँ।

कलाकार

बहुरुपियों के बारे में हम सब जानते हैं। इन लोगों का पेशा अब समाप्त होता जा रहा है, लेकिन किसी समय रईसों और अमीरों का मनोरंजन करने वाले बहुरुपिये प्राय: हर नगर में पाए जाते थे। ये कभी धोबी का रूप लेकर आते थे, कभी डाकिए का। हूबहू उसी तरह का व्यवहार करके ये प्राय: लोगों को भ्रम में डाल देते थे और यही इनकी सफलता थी, धोखा खा जाने वाला रईस इन्हें इनाम देता था। इसी तरह के बहुरुपिये का एक क़िस्सा मैंने राजस्थानी लोक-कथाओं में सुना था और मुझे वह अभी भी अच्छी तरह याद है। मुझे लगता है कि हम सबके भीतर कहीं-न-कहीं उसी तरह का एक बहुरुपिया बैठा है।

एक बार एक बहुरुपिए ने साधु का रूप बनाया : सिर पर जटाएँ, नंगे शरीर पर भभूत, माथे पर त्रिपुंड, कमर में लँगोटी। उसके रूप में कहीं कोई कसर नहीं थी और वह एकदम संसार-त्यागी साधु ही लगता था। उसने नगर से बाहर बड़े से पेड़ के नीचे अपनी कुटी तैयार की, बगीचा लगाया और बैठकर तपस्या करने लगा। धीरे-धीरे सारे नगर में समाचार फैलने लगा कि बाहर एक बहुत पहुँचे हुए महात्मा ने आकर डेरा लगाया है। लोग उसके दर्शन को आने लगे और धीरे-धीरे चारों तरफ़ साधु का यश फैल गया। सारे दिन उसके यहाँ भीड़ लगी रहती थी। लोग कहते थे कि महात्मा जी के उपदेशों में जादू है और उनके आशीर्वाद से संसार के बड़े-से-बड़े कष्ट दूर हो जाते हैं। अपनी इस कीर्ति से साधु को कभी-कभी बड़ा आश्चर्य होता और मन-ही-मन वह अपनी सफलता पर मुस्कराया करता।

नगर के सबसे बड़े सेठ से जब किसी ने साधु का ज़िक्र किया तो वह अविश्वास से हँस पड़ा। बोला, "ऐसे ढोंगी जाने यहाँ कितने आते रहते हैं।" और वह अपने कारोबार में लग गया। लेकिन साधु का नाम चारों ओर फैलता जा रहा था। साधु भी कभी-कभी सोचता, कि अब फिर बहुरुपिया जीवन में लौटने में क्या रखा है, क्यों न इसी जीवन में अपनी ज़िन्दगी लगा दी जाए। लेकिन फिर उसका मन धिक्कारने लगता कि वह ज़िन्दगी-भर साधु बना रहा तो अपने असली पेश के साथ बेईमानी करेगा। इसी सोच-विचार में उसके दिन निकलने लगे।

एक बार सेठ की पत्नी बहुत बीमार हो गई, दुनिया-भर के इलाज कराए, सभी वैद्य-डॉक्टर बुलाए, लेकिन सेठानी की तबीयत ही ठीक नहीं हुई। उसे लगता था कि वह अब नहीं बचेगी। मित्रों और शुभचिन्तकों ने सलाह दी कि एक बार उस साधु को दिखा देने में क्या हानि है। हारकर सेठ तैयार हो गया। साधु ने जब दूर से सेठ को आते देखा तो बहुत ही प्रसन्न हुआ। नगर का सबसे बड़ा करोड़पति उसके यहाँ आ रहा था। आगे-आगे सेठ और फिर डोली में बीमार सेठानी। उसने जाकर साधु के चरण पकड़ लिये—"महाराज, जैसे भी हो, सेठानी को जीवन-दान दीजिए। यह मेरे घर की लक्ष्मी है। इसी के कारण यह करोड़ों की सम्पत्ति आई है। जिस दिन से इसने मेरे यहाँ पाँव रखा है, मैंने जिस काम में हाथ लगाया, उसमें लाभ ही हुआ है। अगर इसे कुछ हो गया तो मैं कहीं का नहीं रहूँगा।"

साधु ने गम्भीर चेहरा बनाकर डोली का परदा उठाया। सेठानी बीमारी में बेहोश पड़ी थी। "भगवान ने चाहा तो सेठानी सात दिन में ठीक हो जाएगी।" उसने कहा और धूनी की चुटकी-भर राख उसके ऊपर डाल दी। फिर रोज़ आने को कहकर अपनी आँखें मूँदकर समाधि में लग गया।

सेठानी रोज़ आने लगी और संयोग की बात कि धीरे-धीरे उसकी तबीयत भी सुधरने लगी। सात-आठ दिनों में लगने लगा कि उसकी बीमारी अब समाप्त होने लगी है। सेठ को साधु पर घनघोर विश्वास हो गया और वह रोज़ उसके पास आने लगा। सेठानी ठीक हो गई, लेकिन सेठ रोज़ आता रहा।

साधु उसे रोज़ उपदेश दिया करता—"यह संसार माया है। धन का लोभ आदमी को आदमी नहीं रहने देता। जितना धन बढ़ता है, लोभ उसके साथ बढ़ता जाता है। सच्चा सुख धन का त्याग करने में है, इस माया-मोह से उठकर भगवान के चरणों में ध्यान लगाने में है। सोना तो मिट्टी है और मिट्टी का मोह पालकर आज तक किसी ने शान्ति नहीं पाई।" धीरे-धीरे साधु के उपदेशों का प्रभाव सेठ पर पड़ने लगा।

एक दिन साधु ने देखा कि घोड़ों, ऊँटों और बैलगाड़ियों का झुंड उसकी कुटी की तरफ़ चला आ रहा है। मन में सन्देह हुआ कि कहीं लोगों को उसकी असलियत तो पता नहीं चल गई और ये सरकार के आदमी उसे पकड़ने चले आ रहे हैं! वह अभी यह सब सोच ही रहा था कि देखा, उस झुंड के आगे-आगे वही सेठ है। सेठ पास आया। उसने साधु को प्रणाम किया : गाड़ियों, घोड़ों, ऊँटों से सोने-चाँदी के गहनों, मोहरों और हीरे-जवाहरातों से भरे कलसे उतारे गए। देखते-देखते कुटी के सामने ढेर लग गया। सेठ ने साधु के चरण पकड़कर कहा, "महाराज, आपके उपदेशों से मुझे सच्चा ज्ञान प्राप्त हो गया है और इस संसार से मेरा मन फिर गया है। झूठ-कपट से मैंने जो धन कमाया है, वह सब मैं आपके चरणों में रख रहा हूँ। इसका जो भी आप चाहें, करें—ग़रीबों में बाँट दें या मन्दिर बनवा दें। मुझे अपना शिष्य बना लें।"

गम्भीर होकर साधु ने उत्तर दिया, "जिस धन को मैं तुझे त्यागने का उपदेश देता रहा हूँ, तू उसकी माया में मुझे क्यों फँसाता है? जो तेरे लिए मिट्टी है, वह मेरे लिए मिट्टी तो और भी पहले है। मैं इसमें हाथ नहीं लगा सकता।" और सचमुच उसने धन नहीं लिया। समझा-बुझाकर सेठ को लौटा दिया। महात्मा की इस महानता से सेठ की आँखों में आँसू आ गए।

अगले दिन जब सेठ आया तो उसने देखा कि साधु का कहीं पता नहीं है। इधर-उधर खोजा, कहीं भी कोई नहीं था। इतने में ही किसी ने आकर उसके चरण पकड़ लिए, "सेठ, मेरा इनाम दे।"

"कैसा इनाम? तू कौन है?" सेठ ने आश्चर्य से उस व्यक्ति को देखकर पूछा।

"कसूर माफ़ करना सेठ जी, मैं वही कल वाला महात्मा हूँ। मैं साधु-वाधु नहीं, आपका सेवक बहुरुपिया हूँ। जब आप-जैसे चतुर आदमी को मैंने धोखा दे दिया तो मुझे अपनी कला का बहुत बड़ा इनाम मिलना चाहिए।" अपराधी के भाव में बहुरुपिया सिर झुकाए खड़ा था।

सेठ आश्चर्य के मारे आसमान से गिरा। फिर सँभलकर बोला, "इनाम तो मैं तुझे दूँगा। सचमुच तूने अपने काम में कमाल कर दिया। लेकिन एक बात बता। कल जब मैं अपनी सारी सम्पत्ति तेरे पास ले आया था तो तूने उसे क्यों नहीं स्वीकार किया? अगर तू उसे ले लेता तो आज तू सेठ होता। तुझे इस तरह इनाम माँगने की क्या ज़रूरत रहती?"

बहुरुपिया नम्रता से बोला—"सेठ जी, यह बात मेरे मन में भी आई थी। उस समय सारी सम्पत्ति लेकर आज मैं कहीं-का-कहीं जा सकता था। फिर मेरे मन ने कहा कि यह ग़लत है। मैं संसार-त्यागी महात्मा का रूप धारण किये हुए हूँ, अगर ऐसा काम करूँगा तो रूप में खोट आ जाएगा। रूप को सच्चा रखने के लिए यही उचित है कि मैं इस सम्पत्ति को त्याग दूँ। सो सच्चे महात्मा की तरह मैंने उसे त्याग दिया तो लगा कि अब मेरा काम पूरा हो गया। अब आप जो इनाम मुझे देंगे, ख़ुशी से ले लूँगा।"

"और मेरी सेठानी की बीमारी?" सेठ ने पूछा।

"उसमें भी मेरा कुछ नहीं है। वह तो आपका और सेठानी का विश्वास और संयोग था।"

सेठ की समझ में सचमुच नहीं आ रहा था कि कैसा यह बहुरुपिया है जो करोड़ों की सम्पत्ति छोड़कर दो-चार अशर्फ़ियों के इनाम पर इतना प्रसन्न और सन्तुष्ट है।

अन्धा शिल्पी और आँखों वाली राजकुमारी

मैं एक ऐसे आदमी को जानता हूँ, जिसका अभी-अभी पतन हुआ है। पतन हुआ है, जैसे शिव का हुआ, शुकदेव का हुआ, विश्वामित्र का हुआ, पेफ़नाशस् और कुमारगिरि का हुआ। अन्तर केवल इतना है कि वे सब महान् थे और यह एक निहायत ही तुच्छ, अन्धा शिल्पी था, लेकिन उसका पतन इतना महान् है कि मुझे उसकी तुलना में इन सबमें से कोई नहीं दिखाई देता।

नरसिंहम् अन्धा था, लेकिन उसके हाथ में जादू था। वह एक राज का बेटा था। बचपन में एक बार उसने खेलते-खेलते अपने घनिष्ठ मित्र मोती कुत्ते को टटोल-टटोल-कर उसके बैठने के एक विशेष ढंग को हृदयंगम कर लिया और छेनी-हथौड़ा लेकर एक पत्थर के टुकड़े को खोटने लगा। हर बार वह मोती के शरीर को टटोल लेता और फिर पत्थर की परतें उतारने लगता। जब उसने अपना काम ख़त्म किया तो उसके साथी प्रसन्नता से उछल पड़े। सदाशिवम् ने तो उत्साह से उसे छाती से लगा लिया, "नरसिंहम्, तूने तो बिलकुल ही मोती बना दिया। तूने यह कला कब सीखी, रे?" फिर जैसे प्रशंसा की, "एक-एक ढंग बिलकुल उस जैसा बना दिया; तू तो बहुत बड़ा कलाकार है। देखा, कैसा मोती बना दिया है!" नरसिंहम् ने भावविह्वल हाथ अपनी उस कृति पर फेरा। उसके होंठ फड़ककर रह गए। आँखों में आँसू छलक आए। काश, वह अपनी कृति देख पाता!

और धीरे-धीरे यह बात फैलने लगी कि नरसिंहम् केवल हाथ से टटोलकर स्त्री-पुरुषों की विभिन्न मुद्राएँ ही पत्थर में नहीं उतार देता, हृदय के गम्भीर भाव भी ज्यों-के-त्यों अंकित कर देता है। ऐसा है वह शिल्पी! लोग उसकी बनाई कृतियों और अंकित भावों की गहराई को उच्छ्वसित हृदय से देखते और उसकी इस विचित्र प्रतिभा पर चकित हो जाते। कहने को कोई शब्द न पाते। लोग कहते, "हृदय के गम्भीर-से-गम्भीर और गूढ़-से-गूढ़ भाव उसकी अन्धी उँगलियों पर हैं –जिस भाव को चाहता है उसे मूर्त कर देता है।" दर्शक एक अद्भुत आश्चर्य से उसे देखता हुआ किसी अतीन्द्रिय लोक में खो जाता, लेकिन नरसिंहम् था कि एक गहरी साँस लेकर चुप हो रहता। वह स्वयं देख पाने में असमर्थ था कि उसने ऐसा क्या-कुछ बना दिया

है, जिसकी लोग यों तारीफ़ करते हैं। काश, भगवान उसे एक क्षण को ही आँखें दे देते, तो वह अपनी कृतियों की केवल उस बात को देख लेता, जिस पर लोग मुग्ध हैं!

वह अपनी कृतियों के ही हास्य-रुदन, रास-विलास इत्यादि भाव अंकित करने में इतना लीन रहता, कि लोग उन्हीं में उलझे रह जाते हैं। वे उसे कोई सिद्ध और दिव्य-दृष्टि-सम्पन्न व्यक्ति समझते, जिसके हाथ के इशारों पर भावों का ख़ज़ाना रखा हो कि जब जो चाहे भाव सामने ले आए। प्राय: लोग इस बात को बिलकुल ही भूल चुके थे कि जिस सौन्दर्य या जिन भावनाओं को नरसिंहम् अंकित करता है, उन सबका निवास-स्थान उसका हृदय ही है; वह भी रोता, खाता, हँसता और अन्य भाव अनुभव करता होगा। पता नहीं, क्यों वे उसे उन सभी भावनाओं से ऊँचा समझने लगे थे और यह बात इतनी बार नरसिंहम् के सामने कही गई थी कि वह ख़ुद भी अपने को इन सबसे अलग समझने लगा था। उसके हृदय में भी कोई भाव उठते हैं, इस बात को महत्त्व देना उसने बन्द कर दिया था।

यही कारण था कि जब वह अपनी मूर्ति बनवाने वाली धनी-मानी महिलाओं, राजकुमारियों या अन्य नवयुवतियों के अंग-प्रत्यंग को अपनी अभ्यस्त उँगलियों से टटोलता तो उसकी उँगलियाँ इतनी निस्पंद, भावना-विहीन रहतीं जैसे वह किसी निर्जीव कपड़े की पुतली को टटोल रहा हो। उसे कभी ज़रा भी कोई झिझक नहीं होती। उसकी उँगलियाँ ज़रा भी नहीं काँपतीं—उसके हृदय में एक भी धड़कन नहीं होती। उसके लिए यह सब बिलकुल नया नहीं रह गया था। शायद वह पेड़ की डाल और युवती की गर्दन को समान निष्ठा और भाव से टटोल सकता था, बिलकुल जैसे अभ्यस्त मछुए को सुन्दर-से-सुन्दर मछली नहीं लुभा पाती—वह निश्चित उँगलियों से उसे टटोलता है, अपने लाभ-हानि का अनुमान लगाता है और उसे एक और ढेर में फेंक देता है। शायद उसके मॉडलों ने भी उसके द्वारा टटोले जाने पर किसी भाव को अनुभव करना छोड़ दिया था।

ऐसा था वह अद्‌भुत शिल्पी नरसिंहम्!

एक बार उसके सामने विचित्र संकट आ खड़ा हुआ, जो उसके पतन का कारण था।

उसकी कीर्ति सुनी राजकुमारी नन्दा ने। रूप और सौन्दर्य की पुतली नन्दा का यश सागर की लहरों, पहाड़ों की दीवारों और खेतों के पार फैला हुआ था। शायद उस काल में कोई भी ऐसा नहीं था, जो उसके रूप के विषय में न सुन चुका हो। उसके यश का एक और बहुत बड़ा कारण यह भी था कि वह बहुत कम आयु में ही समस्त विद्याओं का अध्ययन कर चुकी थी तथा जीवन और जगत् के रहस्य-सम्बन्धी सभी दर्शनों और ज्ञान-विज्ञान में पारंगत हो गई थी। इससे जहाँ एक ओर उसमें वस्तु को भेद जाने वाली तीव्र मेधा का विकास हुआ—वहीं इस सब दृश्य-जगत् की निस्सारता उससे छिपी न रह सकी। इस क्षणभंगुरता ने उसे कुछ

इतना विरक्त और वीतराग बना दिया कि जीवन और जगत् की किसी भी वस्तु में वह रुचि ही नहीं ले पाती थी। उसे लगता था कि वह सब तो व्यर्थ है, निस्सार है, क्षणिक है। इस सबका परिणाम यह हुआ कि पिता लाख प्रयत्न करने पर भी उसे विवाह के लिए राज़ी नहीं कर सके। साम और भेद सभी उपाय काम में लाए गए, लेकिन राजकुमारी ने स्पष्ट कह दिया कि उसे इस संसार में कोई रुचि नहीं है। जो बालू की भीत की तरह अस्थिर और अचिर हो, उसमें वह अपने को क्यों बाँधे? क्यों न उस लहर की खोज में अपना जीवन बिता दे जो असंख्य बालू की भीतों को एक स्पर्श में गला डालती है? हारकर पिता ने आग्रह छोड़ दिया और राजकुमारी, इस नश्वरता के पार अमरता खोजने में, इस अन्धकार के पार प्रकाश खोजने में, इस 'असत्' के पार 'सत्' खोजने में लग गई। वन, पर्वत, मैदान, नदी, समुद्र सभी जगह वह घूमी; उसकी खोज जारी रही। वह इस खोज के पथ पर अपने लक्ष्य के निकट पहुँच रही है या दूर, यह तो वह नहीं जानती, लेकिन वह देखती—दिन का सुनहला शृंगार उसके माथे का टीका, धुँधला पड़ जाता है—सूरज परकटे पक्षी की तरह पश्चिम के तट पर पड़ा कराह-कराहकर दम तोड़ देता है, और अन्धकार का कफ़न उसे निगल जाता है। चाँद के सौन्दर्य को प्रकाश के दैत्य कुचल डालते हैं; फूल की हँसी को धूल का अट्टहास खा जाता है—और जीवन की चहचहाती मस्ती, पता नहीं मृत्यु के किन अदृश्य हाथों द्वारा मसलकर फेंक दी जाती है! वह यह सब देखकर व्यथित हो उठती और उसकी आँखों में आँसू छलछला आते। वह मरघटों में जाती और घंटों सूनी आँखों से चिताओं की उठती-गिरती लपटों को देखा करती। मृत व्यक्तियों के सगे-सम्बन्धियों का क्रंदन उसकी छाती फाड़ देता और वह स्वयं फूट-फूटकर रो उठती। वह किसी वृद्ध के झुर्रीदार चेहरे और निस्तेज आँखों को देखती और मुँह फेर लेती—उसकी विवशता उसे व्याकुल बना देती—'देखो, बेचारा किस तरह धीरे-धीरे मृत्यु की ओर घिसट रहा है, जैसे अनजान शिकारियों का झुंड अपने शिकार को धीरे-धीरे कोने में घेर रहा हो! बेचारा ख़ुद नहीं जानता कि इससे कैसे बचे!' हँसते-किलकते बालकों को देखकर वह करुणा से अभिभूत हो उठती—'आह, कितना सरल शुभ्र और निष्पाप सौन्दर्य! कौन है निर्दयी, जो इसको अपने फ़ौलादी पाँवों से कुचल डालता है!'

ज़ितना ही नन्दा अपनी खोज में लगी चली गई, उसके हृदय की व्यथा रात-दिन बढ़ती गई। मरते हुए व्यक्ति के सिरहाने बैठकर वह अपलक दृष्टि से उसे देखती रहती। देखती रहती उसकी बुझती आँखों को, उसकी ठंडी पड़ती देह को, उसकी बन्द होती धड़कनों को। एक प्रश्न था कि उसकी नस-नस में, रग-रग में हथौड़े मारता—कौन है, जो इसे यों लिये चला जा रहा है?—कौन है, जो इस जीवनी-शक्ति को यों सामने-ही-सामने पी रहा है? और जब एक झटके से सब समाप्त हो जाता, तो वह एक गहरी साँस लेकर सिर झुका लेती। उसे ऐसा लगता, जैसे समस्या का

हल था, प्रश्न का उत्तर था कि जो समझ की पकड़ में आते-आते झटके से टूटकर न जाने कहाँ ग़ायब हो गया—जैसे कोई बच्चे को बहकाने के लिए रस्सी को धीरे-धीरे सरकाये—सरकाता चला जाए और जब देखे, कि वह पकड़ में आने को ही है तभी झटके से पूरी रस्सी को खींच ले। लेकिन...लेकिन आख़िर हल जाएगा कहाँ? प्रश्न है तो उसका उत्तर भी होगा ही—बिना उत्तर का कोई प्रश्न नहीं होता—बिना समाधान के कोई शंका नहीं होती। उस समाधान और उत्तर को हम खोज पाएँ या न खोज पाएँ, लेकिन वह होता अवश्य है। और इस तर्क से प्रेरित होकर राजकुमारी और भी उत्साह से अपनी खोज में लग जाती। आख़िर वह हल, वह उत्तर, वह समाधान कहीं-न-कहीं तो होंगे ही। सबसे अधिक पीड़ा देती थी उसे यह समस्या, कि इतने वर्ष हो गए सृष्टि को—यह नाश का क्रम इतने अनवरत रूप से चला आ रहा है, लेकिन क्या कभी किसी के भी सामने यह प्रश्न इतनी तीव्रता से नहीं उठा, जितनी तीव्रता से यह उसे व्याकुल किये हुए है? तभी उसके सामने सैकड़ों मनीषियों के नाम और मूर्तियाँ स्पष्ट होने लगतीं, जिन्होंने अपना जीवन इसी खोज में उत्सर्ग कर दिया था। तो फिर क्या यह उत्तर उनकी उँगलियों से भी ज़रा-ज़रा भागता रहा है? आख़िर यह उत्तर कब तक यों भागता रहेगा? क्या यह कभी पकड़ में नहीं आएगा? क्यों हमारी सैकड़ों पीढ़ियों के लोग नहीं पकड़ पाए इसे? यही 'क्यों' था जो कभी-कभी आस्था की जड़ें हिला देता था, तब उसकी इच्छा होती कि वह उन्मत्त और उद्भ्रान्त की तरह सारी दुनिया में भागती फिरे।

अपने सारे रंग-बिरंगे वैभव को लेकर उसके जीवन में अट्ठाईस बसन्त आए और चले गए। कौन है, जो इन बसन्तों की श्री को दो-तीन मास बाद ही झाड़-पोंछकर साफ़ कर देता है? यह प्रश्नात्मक अन्तर्दृष्टि उसे इनके भुलावे से बचाती रही। लेकिन पता नहीं क्यों, हर बसन्त आकर अनजाने में उसके चेहरे पर केसर और गुलाब मल देता। मुख पर शोभित कुमकुम का लावण्य और पराग की माधुरी उसके हृदय में जलती; इस तीव्र ज्योति से इस प्रकार झिलमिलाया करती जैसे नन्दा का शरीर केवल एक फ़ानूस हो, और उसके भीतर जलने वाली दीप-शिखा ही उसे यह अथाह और अलौकिक सौन्दर्य दे रही हो। एक विचित्र ज्योतिर्मंडल उसके चेहरे के चारों ओर उद्भासित दिखाई देता। यों उसके सौन्दर्य की चर्चा दूर-दूर तक फैलती गई।

लेकिन उस समय नरसिंहम् वास्तव में बुरी तरह अस्त-व्यस्त हो उठा, जब एक मधुर, कोमल, नरम किन्तु आत्मविश्वास-युक्त कंठ से निकला हुआ वाक्य उसने अपने बहुत पास ही सुना—'शिल्पी नरसिंहम्, तुम्हारी कला की कीर्ति मुझे बहुत दूर से खींचकर लाई है।'

नरसिंहम् के लिए यह वाक्य नया नहीं था; लेकिन वह चौंक उठा। दोपहर के समय, झरने के किनारे एकान्त में बैठा वह चिन्तन कर रहा था। सँभलकर उसने कहा, "आपके कष्ट के लिए मेरी सहानुभूति और धन्यवाद प्रस्तुत है।"

"मेरा नाम नन्दा है...मैं...व...राज्य..."

राजकुमारी की बात काटकर घबराए स्वर में शिल्पी ने पूछा, "क्या राजकुमारी नन्दा मेरे सामने खड़ी हैं?"...उसकी अन्धी आँखों पर पलकें बड़ी तेज़ी से उठीं और गिरीं। उसने स्वयं उठने का प्रयत्न किया।

"नहीं-नहीं, नरसिंहम्, तुम बैठे रहो, मुझे राजकुमारी कहना ग़लत लगता है। एक नश्वर प्राणी, जिसकी स्थिति के क्षण कोई नहीं गिन सका, क्या राजकुमारी और क्या भिखारिणी?" नन्दा दया से अभिभूत हो उठी। उसने पेड़ों के नीचे पड़ी, बनी-अधबनी सैकड़ों मूर्तियों को विभिन्न मुद्राओं में देखा। और जब इस प्रयत्नों की प्रत्येक भंगिमा के हृदय के विभिन्न भावों की अभिव्यंजना देखी, तो एक अद्‌भुत आश्चर्य से वह पुलक उठी। यह अन्धा, यह सब कैसे बना लेता है? इसे क्या मालूम कि मुस्कान मुख पर कैसे अभिव्यक्त होती है?

"राजकुमारी, मैंने आपके ज्ञान और रूप की बहुत चर्चा सुनी है, लेकिन क्या करूँ? मैं एक राजा का बेटा हूँ, मूर्ख और नासमझ, आपके ज्ञान को समझ नहीं सकता, और...और रूप को देखने लायक भगवान ने रखा नहीं है..." कृतज्ञता के बोझ से झुककर नरसिंहम् बोला।

हज़ारों की भीड़ में अपनी त्वचा पर अनगिनत दृष्टियों का पिपासित स्पर्श अनुभव करते हुए भी नन्दा ने कभी झिझक और लज्जा का अनुभव नहीं किया था, लेकिन तब न जाने क्यों हल्की लज्जा की लहर उसके सारे शरीर को रोमांचित कर गई। उसके पास ऐसा आख़िर क्या है, जिसे देखकर यह अन्धा अपने को सफल मानता और केवल उसे ही न देख पाने का उसे इतना दुःख है?

"राजकुमारी, इतने वर्ष हो गए, अपनी आँखें न होने का शायद मुझे कभी इतना दुःख न हुआ, जितना मैं आज अनुभव..." नरसिंहम् कह रहा था।

"लेकिन नरसिंहम्, मुझमें तो कोई बात ऐसी नहीं है, जिसके लिए तुम यों दुःख कर रहे हो। जैसे सब होते हैं, वैसे ही मैं भी हूँ..." लेकिन राजकुमारी जानती थी कि जैसे सब होते हैं, वैसी ही वह नहीं है।

"राजकुमारी, मैं तो मान लेता, पर लोग जो इतना सब कुछ कहते हैं, उसे कैसे झुठलाया जाए? मैं तो स्वयं ही नहीं जानता कि सब कैसे होते हैं, और आप कैसे उन जैसी या उनसे अलग हैं। मेरे लिए तो सब बराबर हैं, फिर भी लोगों की प्रशंसा से तो यही लगता है कि आप सब जैसी नहीं हैं, आपमें कुछ ज़रूर ऐसा असाधारण है जो सबके पास नहीं है।" नरसिंहम् ने गम्भीर स्वर में उत्तर दिया।

"असाधारण हो या साधारण; लेकिन नरसिंहम्, लोग यह क्यों भूल जाते हैं कि वह सब कुछ ही क्षणों का है? मुझे तो सच ही, बड़ा दुःख होता है, जब इतनी अधिक नश्वर चीज़ के पीछे लोगों को इस तरह भागते देखती हूँ। इस नश्वरता का परिचय लोग हर क्षण पाते रहते हैं, फिर भी क्यों ये ऐसा पागलपन करते हैं?"

राजकुमारी नरसिंहम् के पास बैठ गई थी। इस वाक्य के साथ ही एक बार फिर उसे बड़ी झेंप लगी—यह कैसा प्रश्न वह किस व्यक्ति से कह रही है? उस व्यक्ति से जो स्वयं स्वीकार कर चुका है कि वह इस तरह की किसी भी बात को नहीं समझता।

नरसिंहम् बोल रहा था, "राजकुमारी, और अधिक गहरी बातें तो आप स्वयं समझती होंगी, आप विदुषी हैं, लेकिन मेरी समझ में तो यही आता है कि शायद इसकी नश्वरता ही लोगों को आकर्षित करती है। किसी भी असाधारण, अपरूप वस्तु की ओर लोग शायद इसीलिए दौड़ते हैं कि वह नश्वर है और नश्वर है तो शीघ्र ही चली भी जाएगी। उसके चले जाने से पहले ही हर व्यक्ति उसको देख लेना चाहता है कि देखें तो सही, कैसी असाधारण वह चीज़ है। कोई साधारण मेला-तमाशा एक-दो दिन के लिए हमारे नगर में आता है तो लोग झुंड-के-झुंड दौड़ पड़ते हैं।"

"फिर भी वे उस जाने वाली चीज़ को रोक़ तो नहीं सकते न?" नन्दा का प्रश्न फिर उसके हृदय की व्यथा बन गया।

"रोक न सकना कोई अपराध तो नहीं है—वह बेबसी है। इसके कारण यदि अवसर मिले तो, या अवसर प्राप्त करके भी, उसे देखने से ही क्यों वंचित रहा जाए?"

"यही तो मैं जानना चाहती हूँ नरसिंहम्, यह बेबसी क्यों है?" बेसब्री से नन्दा ने कहा। वह भूल गई कि किससे बात कर रही है।

"राजकुमारी, इन सब बातों को मैं नहीं जानता। आपका ज्ञानकोश विशाल है, आप अपने को अनेक प्रश्नों में उलझा लेती हैं। मैं तो सचमुच आज अनुभव करता हूँ कि दो मिनट को ही मुझे आँखें मिल जातीं..." फिर ज़रा वह झिझककर बोला, "राजकुमारी, मैंने आपके यहाँ कष्ट करने का कारण नहीं पूछा और मिलते ही हम लोग बहस में पड़ गए।"

राजकुमारी ने अनुभव किया कि यह अन्धा जीवन और जगत् के भेद को चाहे न समझता हो, लेकिन बात समझदारी की करता है। उसने उत्तर दिया, "जब मैं घूमती हुई इधर आई, तो तुम्हारा यश सुना। बिना देखे भी तुम रूप और भावों को यों साकार कर देते हो, तो स्वाभाविक जिज्ञासा हुई। और मैं कह सकती हूँ कि तुम्हें जैसा सुना था, वैसा ही पाया।"

"जब आपने यहाँ तक आने का कष्ट किया है, तो क्या थोड़ा कष्ट और नहीं कर सकेंगी?" नरसिंहम् ने बहुत संकोच से पूछा।

"क्या?"

"मैं आपकी मूर्ति बनाना चाहता हूँ।" आँखें झुकाए हुए ही वह बोला।

"फिर वही बात?" नन्दा के मुख पर मुस्कान आ गई, शिल्पी के आग्रह पर। उसने पूछा, "लाभ क्या है? मूर्ति बनाकर क्या करोगे तुम?"

"यह तो मैं नहीं जानता..." नरसिंहम् वास्तव में अपने इस उत्तर पर चौंक गया। मूर्ति बनाकर वह क्या करेगा—क्या करता आ रहा है...यह वह नहीं जानता।

थोड़ी देर चुप रहकर उसने उत्तर दिया, "और तो मैं कुछ नहीं जानता, लेकिन आगे आने वाले लोगों के लिए मैं उस असाधारण रूप को सुरक्षित अवश्य कर जाऊँगा।"

उसके रूप की नश्वरता केवल उसके शरीर के साथ ही नहीं है—जैसाकि वह समझती है, इस भावना से राजकुमारी को थोड़ा सन्तोष मिला। वह गम्भीरता से बोली, "अच्छा, नरसिंहम्, मुझे आज के दिन इस विषय पर सोच लेने दो।"

और अन्य साधारण बातचीत के पश्चात् नन्दा अपने निवास-स्थान पर लौट आई। वह दिन-भर सोचती रही, उस विचित्र शिल्पी की बात। उसके रूप को वह अमरता देने जा रहा है। उसके हाथों में जादू है। निश्चय ही वह उसे विश्व के कला-इतिहास में एक स्थायी निधि बना देगा। उसकी आँखों में विशाल कमरा नाच उठा—जिसमें सैकड़ों विभिन्न आकार और मुद्रा वाली मूर्तियाँ सजी हुई रखी हैं। स्थान-स्थान पर दीपाधार और झाड़ लटक रहे हैं, और प्रकाश से कमरा जगमगा रहा है। हज़ारों दर्शकों की भीड़ उस कमरे में रखी मूर्तियों को देख रही है; उनमें सामने बिलकुल बीच में रखी है राजकुमारी नन्दा की प्रतिमा...हर दर्शक वहाँ तक जाता है और उस अपरूपता सौन्दर्य की मोहिनी में बँधकर चकित-सा उसे देखता रह जाता है। समय की धार खिसकती जाती है, लेकिन वह प्रतिमा वहीं रखी है...उसका रूप अमर हो जाएगा! और जब वह अनजाने ही शीशे के सामने मुग्ध अपने-आपको देख रही थी, तभी जैसे किसी ने कहा, "लेकिन मेरे भीतर निरन्तर सुलगती वह जिज्ञासा—यह प्रश्न—यह ज्ञान?"

दूसरे दिन उसने नरसिंहम् से कहा, "नरसिंहम्, मुझे कोई आपत्ति नहीं है, लेकिन मैं एक बात जानना चाहूँगी—जानना क्या, एक शर्त रखना चाहूँगी।"

"क्या?" पहली बात से प्रसन्न, दूसरी से चिन्तित होकर नरसिंहम् ने पूछा।

"तुम केवल मेरे रूप को ही तो बनाओगे न, लेकिन मेरे भीतर जो ये प्रश्न निरन्तर सुलग रहे हैं, इनका क्या हो?" नन्दा बिलकुल ऐसी तटस्थता से कह रही थी, जैसे वह किसी तीसरे आदमी के विषय में बातें कर रही हो, "लोगों का कहना यह है कि मेरे भीतर निरन्तर जलती ज्ञान की वह शिखा ही इस रूप को सतगुणित आभा दे रही है। उसके बिना क्या मेरा रूप बिलकुल निर्जीव नहीं होगा?"

नरसिंहम् चिन्ता में पड़ गया। उसने उत्तर दिया, "राजकुमारी, मैंने बताया कि ज्ञान और रूप दोनों को ही मैं नहीं समझ सकता, देख नहीं सकता। मेरे पास हाथ हैं, और हृदय है—आँखें नहीं हैं। हाथ से मैं रूप को स्पर्श करता हूँ, और हृदय से उसे अनुभव करता हूँ...बस, यही मेरी सीमाएँ हैं। जो मेरे स्पर्श में आ जाता है, वही मेरे अनुभव का भाग भी बन जाता है, तब उसे तो साकार कर ही सकता हूँ। क्या आपके ज्ञान को मैं स्पर्श कर सकूँगा?"

राजकुमारी ने उत्तर के इन शब्दों में तो बात नहीं सोची थी, लेकिन जिस उत्तर की उसने आशा की थी, उसमें कुछ इसी अर्थ की आशंका थी। वह उदास स्वर में बोली, "यही तो कठिनाई है नरसिंहम्, वह स्पर्श की वस्तु तो है ही नहीं, स्वाद, श्रवण और घ्राण की भी वस्तु नहीं है—शायद बहुतों को तो दिखाई भी न दे..."

"तब?...तब तो बड़ा कठिन है।" नरसिंहम् हताश हो गया। वह सोचता रहा, सोचता रहा—फिर उसने पूछा, "उसे आप अपने रूप की किसी भी भंगिमा या मुद्रा द्वारा आकार नहीं दे सकतीं?"

यह और भी कठिन प्रश्न था। राजकुमारी एकदम इस प्रश्न का उत्तर नहीं दे सकी। तरह-तरह की हज़ारों मुद्राएँ और भंगिमाएँ, उसके मस्तिष्क में चक्कर लगा गईं, लेकिन उसे लगा कि जो कुछ वह चाहती है, उसे कोई भंगिमा अभिव्यक्त नहीं कर पाती। बहुत सोच-विचार के बाद उसने कहा, "पद्मासन लगाए, ध्यानस्थ योगी की मुद्रा ही मुझे इन सबमें अच्छी लगती है। मुख पर गम्भीर-स्निग्ध शान्ति का भाव, बन्द आँखें..."

"किन्तु, राजकुमारी, शंका क्षमा करें।" नरसिंहम् बात काटकर बोला, "यह तो कोई भंगिमा या मुद्रा नहीं हुई। इस मुद्रा को तो शायद बड़े-से-बड़ा मूर्ख और ढोंगी भी धारण कर सकता है। मुझे तो केवल आपकी ही असाधारण अभिव्यक्ति करने वाली मुद्रा चाहिए, तभी तो मैं आपको आश्वासन दे सकूँगा।"

राजकुमारी जैसे अपनी विवशता में मचल उठी। क्या सचमुच कोई ऐसी मुद्रा या भंगिमा नहीं है, जो रूप को साथ अभिव्यक्त करके वह इस अन्धे शिल्पी को हृदयंगम करा दे? ठीक तो है, इस पद्मासन वाली मुद्रा को तो हर मूर्ख और ढोंगी धारण कर सकता है। इससे यह कहाँ पता चलता है कि जीवन और जगत् के रहस्यों के खोज में यह व्यक्ति कहाँ तक बढ़ चुका है? या इसके हृदय में उठने वाले प्रश्नों में वेग और आवेग कितना है? तो फिर...तो फिर...?

"नरसिंहम्, मैं किसी ऐसी मुद्रा या भंगिमा को नहीं जानती, जिससे मेरी, केवल मेरी, असाधारणता अभिव्यक्त हो सके।" राजकुमारी रुआँसी हो आई। उसे लगा कि कला के रूप में उसने इस नश्वरता को जीतने का हथियार पा लिया है, और अपने हृदय में सुलगते प्रश्नों का एक समाधान, एक शान्ति, वह दे सकेगी, जो आज तक कोई खोज़ी नहीं दे सका।

"तो फिर?" नरसिंहम् के इस 'तो फिर' में ऐसी निराशा थी कि अन्धे को यों निराश करने के कारण नन्दा व्यथित हो उठी। उसने कहा, "तो फिर, मैं क्या करूँ, तुम्हीं बताओ?"

"नन्दा!" नरसिंहम् नन्दा के कन्धे पर सरल आग्रह का हाथ रखकर बोला, "मुझे केवल रूप की असाधारणता को अमर कर लेने दो, तुम्हारे ज्ञान की असाधारणता को शायद कोई और अमर कर सके।"

"मुझे तुम्हारी अभ्यस्त कला पर विश्वास है। तुम रूप की असाधारणता को अमर कर दोगे, इसमें मुझे ज़रा भी सन्देह नहीं; लेकिन ज्ञान की असाधारणता को अमरता में बाँधने वाला मुझे कौन, कहाँ मिलेगा? यह ज्ञान इतना सूक्ष्म क्यों है? क्या मेरे अट्ठाईस वर्षों के ज्ञान की साधना-तपस्या यों ही गई? कोई भी इसे समझ नहीं पाएगा? मेरी इस व्याकुलता को कोई भी वाणी देकर आने वाले लोगों को यह नहीं बताएगा कि जीवन और जगत की रहस्य-समस्याओं से मैं कितनी आन्दोलित और मथित रहती थी?" नन्दा रो पड़ी। इतनी बेचैन और व्याकुल शायद वह कभी नहीं हुई थी।

उसके कन्धे पर रखे हाथ से उसे हल्के थपथपाकर नरसिंहम् बोला, "नन्दा, संसार बहुत बड़ा है। यों व्याकुल क्यों होती हो? शायद कोई और तुम्हारी तपस्या को समझ सके। मैं ज्ञानी नहीं हूँ, ज्ञान को नहीं समझता, लेकिन शायद तुम्हारी व्याकुलता को समझ सकता हूँ। मुझे तुम अपने इसी रूप को साकार करने दो।"

नन्दा ने कुछ नहीं कहा। लेकिन उसे लगा, जैसे वह बीच से दो टुकड़े हो गई; कोई दृढ़ता उसके मन में थी, जो कि टूटकर बिखर गई है। आज तक उसके ज्ञान को आगे रखा था, और रूप को झुठलाया था। आज उसे लगा कि उसने रूप के महत्त्व को स्वीकार किया है और ज्ञान को पीछे कर दिया है। उसकी साधना? अट्ठाईस वर्ष तक यह रूप की उपेक्षा! वह क्या करें...?

और दूसरे दिन जब नरसिंहम् ने आवश्यक मिट्टी सामने रखकर उसे बैठाया तो वह बड़ा अजब-अजब अनुभव कर रही थी। आज उसका रूप अमर होने जा रहा था। उसके मन में ऐसा एक दुःख था, जैसे परीक्षार्थी जिस प्रश्न को सबसे अधिक तैयार करे, उसकी ही उपेक्षा को जाए।

जब नरसिंहम् ने उसकी सुन्दर उँगलियाँ, हथेली, कलाई और बाँहों को अपने अभ्यस्त हाथों से टटोला तो उसे लगा, जैसे वह एकदम किसी नई वस्तु को टटोल रहा है, या शायद ज़िन्दगी में पहली बार ही वह मूर्ति बनाने बैठा है। मन में उठती बात को दो-एक बार दबाकर उसने बड़े झिझकते स्वर में कहा, "राजकुमारी, यदि आप बुरा न मानें तो एक बात कहूँ?"

"क्या?" नन्दा चुपचाप शिल्पी की हर चेष्टा का अध्ययन कर रही थी। उसने उसके दो-एक बार फड़कते होंठों को भी देखा था—वह कुछ कहना चाहता है, यह उसे लग रहा था।

"अपने इस कलाकार के जीवन को मुझे लगभग बीस वर्ष होने आए। हज़ारों ही नारियों की मूर्तियाँ मैंने बनाईं। उनके अंगों की गठन का मैंने अध्ययन किया, लेकिन ऐसा विचित्र हाथ मैंने किसी का नहीं देखा।"

"कैसा?" कौतूहल से नन्दा ने पूछा।

"इतना सानुपातिक, इतनी सुन्दर गठन, और आप विश्वास करेंगी, यदि मैं यह कहूँ कि अपने हर आधार (मॉडल) को स्पर्श करते समय मेरे हाथ, मन सभी

कुछ बिलकुल निस्पंद रहे हैं, लेकिन...लेकिन इस हाथ का स्पर्श बड़ा सुखदायक लगता है।" नन्दा पर अपने शब्दों की प्रतिक्रिया का अनुमान वह अपलक आँखें खोलकर ही करना चाहता था।

राजकुमारी का सारा शरीर रोमांचित हो आया। ख़ून की एक लहर कनपटी पर दौड़ गई। उसने फ़ौरन ही अपना हाथ झटके से खींच लिया। अपने रूप और सौन्दर्य की प्रशंसा उसने अनगिनत बार सुनी थी। लेकिन सामने बैठे इस अन्धे शिल्पी की—निश्चित रूप से जो उसे देख भी नहीं सकता—इस प्रशंसा में ऐसा क्या है, जिसने उसे यों अस्थिर बना दिया है? नन्दा ने जब इसका विश्लेषण किया, तो पाया कि केवल रूप तक जाने की इसकी विवशता ही यह मूल कारण है। "क्या सचमुच इस रूप के पार तुम किसी दूसरी चीज़ का अनुमान नहीं लगा सकते, नरसिंहम्? क्या तुम मेरी आत्मा के सौन्दर्य को ज़रा भी नहीं देख सकोगे?"

"यह मेरी सीमा है, विवशता।" उसके स्वर में निश्छल व्यथा थी।

नन्दा ने एक गहरी साँस ली और कहा, "अच्छा, नरसिंहम्, आज मेरी मन:स्थिति ठीक नहीं है, शेष कल।" और वह चली आई। नरसिंहम् बैठा सोचता रहा, 'क्या नन्दा को उसकी बात का बुरा लगा? लेकिन उसने तो कोई ऐसी बुरी बात कही नहीं है। सत्य ही तो कहा है।'

दूसरे दिन जब वह नन्दा की बाँह, कन्धे और गले का स्पर्श कर रहा था, तो बार-बार उसका हाथ काँप जाता। नन्दा की त्वचा के नीचे रक्त की धड़कन, जैसे उसके हाथ को पिघला-सी देती। उसे कई बार ऐसा लगा, जैसे नन्दा का शरीर रोमांचित हो आया हो। वह उस समय चुप रहा, लेकिन मिट्टी तैयार करते हुए उसने पूछा, "सचमुच, राजकुमारी, मैं जानना चाहता हूँ—रूप के पार क्या है?"

"रूप के पार आत्मा है!" नन्दा ने जैसे हज़ारों बार दुहराए गए शब्द कहे, "जीवन और जगत के मूल रहस्यों—इस नाम-रूपात्मकता के जाल के परे—वास्तविकता को जानने, उसे भेद जाने की उत्कट जिज्ञासा है, उसे ग्रहण करने की आकांक्षा है। वही तो सब कुछ है।"

"फिर यह रूप और सौन्दर्य क्या है?" नरसिंहम् ने यह सहज प्रश्न किया।

"रूप और सौन्दर्य वह सुनहले पर्दे हैं, जिनके पीछे वह छिपा है। वही तो ज्योति है, जो रूप के पर्दे को सौन्दर्य की आभा से उद्‌भासित रखती है। वही दीप-शिखा है, जो इसके पीछे झिलमिलाती है—जब तक वह है, तभी तक यह रूप का प्रकाश है।" नन्दा के मुख पर तेज़ आ गया, "वह स्वयं प्रकाश है, वह अखंड है—वही चरम सत्य है।"

नरसिंहम् ने कुछ देर बाद फिर पूछा, "जब वह इतना समर्थ है, तो फिर यह रूप क्यों?"

राजकुमारी थोड़ी अचकचा उठी, फिर भी उत्तर दिया, "क्योंकि अपनी अभिव्यक्ति का कोई माध्यम या आधार उसे चाहिए।"

"तो क्या रूप के अतिरिक्त उसके पास कोई आधार नहीं है?" नरसिंहम् काम छोड़कर बैठ गया और सरल उत्सुकता से नन्दा के मुख की ओर उसने आँखें उठा दीं।

"रूप या आकार के बिना वह अपने को कैसे अभिव्यक्त कर सकता है?" नन्दा को लगा कि उसका ज्ञान फिर एक बार पराजय की दिशा में जा रहा है।

"तो रूप या आकार के बिना उसका अस्तित्व नहीं है?"—नरसिंहम् ने कहा, "सुनते हैं, शरीर के बिना प्राण प्रेत होता है। मनुष्य को त्रास और यंत्रणा देता है। शायद आत्मा भी जब रूप के साथ है, तब पवित्र है—पूज्य है, शुभ है—इसके बाद फिर प्रेत है।"

एक गम्भीर 'हूँ' के बाद नन्दा चुप हो गई। नरसिंहम् भी चुप रहा। फिर जैसे स्वयं ही बड़बड़ाने लगा, "मुझे तो लगता है नन्दा, शरीर और रूप के बिना आत्मा कुछ नहीं है। जो इतना असमर्थ और अशक्त है, कि बिना रूप के अपना अस्तित्व प्रमाणित नहीं कर सकता, वह सर्वशक्तिमान और सत्य कैसे है? सत्य और सर्वशक्तिमान तो फिर रूप हुआ न?"

"रूप! रूप! अन्धे, तुमने मुझे तंग कर दिया।" एकदम तड़पकर नन्दा बोली, "मैं मानती हूँ कि रूप ही सत्य है, फिर वह इतना अस्थिर, अचिर और नश्वर क्यों है?" प्रश्न करने के साथ ही अपनी इस अप्रत्याशित उत्तेजता पर नन्दा लज्जित हो उठी।

एकदम नरसिंहम् चौंक गया। शायद वह इस विषय पर कुछ सोचता भी, किन्तु नन्दा की उत्तेजना से सहमकर उसने उत्तर दिया, "यही सब यदि जानता होता तो नन्दा, मैं भी सिद्ध हो गया होता। तुम इन सबको जानती हो, इसलिए अपनी जिज्ञासाएँ रखीं, तुम्हें बुरा लगता है तो छोड़ो। लेकिन मैं एक बात पूछता हूँ—जब रूप ही सत्य है तो इतने वर्ष तुमने उपेक्षा करके क्या सत्य के प्रति अपराध नहीं किया?" नरसिंहम् ने आगे बढ़कर फिर नन्दा के स्वस्थ और मांसल कन्धे पर हाथ रख दिया, "सत्य, और एक असाधारण सत्य को अपने पास रखकर तुमने इसको सिर्फ़ उपेक्षित पड़े रहने के लिए इस तरह फेंक दिया है। तुमने कभी नहीं सोचा कि यह रूप का सत्य तो हर एक के पास है, लेकिन असाधारण सत्य तो हर एक के पास नहीं है—वह तो स्पृहा की ही वस्तु है।"

"असाधारण सत्य मेरे पास है तो मैं क्या करूँ?"

नन्दा ने वक्र-दृष्टि से अपने कन्धे पर रखे नरसिंहम् के हाथ को देखा, फिर तीखी दृष्टि से उसके मुख की ओर झाँककर बोली, "जो उसकी असाधारणता, अपरूपता की पहचान और परख रखता है, उसे उसकी पहचान और परख का आनन्द लेने दो। सत्य की परख का आनन्द ही तो परम और चरम आनन्द है।" कन्धे पर रखा नरसिंहम् का हाथ पसीज़ उठा—राजकुमारी के शरीर में एक फुरहरी

आई, लेकिन उसने ज़ोर से नरसिंहम् का हाथ झटक दिया और उठ खड़ी हुई, "नीच, पतित? सीधी बात क्यों नहीं कहता कि वेश्या की तरह अपने रूप को हर एक को दो, सड़कों पर फेंको—इतना घुमा-फिराकर क्यों दार्शनिकों जैसी भाषा का आधार लेता है?"

और अत्यन्त क्रुद्ध हो नन्दा वहाँ से लौट आई। तब बहुत देर तक निवास-स्थान पर आकर रोती रही।

नरसिंहम् पहले तो एकदम चकित उजबक की तरह देखता रहा, लेकिन जब उसने दूर चली जाती नन्दा के चरणों की चाप सुनी तो एकदम सिर लटका लिया। 'पतित! नीच' फिरकी की तरह होड़ बाँधकर ये शब्द उसके मस्तिष्क में निरन्तर घूमते रहे। उसने अपनी कमज़ोरी को क्यों इस तरह प्रकट किया? लेकिन वास्तव में ही क्या यह उसकी कमज़ोरी है?—सत्य की परख, असाधारणत्व की पहचान, क्या कमज़ोरी है? झूठ को झूठ, सत्य को सत्य, कुरूप को कुरूप, सुन्दर को सुन्दर या प्रिय को प्रिय कह देना कमज़ोरी है? वह दिन-भर द्वन्द्व और पश्चात्ताप की आग में जलता रहा। मानसिक ग्लानि थी कि उसे खाए जा रही थी, और उसकी नींद हराम हो गई थी। भौंहें तनी थीं और आँखों में बार-बार आँसू आ जाते थे।

लेकिन जब दूसरे दिन निश्चित समय पर उन चिर-परिचित पदों की चाप सुनी, तो चौंककर उसने सिर उठा लिया—उसकी इच्छा हो रही थी कि अपने मुँह को दोनों हाथों से ढक ले। उसने जैसे परिस्थिति भाँपने वाली प्रश्न-दृष्टि से उधर देखा।

"नरसिंहम्, आज तो तुम ऐसे बैठे हो जैसे तुम्हें कुछ करना ही न हो!" बड़े स्वाभाविक और स्निग्ध स्वर में नन्दा ने उसके पास बैठकर पूछा।

"राजकुमारी, मेरी बातों से आपको बहुत ही कष्ट पहुँचता है, मैं क्षमा माँग लेता हूँ। आगे से इस प्रकार की कोई दुर्बलता मैं प्रकट नहीं करूँगा और चुप ही रहूँगा।" वह एक दीर्घ निःश्वास लेकर पुनः मिट्टी तैयार करने लगा।

नन्दा उसके हर अंग-चालन को देखती रही। उसके मुख, उसकी आँखों और उसकी हर हरकत से वह अनुमान लगाना चाहती थी कि इस व्यक्ति के भीतर आख़िर चल क्या रहा है। वह बेझिझक होकर शायद इसलिए उसे देख सकती थी कि वह जानती थी कि नरसिंहम् अन्धा है, देख नहीं सकता। कौन-सी तड़प इसके भीतर है, जो इसे चला रही है?

कुछ ही क्षण बाद नरसिंहम् के हाथ नन्दा के कपोलों, नासिका, भाल, भौंहों और आँखों का स्पर्श करने लगे। अपनी सारी चेतना जैसे हाथों में केन्द्रित करके, साँस रोके, सूक्ष्म-से-सूक्ष्म रूपरेखा को वह हृदयंगम करने लगा। उँगलियाँ होंठों पर आईं और फिर न जाने क्या हुआ कि अपने होंठों पर एक कोमल, मृदुल किन्तु

अंगारे जैसे तप्त स्पर्श से नन्दा चौंक पड़ी। उसने ठीक अपने कपोलों पर नरसिंहम् की गर्म साँस महसूस की और तड़ाक् से ज़ोर का एक चाँटा नरसिंहम् के गाल पर बज उठा। बिजली की कौंध की तरह यह सब हो गया।

सिर झुकाए हत्या के अपराधी की तरह नरसिंहम् बैठा था, पश्चात्ताप और ग्लानि की साकार मूर्ति, और तनी हुई हाँफती नन्दा उसे घूर रही थी। उसकी आँखों में आँसू खौल रहे थे। उसने फिरकर कहा, "मैं तुम्हें ऐसा नहीं समझती थी।"

नरसिंहम् चुपचाप बैठा था, इस बार उसने ज़रा सिर उठाया, बड़े स्पष्ट स्वर में पूछा, "कैसा?"

"कि साधारण लोगों की तरह तुम भी यों इन कुत्सित वासनाओं के कीड़े हो?" स्वर की तेज़ी में ज़रा भी कमी नहीं थी।

शायद नरसिंहम् सोचता कि उत्तर दे या न दे, फिर ज़रा साहस से उसने कहा, "इसमें नन्दा, मेरी तो ग़लती नहीं है। यह तो तुम्हें मेरी इन कृतियों को देखकर ख़ुद सोचना चाहिए, जिसके पास भावनाओं का इतना ख़ज़ाना है कि नित्य अपनी कृतियों में बिखेरकर भी जो समाप्त नहीं होता, वह स्वयं इन भावनाओं से अलग कैसे होगा? भावनाओं के तीव्र ज्वार में बह जाना तो मेरे लिए और भी सरल है, क्योंकि हर भावना की अनुभूति मुझे साधारण लोगों की अपेक्षा अधिक उत्कटता से होती है।"

"भावना नहीं, वासना!" नन्दा ज़ोर से चीख़ पड़ी, फिर सँभलकर बोली, "जहाँ तक सौन्दर्य की असाधारणता की पहचान और परख की बात है, मैं तुम्हारी भावनाओं का आदर कर सकती हूँ, लेकिन यह, यह तो वासना है, और इसके आगे झुकने को मैं कभी भी तैयार नहीं हूँ।"

"कोई बुरा काम तो मैंने किया नहीं है नन्दा।" नरसिंहम् ने नन्दा की आँखों में अनुमान से देखकर कहा, "रूप असाधारणता को परखना-पहचानना कोई बुरा काम नहीं है, और जो सचमुच इसे परख-पहचान लेता है, वह इसकी पूजा किये बिना कैसे रह सकता है?"

"पूजा!" नन्दा ने विद्रूप से दुहराया, "क्यों पूजा जैसे पवित्र शब्द की खिल्ली उड़ाते हो! यह पूजा है?"

"मैं तो इसे पूजा के अतिरिक्त कोई नाम नहीं देता।" नरसिंहम् ने बेझिझक उत्तर दिया, "तुम्हारे लिए पूजा का अर्थ धूप-दीप-नैवेद्य की आरती है। लेकिन उस समय मन में हमारे चाहे जो हो, हाथ हमारे पूजा करते हैं, इस दुविधा को हम आत्मा का अंचन मानते हैं, लेकिन मेरी इस पूजा में मन और हाथों या शरीर की एकनिष्ठता ही सबसे पवित्र वस्तु है। मन-सहित जहाँ हमारी सारी ऐन्द्रिक चेतना एक बिन्दु पर केन्द्रित हो जाती है, वही पूजा का सर्वश्रेष्ठ रूप है।"

"नहीं, सारी चित्तवृत्तियों का निरोध और आत्मा की शुद्धि ही पूजा है। जब तुम नहीं जानते, तो किसी चीज़ को ग़लत क्यों कहते हो?" नन्दा ने तीव्रता से काटा।

उसका समस्त रूप और शरीर क्या करे, जिसके बिना आत्मा कुछ भी नहीं है? सचेत सरलता से नरसिंहम् ने कहा, "पूजा के लिए एकनिष्ठता की आवश्यकता है, और एकनिष्ठता बिना सन्तोष के नहीं आ सकती। सन्तोष के लिए आवश्यक है तृप्ति—जो जिसका ग्राह्य है, भोजन है, उसे वह दे देना ही तृप्ति है। नन्दा, शरीर की तृप्ति शरीर से है—रूप की तृप्ति रूप से, यही पूजा का पवित्रतम रूप है। तुम आत्मा को भोजन देने के नाम पर शरीर को भूखा रखती हो। पूजा की एकनिष्ठता कहाँ से आए? यह तो ऐसा ही हुआ, जैसे घर के दो बच्चों में से एक को ज़बरदस्ती भूखा रखा जाए और दूसरे को उसके सामने ही ख़ूब भोजन दिया जाए, और फिर घर में शान्ति की कामना की जाए।"

"यदि एक बच्चा उपेक्षा के ही लायक़ है तो?" नन्दा की भौंहें तनी ही थीं।

"मैंने तो बात रूप के लिए तुम्हारे दृष्टिकोण से कही, मुझे तो दूसरा बच्चा ही काल्पनिक दिखाई देता है। काल्पनिक बच्चे के लिए वास्तविक को भूखा मारना, नन्दा, मुझे मूर्खता अधिक लगती है—पूजा-जैसी एकनिष्ठता और सत्यता तो इसमें है ही नहीं।" नरसिंहम् ने दृढ़ता से जवाब दिया।

नन्दा धीरे-धीरे शान्त हो रही थी। अपलक दृष्टि से उसके मुख की हर रेखा को पढ़ने लगी थी। उसने स्वर को यथासम्भव शान्त करके कहा, "नरसिंहम्, जो भी हो, तुम्हारी भावना का मैं आदर कर सकती हूँ, वासना का नहीं।"

"नन्दा, इस बात को तुम दुबारा कह रही हो, पर मेरी समझ में नहीं आता, भावना और वासना में अन्तर क्या और कहाँ है?" नरसिंहम् ने पूछा।

"शरीर का आधार लेकर—या शरीर के द्वारा व्यक्त होने पर भावना ही वासना हो जाती है, तभी वह निन्दनीय..."

बात काटकर नरसिंहम् बोला, "मेरी पूजा को तुमने 'वासना' कहा, क्योंकि वह शरीर के द्वारा रूप का या रूप के द्वारा रूप का सम्मान था, और जब तक मैं वाणी से उसका सम्मान कर रहा था, तुमने अधिक विरोध न किया। मैं पूछता हूँ, क्या स्वर के अवयवों से बनी वाणी का कोई शरीर-रूप या शारीरिक आधार नहीं है? शरीर वाणी से रूप सम्मान पवित्र है और...अच्छा, ख़ैर छोड़ो, तुम बताओ, बालक को गोद में बैठाकर उसके लाड़-प्यार में डूबी हुई माँ की शारीरिक तन्मयता वासना है या भावना?" अपनी बात को अधिक अच्छे ढंग से कह पाने का नरसिंहम् के मुख पर आत्मविश्वास आ गया था।

"लेकिन वासना..." इस उदाहरण से नन्दा चौंक पड़ी। उसे लगा कि 'वासना' की व्याख्या को अभी और दुहराने की आवश्यकता है। उसने जैसे हतप्रभ होकर कहा, "लेकिन नरसिंहम्, बालक के प्रति ममता की 'वासना' के खुले प्रदर्शन की समाज आज्ञा देता है, उसे स्वीकार करता है। और तुम्हारी इस पूजा की वासना..."

"इसका अर्थ तो यह हुआ कि चार आदमी जो कुछ कह दें, वह बड़ी चीज़ है, सत्य अपने-आपमें कुछ नहीं है? और क्या समाज का यही रूप शाश्वत है? ख़ैर, फिर भी समाज के इस आज्ञा देने का क्या कारण है, जानती हो?" इस बार नरसिंहम् के होंठों में हल्की मुस्कराहट आ गई, उसने नन्दा की 'नहीं'—सूचक मुद्रा को लक्ष्य करके स्वयं उत्तर दिया, "समाज इस वासना के प्रदर्शन की इसीलिए आज्ञा देता है कि वह बहुत सस्ती साधारण-सी चीज़ है। जो सबसे अधिक मूल्यवान् है, उसे बाज़ारों और हाटों में नहीं फेंका जाता, उसे अधिक-से-अधिक सचेष्ट, सावधानी से रखा जाता है।"

"मैं यह जानना चाहती हूँ कि जब भावना और वासना दो अलग चीज़ें नहीं हैं, तो क्यों लोगों ने ये दो भेद कर दिये हैं—एक को श्रेष्ठ और एक को निम्न बताया है?" नन्दा चिन्तन में डूब गई।

नरसिंहम् फिर हँस पड़ा। ज्ञानी राजकुमारी एक मूर्ख शिल्पी के सामने जिज्ञासु बनकर बैठी है। फिर भी वह बोला, "नन्दा, मैंने स्वीकार किया कि मैं और लोगों का ज्ञान नहीं जानता, यहाँ बैठे-बैठे इन मूर्तियों से उलझते हुए ही प्रश्नों का जो उत्तर सामने आ जाता है, वही मेरी थाती है, ज्ञान, या सीमा है। तुमने अफ़लातून का नाम सुना है? सुनते हैं, यह कोई बहुत बड़ा विद्वान हुआ है। वासना और भावना को अलग करके एक को ऊँचा एक को नीचा मानने का सिद्धान्त उसी के नाम से जाना जाता है। वह भावना भावना के प्रेम को, आत्मा आत्मा के प्रेम को महान् और आदर्श बताता था। उसका आदर्शवादी प्रेम अफ़लातूनी के नाम से प्रसिद्ध है। लेकिन मैं तो दार्शनिक नहीं हूँ। एक साधारण, तुच्छ शिल्पी हूँ। मैंने तुम्हें बताया कि भावना या आत्मा की मैं बिना रूप के कल्पना ही नहीं कर सकता। इतने दिन मूर्तियाँ बनाते हो गए, मुझे तो मानव-हृदय की गूढ़-से-गूढ़ कोई ऐसी भावना नज़र नहीं आती, जो या तो शरीर के माध्यम से अभिव्यक्ति न पाती हो, या शरीर का आधार लेकर प्रकट न होती हो। कम-से-कम उसका कोई शारीरिक परिणाम या परिणति अवश्य होती है। तुम्हारे यहाँ शास्त्रों में भी तो सुनते हैं कि भाव जब तक शरीर के स्तर तक नहीं आता, या अनुभवों के रूप में अपने को व्यक्त नहीं करता, रस ही नहीं बन पाता है। सो भावना और वासना, यह विभाजन मुझे तो बिलकुल ही काल्पनिक लगता है। जब भावना शारीरिक आधार लेकर अपने को पूरी प्रकट नहीं कर पाती, या तुम्हारे शब्दों में, वासना नहीं बन पाती या किन्हीं कारणों से प्रकट होने के पहले हम उसे कुचल देते हैं, या सामाजिक सम्बन्ध के कारण उसमें से बहुत-सी ऐसी बातों को निकाल डालते हैं जिन्हें अशोभन समझते हैं, तो वासना, भावना के स्तर तक ही रहती है। एक शब्द में, शायद, अनभिव्यक्ति ही जिसका निश्चित अन्त या नियति हो, वह वासना ही भावना है।"

"फिर यह दुनिया-भर का बखेड़ा क्या है?" बार-बार की निरुत्तरता तथा पराजय से जैसे इस बार अत्यन्त ही व्यथित होकर नन्दा ने पूछा। उसका सारा क्रोध शान्त हो चुका था।

"बखेड़ा है, नन्दा, इस बात का कि हम किसी भी वस्तु को सम्पूर्ण नहीं देख सकते, देखना ही नहीं चाहते। हम स्वयं जितना ऊँचे हैं, वहीं से उसके टुकड़े कर डालते हैं। फल यह होता है कि जिसे महान् समझकर हम देखने चले थे, वह टुकड़ों में बँटकर साधारण रह जाती है; इस स्वप्न-भंग से तंग आकर हम या तो हर महानता के प्रति विश्वास खो बैठते हैं, या एक काल्पनिक महानता का निर्माण कर डालते हैं। साधारण व्यवहार में ही लो, कोई भी महान् व्यक्ति आता है, तो हम जो कुछ भी हैं, उसे उसमें घटाकर ही उसकी शेष महानता को जानना चाहते हैं; हम इस भावना से उसके पास जाते हैं कि देखें तो सही कि वह क्या चीज़ है, जो हमारे अलावा उसके पास है; यह तो बिलकुल ऐसा ही हुआ जैसे सम्पूर्णत: देखने के स्थान पर हम कुतुबमीनार को अपने सिर की ऊँचाई के बराबर से काटकर शेष महानता का अनुमान लगाना चाहें। इतना हम काटते इसलिए हैं कि इतने ऊँचे तो हम स्वयं हैं ही, उसे क्या जोड़ें! फल यह होता है कि सारी ऊँचाई खंड-खंड में बँटकर साधारण रह जाती है। इसमें एक मज़ा यह है कि यह कटाई हम जड़ या आधार से ही शुरू करते हैं, क्योंकि वहीं तो हम खड़े होते हैं, और आधार काट देने पर सारी ऊँचाई भहराकर धराशायी हो जाती है। यही बात भावना और वासना के साथ है। हम वासना को काटकर भावना की ऊँचाई से देखना चाहते हैं, क्योंकि वही तो हमारे पास होती है, और जिसे आसानी से काटा जा सकता है। और जब इस महत्त्वाकांक्षा में भावना की ऊँचाई धराशायी हो जाती है, तो या तो हम सारी ऊँचाई में ही विश्वास खो देते हैं, या फिर एक अवास्तविक ऊँचाई की कल्पना कर डालते हैं और उसे ही वास्तविक बताने का हठ सारे बखेड़े की जड़ है।" चुप होकर नरसिंहम् अपनी बात की प्रतिक्रिया देखने लगा।

"रूप! रूप! रूप! क्या सचमुच इस रूप के पार कुछ नहीं है, नरसिंहम्?" राजकुमारी के इतने दिनों के विश्वास पूर्णत: ध्वस्त हो चुके थे। वह नहीं जानती थी कि अचिर और अनश्वर समझकर उसने जिन विश्वासों और विचारों को ग्रहण किया था, वे स्वयं इतने कमज़ोर और नश्वर हैं। नश्वरता से छुटकारा पाने के लिए वह काल्पनिक अनश्वरता से चिपकी रही है, इस बात ने उसे विचलित कर दिया। शायद उसे अनश्वरता की कामना इतनी तीव्र और प्रिय थी कि वह किसी भी झूठ से चिपकी रह सकती थी। छोड़ना नहीं चाहती थी। उसका गला भर आया।

"हाँ, नन्दा, इस रूप के पार कुछ नहीं है; एक ख़ालीपन है, शून्य है, जहाँ हम भटक जाते हैं, भरमा जाते हैं। ग़लती मानकर पछताते हैं, लेकिन झूठा आत्मसम्मान लौटने नहीं देता। रूप, आकार, शरीर—वह विशेष हो या साधारण, यही सब कुछ

है, इसके बिना, इसकी अनुपस्थिति में किसी भावना, किसी आत्मा का कोई अस्तित्व नहीं है। इसीलिए धरती सत्य है, क्योंकि उसका एक रूप है, आकार है। आसमान शून्य है। धरती की तरह के और रूपों और सत्यों की तलाश में इस शून्य में उड़ान भरना बुरा नहीं है। लेकिन आसमान में उड़ते-उड़ते जब हम धरती को ही झूठ कहने लगेंगे, तो संसार के सबसे बड़े वितंडावाद की सृष्टि होगी। उड़ चाहे हम जितना लें, लेकिन गिरेंगे धरती पर ही; क्योंकि धरती या रूप सत्य है, और सत्य में एक ऐसा अप्रतिरोध्य आकर्षण है, जो दुनिया-भर में भटकने के बाद हमें वहीं खींच लेता है।"

अचानक नन्दा दोनों हाथ मुँह पर रखकर फूट-फूटकर रो पड़ी। नरसिंहम् चौंक उठा, उसने टटोलकर नन्दा की बाँह पकड़ ली। सहानुभूति और सान्त्वना के मृदुल स्वर में कहा, "नन्दा, मैं क्या करूँ? हर बार निश्चय करता हूँ कि तुमसे यह सब बातें नहीं करूँगा, लेकिन...लेकिन..."

नन्दा उसकी गोद में लुढ़ककर बिलख उठी, हिचकियों में उसने कहा, "नरसिंहम्, मुझे बताओ, मैं क्या करूँ? मैं जीवन-भर भटकती रही हूँ—एक के बाद दूसरी मरीचिका के पीछे दौड़ी हूँ। मेरे प्रश्नों का समाधान कहाँ है? कहाँ है वह जगह, जहाँ मुझे शान्ति मिलेगी?"

"पूजा से बढ़कर शान्ति की कोई जगह नहीं है नन्दा," नन्दा के बिखरे, रूखे और चिकने बालों पर हाथ फिराते हुए नरसिंहम् काँपते स्वर में बोला, "रूप सबसे बड़ा सत्य है, सौन्दर्य उसकी सार्थकता। अत: शोभा है, शृंगार है, और इस सुन्दरता को जिस पवित्रतम भावना के अक्षत से पूजने की बात मैं कहता हूँ, उसे अभी तक तुमने घृणा का नाम दिया है—'वासना' लेकिन वासना, शरीर के माध्यम से अभिव्यक्त होने वाला गतिशील सौन्दर्य है। निषेध! तुमने अभी तक हर वस्तु का निषेध किया है, हर वस्तु को अस्वीकार किया है, अब सभी के प्रति एक सहज स्वीकृति और स्वागत का भाव और दृष्टिकोण ही तुम्हें इस मानसिक विक्षेप से बचा सकता है।"

और जब नरसिंहम् की बाँहों में नन्दा का दम घुटने लगा था तो उच्छ्वसित साँसों की छाया में उसके होंठों पर यही अस्फुट स्वर थे, "फिर यह नश्वर क्यों है?"

पीछे वृक्षों की झुंड-की-झुंड पंक्तियाँ और सामने नदी की लहराती धारा। हवा की साँसों से तरंगित बालू के मुलायम गद्दे पर नरसिंहम् और नन्दा आसमान की ओर देखते हुए लेटे थे। चाँद की फाँक नारियल के मोर-पंखों से इस तरह झाँक रही थी जैसे रातरानी चलती-चलती कुछ देखकर ठिठककर सोचने लगी है—दूर लहरों के टकराने की हल्की-हल्की ध्वनि, टिटहरी की चीख़ और एकरस सायँ-सायँ—

आँखें बन्द किये हुए गद्गद स्वर में नन्दा ने पूछा, "नरसिंहम्, तुमने बताया नहीं?"

"क्या?"

"अब फिर शुरू से पूछूँ?" इस दुहराने में झुँझलाहट नहीं, प्यार था, "संसार का सबसे बड़ा सत्य क्या है?"

"रूप, आकार।"

"लेकिन यह नश्वर क्यों है? क्यों यह समाप्त हो जाता है?"

"अच्छा नन्दा, तुम जानती हो, नाश किसका होता है?"

"जिसकी संसार को आवश्यकता नहीं होती, जो जड़ होती है।" नन्दा ने सोचकर बताया।

"तब फिर क्या रूप जड़ है?" नरसिंहम् ने पूछा।

"यही तो मैं तुमसे पूछ रही हूँ, रूप ही सत्य है, तो वह नश्वर क्यों है?"

"नहीं, वह नश्वर नहीं है। सत्य चिर-प्रगतिशील है। सत्य जड़ता का नाम नहीं, विकास करते रहने का नाम है। विकास का अर्थ है, एक स्थिति को छोड़कर दूसरी प्राप्त करना। यह गतिशीलता ही सत्य की, रूप की अमरता है, अनश्वरता है।"

"ठीक से बताओ," नन्दा ने बालकों के-से हठ से कहा, "पहेली बूझते-बूझते अब बहुत भटक चुकी हूँ। अब तो हर चीज़ को सरल भाषा में समझने का विश्वास हो गया है।"

"मैं ज्ञानी ही तो नहीं हूँ नन्दा!" नरसिंहम् कुटिलता से हँसा, फिर बोला, "रूप किस प्रकार अगले रूप में विकास करता है, इसे तुम अभी नहीं, बाद में समझोगी। तुम्हारा अगला रूप तुमसे ही जन्म लेगा।"

"हिश्, तुम मज़ाक़ करते हो।" नन्दा लजा गई। फिर उसने भोलेपन से पूछा, "रूप की सफलता क्या?"

"कि वह अधिक-से-अधिक आकर्षक और सुन्दर हो, ताकि उनके विकास की नश्वरहीनता से सामान्य मन विरक्त न हो सके।"

"लेकिन मनुष्य को अनुरक्त रखने के लिए क्या सौन्दर्य ही एकमात्र साधन है?"

"हाँ, सौन्दर्य हमारे हृदय में आनन्द और उल्लास उत्पन्न करता है, और हम उसकी पूजा की ओर प्रवृत्त होते हैं, जीवित रहना सीखते हैं, सत्य को जीवित रखते हैं।"

"क्या जीवित रहने के लिए यह आवश्यक है?" नन्दा ने कुहनियों के बल औंधी लेटकर उठते हुए कहा।

"हाँ, परिवर्तनशील रूप का नित्य नवीन सौन्दर्य हमारे हृदय में आनन्द-उल्लास की सृष्टि करता है, करता रहे, हम उस सौन्दर्य को अमर-वासना के अक्षत से पूजते रहें।"

नन्दा फिर धीरे से लेट गई। विभोर होकर उसने आँखें बन्द कर लीं, "लेकिन लोग इस सबके इतने विरोधी क्यों हैं?"—स्वर में प्रश्न नहीं, गहरा उच्छ्‌वास था।

लेकिन नरसिंहम् इस वाक्य की समाप्ति के साथ ही झटके से उठ बैठा और आँखें फाड़-फाड़कर अँधेरे में देखने लगा।

नन्दा चौंकी, उसने यों ही लेटे-लेटे आँखें बन्द किये पूछा, "क्या बात है नरसिंहम्, लेट जाओ न!"

"कुछ नहीं..." नरसिंहम् उसी तरह सोचता रहा—अपलक देखता रहा।

"तब भी?" नन्दा ने यों ही हट करके अपनी मांसल भुजा उसकी जाँघ पर रख दी।

"नन्दा, जब एक बार हमारा-तुम्हारा परिचय हुआ था, तब तुमने पूछा था कि मैं मूर्ति क्यों बनाता हूँ?—इससे क्या लाभ है? और जानती हो, मैं उसका उत्तर नहीं दे पाया था। आज अचानक वह बात मेरी समझ में आ गई है, और मुझे लगता है, जैसे मैं भूत, भविष्य सभी कुछ देखने लगा हूँ।"

"क्या?" नन्दा ने ऐसे ही किसी आनन्द में लीन पूछा।

"सुनो, मैं मूर्तियाँ इसलिए बनाता रहा हूँ और आगे भी इसीलिए बनाऊँगा कि निरन्तर सौन्दर्य की सृष्टि, नित्य नवीन सौन्दर्य की सृष्टि होती रहे।" उत्साह से नरसिंहम् जल्दी-जल्दी पलक झपकाकर कहता रहा, "सौन्दर्य आनन्द उत्पन्न करेगा और आनन्द जीवन को ताज़ा रखेगा, उसकी प्रेरणा बनेगा। लेकिन तुमने अभी कहा कि फिर क्यों लोग उसका विरोध करते हैं। क्योंकि 'विरोध' उनका स्वार्थ साधता है, वे बातों में रूप को झुठलाते हैं, व्यवहार में उसका नाश करते हैं; अर्थात् वे स्वस्थ सौन्दर्य के हर जगह प्रबल विरोधी हैं, फलत: जीवन की मूल आनन्द प्रवृत्ति के स्थान पर दु:ख या दु:खवाद, यानी जीवन के निराशा और निषेधवादी विचार, हाहाकार और करुणा को पैदा करते हैं। इस दु:ख और हाहाकार के विरुद्ध मेरी ये मूर्तियाँ अपने स्वस्थ सौन्दर्य और साकार आनन्द का निर्माण करेंगी। रूप-सौन्दर्य और आनन्द के जो भी शत्रु हैं, ये जिस वेश और जिन कपड़ों में हैं, मैं उसके विरुद्ध सारी शक्ति से लड़ूँगा।"—फिर थोड़ी देर तक चुप रहकर बोला, "प्रभु यीशु ने कहा था—'इस दुनिया को जितनी सुन्दर पाओ, प्रयत्न करो कि जब तुम जाओ तो वह इससे अधिक सुन्दर हो।' उसे अधिक सुन्दर बनाने और इस सुन्दरता के विरोधियों को परास्त करने के लिए मैं कुछ भी उठा न रखूँगा।"

रूप के विकास की मधुर कल्पना में नन्दा बेसुध थी, उसकी आँखें बन्द थीं और आनन्द के प्रसार की शक्ति से अनुप्राणित नरसिंहम् भविष्य के पार देख रहा था।

दोनों अपनी ऊँचाइयों से नीचे गिर गए थे—इसलिए

यही शिल्पी नरसिंहम् के पतन की कहानी है।

गड़बड़ी पैदा करने वाले

लड़की का नाम रचना है। रोज़ पुकारने में हम लोग उसे टिंकू कहते हैं। यह घटना उसी के साथ हुई थी। हमें बहुत दिनों बाद पता लगा।

उन दिनों टिंकू को बहुत डर लगता था। वह अकेली नहीं सोती थी, कमरे में कोई न हो तो रोती थी। न वहाँ जा सकती थी, न अकेले रह सकती थी। बिना किसी को साथ लिये बाथरूम नहीं जा सकती थी, अँधेरे में सीढ़ियाँ उतरते-चढ़ते उसकी साँस रुक जाती थी। उसका डर निकालने की हमने बहुत कोशिश की, लेकिन वह नहीं निकला। हारकर हमने उसे हनुमानजी की कहानी सुनाई। उनके बल और कामों के बारे में बहुत कुछ बताया। समझाया कि किस तरह उनका नाम लेते ही डर भाग जाता है। वे अपनी दुम में बड़े-बड़े राक्षसों को लपेटकर पटक देते हैं, गदा मार-मार कर उनका सिर चकनाचूर कर डालते हैं। वे सागर लाँघ सकते हैं। लेकिन जितना उनके शरीर में बल है उतनी ही मन में दया भी है। भोले मन से अगर बालक भी याद करे तो वे ज़रूर उसकी सहायता करते हैं। वे बालकों को चाहते भी बहुत हैं।

हनुमानजी के ये सब गुण सुनकर टिंकू को बड़ी ख़ुशी हुई। वह किसी ऐसे ही सहारे की तलाश में थी। उसने उनको लेकर बहुत से सवाल किये। हमने हनुमान जी की एक बड़ी-सी तसवीर लाकर दीवार पर लगा दी। तसवीर पर शीशा चढ़ा था। टिंकू बड़े आदर से उनके सामने हाथ जोड़कर सिर झुकाने लगी। वह उनसे कहती, "हे हनुमानजी, आप बहुत बलवान और दयावान हैं। मुझे जब भी डर लगे तो आप ज़रूर मेरी मदद कीजिए। मैंने सुना है, आप छोटे बालकों को बहुत चाहते हैं। मैं भी बहुत छोटी हूँ।" वह रोज़ उन पर माला चढ़ाती और उनकी आरती गाती। वह बड़े सरल मन से उनकी पूजा करने लगी।

एक बार हमारे यहाँ कुछ मेहमान आए। ये बड़ी देर तक बैठे। नौकर कहीं चला गया था। हमने टिंकू से कहा कि जाकर दुकान से पान ले आओ। दुकान पास ही थी। सड़क भी पार नहीं करनी पड़ती थी। टिंकू मेहमानों के सामने यह पता नहीं चलने देना चाहती थी कि उसे डर लगता है, इसलिए वह तैयार हो गई। लेकिन उसे बड़ा डर लग रहा था। वह चाहती थी कि उसके साथ कोई चले। वह भीतर कमरे में जाकर

हनुमान की तसवीर के सामने खड़ी हो गई और हाथ जोड़कर विनती करने लगी, "हे हनुमानजी, आपको तो पता ही है कि मुझे अकेले पान वाले की दुकान तक जाने में बड़ा डर लगता है। आप भी मेरे साथ चलिए न...।" उसकी आँखें बन्द थीं। किसी चीज़ के टूटने की आवाज़ सुनकर उसने जो आँखें खोलीं तो डर के मारे उसका मुँह खुला रह गया। उसके गले से आवाज़ ही नहीं निकली। वह बेहोश होने लगी।

उसने देखा, तसवीर का शीशा तोड़कर हनुमानजी इस तरह बाहर निकल रहे हैं, जैसे किसी खिड़की से नीचे उतर रहे हों। वे उसके सामने आकर खड़े हो गए। उनका शरीर गेंद की तरह फूलकर बड़ा हो गया। बन्दर जैसा लाल-लाल मुँह और ऐसी भारी मोटी पूँछ वाला आदमी तो टिंकू ने कभी देखा ही नहीं था। उनके शरीर पर केवल एक लाल जाँघिया था। सारे बदन पर शेर जैसे बड़े-बड़े बाल थे। हाथ-पाँव पहलवानों जैसे तगड़े थे। टिंकू की ऐसी डरी हुई हालत देखकर हनुमान जी ने उसे पुचकारकर बड़ी नरम आवाज़ में कहा, "डरो नहीं बेटी, हम हनुमानजी हैं। तुम अकेले जाने में डरती हो, इसलिए हम साथ चलने के लिए आए हैं। कोई भी अगर कुछ करेगा तो हम इस गदा से उसका सिर फोड़ देंगे...।" हनुमानजी ने अपने कन्धे से उतारकर टिंकू को अपनी भारी-सी गदा दिखाई।

हनुमानजी की ऐसी नरम आवाज़ सुनकर धीरे-धीरे टिंकू के मन में साहस आया। हो सकता है, अपने-आप हनुमानजी ने टिंकू के मन का डर खींच लिया हो। उनका शरीर ज़रूर बहुत बड़ा था, लेकिन मुख पर मधुर भाव टपक रहे थे। टिंकू ने बन्दर और आदमी के मिले-जुले शरीर वाला किसी को भी नहीं देखा था, फिर भी उसे लगने लगा कि हो-न-हो हनुमानजी ही हैं। उसके मन की बात जानकर उसकी मदद करने आए हैं। फिर भी उसने बताया, "हमें आपको देखकर ही डर लगता है...।"

हनुमानजी ने उसके सिर पर हाथ फेरा और बड़ी मीठी आवाज़ में कहा, "डरो नहीं बेटी, तुमने ही तो हमें बुलाया है। अब तुम ख़ुद ही डरोगी तो कैसे काम चलेगा? चलो, हम तुमको पान दिलाकर लाते हैं।" कहकर हनुमानजी ने उसका छोटा-सा हाथ अपने हाथ में ले लिया। बालों वाला ऐसा हाथ छूकर एक बार तो टिंकू के सारे शरीर में फुरहरी आई, फिर सब ठीक हो गया।

जैसे जादू के ज़ोर से टिंकू के मन का सारा भय निकल गया। उसे लगने लगा कि इन हनुमानजी को तो वह बहुत दिनों से जानती है। अब कोई उसका कुछ भी नहीं बिगाड़ सकता। उनकी ताक़त देखकर उसे बड़ा भरोसा हुआ।

वे दोनों बाहर सड़क पर निकल आए। टिंकू ने पूछा, "हनुमानजी, आपको जाड़ा नहीं लगता?" हँसकर वे बताने लगे, "नहीं बेटा, न हमें जाड़ा लगता है न गरमी। हमें किसी भी चीज़ का कोई डर नहीं है।"

जिस तरह टिंकू ने पहले कभी हनुमानजी को नहीं देखा था, इसी तरह बाहर सड़क पर चलने वाले लोगों ने भी नहीं देखा था। सबने बन्दर देखे थे, आदमी देखे

थे, लेकिन आदमी और बन्दर का ऐसा मिला-जुला रूप नहीं देखा था। सबने समझा कि रामलीला का कोई आदमी है जो हनुमानजी का वेश बनाकर आ गया है। सब लोग तमाशा देखने के लिए सड़क पर ठिठककर खड़े हो गए। भीड़ जमा हो गई। लोगों ने इन दोनों को घेर लिया, लड़के-लड़कियाँ तालियाँ बजा-बजाकर शोर मचाने लगे। सबने कहा, "इस आदमी ने सारे शरीर पर बाल चिपका लिये हैं, नकली मुँह और दुम लगा ली है। यह तो बहुरुपिया है।" हनुमानजी मन-ही-मन हँसते रहे।

पर जब कुछ लोगों ने उनकी पूँछ और बालों को खींचना शुरू कर दिया तो उनसे रहा न गया, उनको इतना बुरा लगा कि वे नाराज़ हो गए थे। वे पूँछ सीधी तानकर इधर-उधर घुमाने लगे। अब तो डर के मारे लोगों का बुरा हाल हो गया। सब पीछे हट गए और चीख़-पुकार मच गई। लोगों ने मान लिया कि पूँछ नकली नहीं है। सब कहने लगे, "अरे, यह कैसा आदमी है? इसकी पूँछ तो असली है।" लोगों को यों भागते और चीख़ते देख-देखकर टिंकू तालियाँ बजा-बजाकर हँसने लगी। जब उसकी हँसी रुकी तो उसने बताया, "इनको परेशान मत करो। ये सचमुच के हनुमानजी हैं, नाराज़ हो गए तो मुसीबत कर डालेंगे। हमें डर लगता था, इसलिए हमें पान दिलाने आए हैं।" लेकिन उसकी बात किसी ने न मानी।

सचमुच के हनुमानजी इस तरह आकर छोटी-सी लड़की के साथ बीच सड़क पर चल सकते हैं। लोगों को इस बात पर भरोसा ही नहीं आ रहा था। वे दूर से ही उस पर कंकड़ और ढेले फेंकने लगे। जब एक ढेला टिंकू के पास आकर गिरा तो हनुमानजी आपे से बाहर हो गए। वे ज़ोर से दहाड़ने लगे। लोगों की ऊपर की साँस ऊपर और नीचे की नीचे रह गई। वे दूर खड़े-खड़े उसी तरह उन लोगों पर ईंट-कंकड़ फेंकते रहे। अब हनुमानजी ने जो अपनी पूँछ लम्बी करके घुमाना शुरू किया तो जिसको जहाँ जगह मिली वहाँ जाकर छिप गया। सबके सब घरों में जा घुसे और वहाँ से झाँकने लगे। सबने देखा कि हनुमानजी की पूँछ के सिरे पर मशाल जैसी आग जल रही है। उनको लगा कि अब तो सारे घर जल जाएँगे। कुछ लोगों ने आग बुझाने वाले इंजन को फ़ोन किया, किसी ने पुलिस को।

टन्-टन् करती हुई आग बुझाने वाली मोटरें और घूँ-घूँ करती हुई पुलिस की जीपें दौड़ने लगीं। चारों तरफ़ पुलिस खड़ी हो गई और उन पर मोटे-मोटे पाइपों से पानी फेंका जाने लगा। अब हनुमानजी ने अपना असली रूप दिखाया। वे बहुत बड़े हो गए थे। हाँ, टिंकू को अभी भी उतने ही बड़े लग रहे थे जितने उसके साथ आए थे। वे टिंकू के ऊपर न पानी गिरने दे रहे थे न ईंट-कंकड़। आसपास खड़े लोगों में से कोई मानने को तैयार ही नहीं था कि वे सचमुच के हनुमानजी हैं। लोग जाने कितने सालों से उनकी पूजा करते थे, आरती गाते थे, संकट पड़ने पर हनुमान चालीसा का पाठ करते थे लेकिन कोई सोच भी नहीं सकता था कि वे यों चलते-फिरते सामने आ जाएँगे।

उधर हनुमानजी का सामना कौन करता? वे बड़े-बड़े राक्षसों को चुटकी बजाते उड़ा चुके थे। इन लोगों को मज़ा चख़ाना तो उनके बाएँ हाथ का खेल था। बड़े-बड़े पेड़ों और पहाड़ों को वे जड़ से उखाड़कर रावण की सेना पर फेंक चुके थे, सुमेरु पहाड़ पूरा-का-पूरा उठा लाए थे, सागर को एक ही छलाँग में पार कर चुके थे। सारी लंका फूँक डाली थी। अब सबके देखते-देखते पुलिस की जीपों और आग बुझाने की मोटरों को फूल की तरह उठाया और मीलों दूर फेंक दिया। चारों तरफ़ हाय-हाय मच गई। वायरलेसों से पूरे शहर की पुलिस और फ़ौज को ख़बर कर दी गई। हनुमानजी जानते थे कि दुनिया की कोई भी फ़ौज या पुलिस उनका कुछ भी नहीं बिगाड़ सकती। किसी गोली और बम का उन पर कोई असर नहीं होगा। लेकिन वे अपने लोगों को मारना या नुक़सान नहीं पहुँचाना चाहते थे। वे भारत के रहने वाले थे और यहाँ के लोगों को बहुत चाहते थे। अगर यहाँ के लोग अपना बुरा चाहने वाले किसी भी दूसरे देश को मज़ा चखाना चाहते तो यह काम वे पलक मारते कर सकते थे। इस समय तो सबने अपनी नासमझी के कारण उनको नाराज़ कर दिया था। इस बात को समझकर वे फिर पहले जैसे हो गए, मन की सारी नाराज़ी दूर कर दी।

टिंकू से कहने लगे, "बेटी, ये लोग हमको पहचान नहीं पा रहे हैं, इसलिए ऐसा कर रहे हैं। इनसे उलझने में कोई फ़ायदा नहीं है। चलो, पान दिलाकर हम तुमको घर छोड़ देते हैं। फिर हम लौट जाएँगे। यहाँ हमारा रहना ठीक नहीं है।"

पानवाला भय से थर-थर काँप रहा था। वह हनुमानजी का रूप और बल देख चुका था। उसने हाथ जोड़कर सिर झुकाया। फिर फ़ौरन पान लगाकर टिंकू को दिये। वह पैसा लेना भी भूल गया। टिंकू को बुरा लग रहा था कि हनुमानजी जाने की बात कहते थे। वह चाहती थी कि वे उसके साथ ही रहें।

दोनों वापस घर आए। टिंकू बहुत ही ख़ुश थी। उसे लग गया कि अब किसी से भी डरने की कोई बात नहीं है। उसके साथ सचमुच के हनुमानजी ही हैं। जब दोनों भीतर आए तो हनुमानजी ने टिंकू के सिर पर हाथ रखकर कहा, "बेटी, अब हम जाते हैं। जब डर लगे तो हमें याद कर लेना। तुमको फिर डर नहीं लगेगा।"

टिंकू सोचने लगी कि वे कहाँ जाएँगे, कैसे जाएँगे। ये चले जाएँगे तो फिर उसे डर लगेगा। उसने कहा, "नहीं, आप मत जाइए, हमारे साथ यहीं रहिए। हम दोनों घूमने जाया करेंगे। मैं आपको जाने नहीं दूँगी।"

हनुमानजी ने समझाया, "बेटी, हम यहाँ रह नहीं सकते। दुनिया के लोग हमें तसवीरों में देखकर, किताबों में हमारी बातें पढ़कर, गानों में हमारे गीत गाकर ही ख़ुश रहते हैं। लेकिन वे सचमुच के हनुमानजी को सहन नहीं कर सकते। हमें ही नहीं, वे किसी को भी सहन नहीं कर सकते। हमारी तो कोई बात ही नहीं, अगर भगवान राम भी हमारी तरह यहाँ आ जाएँ तो ये लोग उनका रहना कठिन कर देंगे।"

टिंकू ने सवाल किया, "लेकिन सब लोग आपको बहुत ही पूजते हैं, आपके गीत गाते हैं, आरती उतारते हैं। आपका सचमुच का रूप देखकर वे सहन कैसे नहीं कर पाते?"

हनुमानजी ने समझाया, "बेटी, किताबों में, तसवीरों में हज़ारों आदमी-औरतें, देवी-देवता ऐसे हैं, जिनको हर आदमी चाहता है, पूजा करता है और उनकी तरह ही बनना चाहता है। वह वैसा बनने की जीवन-भर कोशिश भी करता है, लेकिन उन किताबों या तसवीरों से निकलकर कोई अगर सचमुच बाहर, लोगों के बीच में आ जाए तो वे उसे गड़बड़ी पैदा करने वाला मानते हैं। परेशान करके उसकी नाक में दम कर देते हैं, उसका जीना कठिन कर देते हैं, और कभी-कभी तो मार भी डालते हैं।"

"लेकिन हनुमानजी, आप उनको समझाइए न।"

"नहीं बेटी, उनकी समझ में यह बात आएगी ही नहीं। बात यह है कि हम लोग या तो बीते हुए समय के लोग हैं या तो आने वाले समय के। इस समय हमारे होने से बड़ी गड़बड़ पैदा होती है। बाक़ी लोग वैसे नहीं हैं न।" फिर उसे दुलारकर हनुमानजी ने कहा, "बेटी, हम चलते हैं। ख़ुश रहो। अब जब भी तुम हमें याद करोगी तो हम मन में ही आया करेंगे। इस तरह नहीं आएँगे। हम सबके मन की बात समझते हैं।"

वे फिर तसवीर में घुसकर ग़ायब हो गए। शीशा अपने-आप पहले की तरह जुड़कर ठीक हो गया। टिंकू ने आँखें मूँदकर हाथ जोड़े, सिर झुकाकर विदा दी।

जब वह पान लेकर मेहमानों के सामने आई तो सबने उसकी बहुत तारीफ़ की, "टिंकू, तुम तो बिना देर लगाए अपने-आप जाकर पान ले आईं। तुम तो बहुत समझदार लड़की हो।"

किसी को भी पता नहीं था कि टिंकू के साथ अभी-अभी कोई घटना घट चुकी है। नीचे का शोर भी वहाँ किसी को सुनाई नहीं दिया। उनके लिए तो टिंकू गई और पान लेकर आ गई। मेहमानों को पता भी कैसे चल सकता था?

घर की तलाश

किसी गाँव में एक किसान रहता था। उसके पास खेत, बैल, मकान सभी कुछ था। उसके लड़के का नाम रामू था। रामू खेलता-पढ़ता और मन होता तो थोड़ा-बहुत काम कर देता। किसी तरह समय निकालकर वह गाँव के बूढ़े हीरा से उसके बचपन की कहानियाँ सुना करता। इन कहानियों को सुनकर रामू का भी मन होता कि वह हीरा दादा जैसा ख़ूब घूमे-ख़ूब घूमे—जंगल, पहाड़, नदी, समुद्र देखे। वह चीलों को उड़ते देखता तो उसे बड़ा अच्छा लगता। सोचता कि अगर उसके भी पंख होते तो वह भी आकाश में सारे दिन उड़ता और शाम को घर लौट आता।

एक दिन रामू सुबह-सुबह नहर के किनारे भटकता-भटकता काफ़ी दूर निकल गया। थककर वह एक पेड़ के नीचे विश्राम करने बैठा तो उसे वहाँ दो बड़े-बड़े पंख दिखाई दिये। उसने इधर-उधर देखा, कोई भी नहीं था। डरते-डरते वह पंखों के पास गया। उन्हें धीरे-से उठाकर देखा तो उसे वे बड़े अच्छे लगे। उनमें डोरियाँ जैसी रस्सियाँ थीं। उसने डोरियाँ बाँधकर पंख लगा लिये, और उड़ने की कोशिश की। अरे, लो, वह तो उड़ने भी लगा! ख़ुशी के मारे उसका तन-मन रोमांचित हो आया। कितनी आसानी से वह पेड़ों के ऊपर उड़ आया था। नहर और खेत नीचे रह गए थे और वह ऊपर-ऊपर उड़ता जा रहा था। उसका मन हुआ कि वह उड़ता हुआ ही घर तक पहुँचे। चुपचाप छत पर उतरे और माँ-बाप को पंख दिखाए लेकिन वह डरा—हो सकता है, माँ-बाप पंख छीन ही लें! रामू ने तय किया—'पहले ख़ूब सैर कर लूँ, फिर जाकर माँ-बाप को बताऊँगा।' अब वह खुले मन से उड़ने लगा। नीचे नदियाँ चाँदी के तारों की तरह फैली थीं। पेड़ हरी बूँदों जैसे लग रहे थे। इस तरह पता नहीं, रामू कब तक उड़ता रहा।

उड़ते-उड़ते रामू ख़ूब थक गया। अब उसे भूख लगने लगी। उसे ध्यान आया कि घर लौटना चाहिए। लेकिन वह लौटता किस दिशा में? उड़ने के उत्सह में उसे तो यही ख़याल नहीं रहा कि वह किधर निकल आया है। उधर एक ओर सूरज डूब रहा था। दूसरी ओर अँधियारा छा रहा था। रामू ने सोचा, जल्दी ही घर पहुँच जाना चाहिए। वह कुछ निचाई पर आकर घर तलाश करने लगा। लेकिन ऊपर

से सारे गाँव एक जैसे दिखाई देते थे। उसे अपना गाँव ही पहचान में नहीं आ रहा था। अब तो वह बहुत घबराया। इसी बीच माँ-बाप की परेशानी का ध्यान आते ही उसे रोना आने लगा।

कुछ ही देर में रात घिर आई। अँधेरा बहुत बढ़ गया था। अब नीचे रोशनियाँ भी टिमटिमाती दीखने लगी थीं। रामू को लगा, अँधेरे में गाँव को तलाश करना असम्भव है। उसने तय किया कि कहीं-न-कहीं रात बिताकर कल सुबह गाँव की तलाश करनी चाहिए। यह सोचकर वह नीचे आया। सामने कुछ झोंपड़ियों जैसे मकान थे। वह उनकी ओर बढ़ा। तभी उसे ख़याल आया कि पंख देखकर गाँव वाले उसे परी या भूत न समझ लें। इसलिए एक झाड़ी में उन्हें छिपा दिया।

लड़खड़ाता-हाँफता रामू एक झोंपड़ी के दरवाज़े पर पहुँचा तो भूख, थकान और डर के मारे उसका बुरा हाल था। वहाँ एक किसान बैठा हुक्का पी रहा था। उसकी पत्नी चूल्हे पर रोटियाँ बना रही थी। रामू को देखते ही किसान ने पूछा, "अरे लड़के, तू कौन है? कहाँ से आया है?"

रामू ने रोते-रोते उसे बताया, "मैं भी किसान का लड़का हूँ और जंगल में ही भटककर रास्ता भूल गया हूँ।"

रामू की हालत देखकर किसान को उस पर दया आ गई। उसने बड़े प्यार से उसे समझाया। उसके हाथ-मुँह धुलवाए, खाना खिलाया और सोने के लिए बिस्तर बिछा दिया। पर रामू को बड़ी देर तक नींद नहीं आई। माँ-बाप की परेशानियों को सोचकर वह रोता रहा और उसे बुरे-बुरे सपने आते रहे।

अगले दिन उस किसान ने रामू को लेकर आसपास बहुत खोज की, बहुत-से लोगों से पूछा लेकिन न रामू के गाँव का पता लगा और न ही उसके माँ-बाप का। इस परेशानी में वह पंखों के बारे में भी भूल गया? अब वह वहीं पर रहने लगा।

उधर किसान की एक लड़की थी। उसका नाम था राधा। राधा रामू के बराबर की थी। वह उसके साथ खेलती और उसका मन बहलाने की कोशिश करती।

एक रात की बात है। रामू अपने माँ-बाप, खेत-फ़सल के बारे में राधा को बता रहा था। अचानक उसे याद आया कि नहर के किनारे उसे पंख मिले थे। उन्हें ही बाँधकर वह उड़ते-उड़ते अपने गाँव से दूर निकल आया था। उसे यह भी याद आया कि उसने पंख एक झाड़ी में छिपा दिये थे। वह उसी समय पंख खोजने जाने लगा। राधा ने उसे समझाया, "सुबह उठकर पंख खोज लेना। लेकिन अपना गाँव पहचानोगे कैसे?"

रामू ने उत्तर दिया, "दिन की रोशनी में मैं ज़रूर अपने गाँव को पहचान लूँगा।"

सुबह उठते ही रामू सबसे पहले पंख खोजने झाड़ी के पास पहुँचा, लेकिन उनका वहाँ कोई नामो-निशान नहीं था। उसने सारी झाड़ियाँ खोज डालीं, लेकिन पंख कहीं नहीं मिले।

अब रामू वहीं रहने लगा। राधा के साथ खेलता। खेतों में काम करता और पशु चराने जाता। धीरे-धीरे वहाँ उसका मन लगने लगा। कभी-कभी उसे अपने घर-गाँव और माँ-बाप की याद आ जाती तो बड़ा उदास हो जाता। उसकी आँखों से आँसू झरने लगते।

दो साल-चार साल। पता नहीं रामू को वहाँ कितने साल बीत गए। वह बड़ा हो गया और किसान ने राधा की शादी उसके साथ कर दी। एक अलग झोंपड़ी बना दी। लेकिन कभी-कभी रामू को उसके माँ-बाप की याद आती तो उसे लगता कि यह घर उसका नहीं है। मुझे अपने घर-गाँव की खोज में जाना है। उसने कई बार राधा से कहा भी कि अब हम दोनों को घर की तलाश में निकलना चाहिए। लेकिन राधा कह देती—"किसी दिन चलेंगे।" इसी बीच उसके घर एक नन्हा-मुन्ना बच्चा भी आ गया।

एक दिन राधा कहीं बाहर गई थी। रामू किसी सन्दूक से सामान निकाल रहा था तभी उसके कपड़ों के नीचे कुछ पंख दिखाई दिये। रामू उन्हें फ़ौरन पहचान गया। अरे, ये तो उसके वही पंख हैं लेकिन ये यहाँ आ कैसे गए? पंख झाड़ी में छिपाए हैं, यह बात उसने सिर्फ़ राधा को ही बताई थी। उसने चुपके से पंख निकाल लिये। अब रामू ने सोचा, तो राधा ने ही यह पंख छिपा लिये थे। इतने दिनों से राधा ने भी नहीं बताया कि पंख उसके सन्दूक में छिपा रखे हैं। उसे बहुत बुरा लगा। ऐसी भोली और सीधी राधा उसे धोखा देती रही। उसे राधा पर ग़ुस्सा आने लगा। पंखों ने रामू को घर की, माँ-बाप की याद दिला दी थी। उसने तय किया कि राधा को इस झूठ की सज़ा देने के लिए ही वह एक बार घर की तलाश में ज़रूर जाएगा। तभी उसे अपने बच्चे और राधा का ध्यान आया। उसने तय किया कि वह घर जाकर उसी दिन वापस आ जाएगा।

अगले दिन वह पंख लेकर सुबह-सुबह ही जंगल में चला गया। राधा बच्चे के साथ सो रही थी। रामू ने पंख बाँधे और चील की तरह ऊपर उड़ने लगा। उसका मन आनन्द से नाचने लगा। उसे लगा, जैसे ये पिछले साल राधा और उसके माँ-बाप के साथ बिताए ही नहीं हैं। वह पहली बार की तरह ही उड़ रहा है। उसने पेड़, नदी, नालों, पहाड़ को देखकर पहचान लिया कि पहले की तरह जगह ही न भूल जाए। फिर वह ऊपर, और ऊपर उड़ने लगा। उसे यह भी ध्यान नहीं रहा कि वह अपना घर खोजने निकला है। जब उड़ते-उड़ते थक गया तब उसे ध्यान आया। अब उसने इधर-उधर घर की तलाश की। लेकिन अब न तो उसे अपना घर

ही दिखाई देता था और न ही राधा का घर। उसे तो चारों तरफ़ पहाड़, जंगल और समुद्र ही दिखाई पड़ते थे। वह बहुत देर तक काफ़ी निचाई पर खेतों और जंगलों के ऊपर उड़ता रहा। पर दोनों में से कोई भी घर कहीं भी न दिखे।

कहते हैं, रामू उस दिन से आज तक उसी तरह भटक रहा है। उसे जो कुछ मिलता है, खा लेता है, कहीं खाकर सो जाता है और वह सारे दिन और कभी-कभी रात में भी आसमान का चक्कर काटता रहता है। रामू को अपनी पिछली भूलों पर पश्चात्ताप भी है। पहली बार पंख पाकर वह घर लौटना भूल गया और दूसरी बार भी उसने यही ग़लती दोहराई। पर अब रामू समझदार हो गया है। उसे विश्वास है कि वह एक-न-एक दिन अपने घर तक ज़रूर पहुँच जाएगा। अब वह एक पल को भी पंखों को अपने से अलग नहीं करता। हमेशा उन्हें अपने पास रखता है। उसे विश्वास है कि पंख साथ रहेंगे तो वह एक-न-एक दिन घर ज़रूर तलाश कर लेगा।

परी नहीं मरती

बहुत दिनों की बात है। एक परी अपने हंस जैसे पंख फैलाए सैर करने उड़ी जा रही थी। नीचे पहाड़, खेत और झीलें गुज़रती जा रही थीं। मौसम सुहावना था और साँझ का समय था। तभी उसे एक बड़ी सुन्दर-सी नदी दिखाई पड़ी, दोनों ओर घना जंगल था। उसका मन नदी के किनारे टहलने को हो आया। हरी-भरी जगह देखकर वह उतरी और घूमने लगी। अचानक उसकी निगाह एक पेड़ के नीचे गई तो देखा कि वहाँ कोई सो रहा है। पास गई, एक बहुत सुन्दर नौजवान गहरी नींद में सो रहा था। उसके कपड़े फटे-पुराने थे, उनमें काई और सिवार लगे थे। शरीर पर जगह-जगह चोटों के निशान थे और वह इस तरह बेहोश सो रहा था, जैसे न जाने कब का भूखा-प्यासा, थका-माँदा वहाँ आकर पड़ गया हो! कुछ देर तो वह अपनी सुध-बुध भूलकर उसकी सुन्दरता को निहारती रही, फिर उसे ध्यान आया कि अब लौटना भी है। लौटी तो मन नहीं माना, पता नहीं, यह किस मुसीबत का मारा यहाँ पड़ा है! मालूम नहीं, जीवित भी है या बेजान! पास जाकर नाक के पास हाथ लगाकर देखा तो पाया कि साँस बराबर आ-जा रही है। नौजवान की सुन्दरता और चेहरे के भोलेपन से लगता था कि हो-न-हो यह कहीं का राजकुमार है लेकिन राजकुमार यहाँ क्यों लेटा है इस तरह? उसे बड़ी दया आई। झुककर उसने नौजवान के माथे पर हाथ फेरा।

नौजवान ने धीरे से आँखें खोल दीं। पहले तो उसे लगा, जैसे वह सपने में परी को देख रहा हो, लेकिन फिर धीरे-धीरे पलकें झपकाईं और तब इस तरह चौंककर उठ बैठा, जैसे डर गया हो! वह आँख मल-मलकर परी को देखने लगा। परी ने उसकी परेशानी समझकर मुस्कराते हुए कहा, "राजकुमार, मैं परी हूँ। तुम सपना नहीं, सचमुच मुझे अपने सामने खड़ा देख रहे हो।"

नौजवान घबराबर उठ खड़ा हुआ। पूछने लगा, "तुम्हें कैसे पता चला कि मैं राजकुमार हूँ? तुम्हारे साथ और कौन-कौन हैं और मैं कहाँ हूँ?"

परी हँस पड़ी, "राजकुमार, परी की आँखों से कुछ छिपा रह सकता है क्या? मैं अकेली ही सैर को निकली थी और तुम्हें देखकर ही पहचान गई कि तुम कहीं के राजकुमार हो।"

नौजवान ने निश्चिन्तता की साँस छोड़ी और थका-सा बैठ गया। कुछ देर यों ही सोचता रहा फिर टूटे स्वर में बोला, "हाँ, परी, मैं सचमुच ही राजकुमार हूँ। तुमने मुझे पहचान लिया है और तुम इतनी दयालु दिखाई देती हो, इसीलिए मैं तुम्हें बताए दे रहा हूँ। नहीं तो यह बताने में भी डर लगता है। पता नहीं, कौन राजा दुर्दमनसिंह का जासूस हो और मुझे पकड़कर वहाँ ले जाए! मैं जान बचाता हुआ जंगल-पहाड़ों में घूम रहा हूँ। राजा ने मुझे पकड़ने या मार डालने वाले को बहुत बड़ा इनाम देने की मुनादी कराई है। आज मुझे पाँच दिन भूखे-प्यासे हो गए। थककर जब एकदम चूर हो गया तो यहाँ पड़कर सुस्ताने लगा। पता नहीं, कब आँख लग गई और उठा तो लगा, सपना देख रहा हूँ। फिर अचानक ध्यान आया कि कहीं आसपास राजा के सिपाही न हों!"

राजकुमार की कथा सुनकर परी की आँखों में आँसू आ गए। वह उसके पास बैठ गई और प्यार से बोली, "मैं स्वर्ग की परी हूँ, सैर करने निकली थी। यह जगह मुझे इतनी सुन्दर लगी कि नीचे उतर आई। अचानक तुम्हारे ऊपर निगाह पड़ी। तुम मुझसे बिलकुल मत डरो, और सारी बातें बता दो। मुझसे जो भी सहायता बन पड़ेगी, ज़रूर करूँगी।"

परी की सारी बातों और प्यार से राजकुमार की थकान जैसे दूर हो गई। उसने बताया, "परी, राजा दुर्दमनसिंह मेरा चाचा लगता है। मेरे पिता, बड़े महाराज उस पर बहुत विश्वास करते थे; लेकिन उसने धोखे से उन्हें मरवाकर सारा राज्य अपने क़ब्ज़े में कर लिया है। और सबसे बड़ा डर हम दो भाइयों से है, क्योंकि बड़े होकर हम अपना राज्य वापस माँग सकते हैं। उसे पता है कि सारी प्रजा हमारा साथ देगी, क्योंकि बड़े महाराज को सब बहुत चाहते थे। इसीलिए उसने हमें मरवाने में ही अपनी भलाई समझी। जिस रात को हमारा क़त्ल होना था, उसी रात को हमारे पुराने बूढ़े मंत्री ने आकर हमें सारी बात बता दी और हमें चुपचाप रातों-रात भगा दिया। अँधेरे में ही हम शहर की खाई पार करके जंगल में आए। वहाँ मंत्री के घोड़े खड़े थे। उन पर सवार होकर हम लोग लगातार दो दिन और दो रात भागते रहे।"

परी ने बीच में ही बात काटकर पूछा, "तुम्हारा भाई कहाँ है? वह तो यहाँ कहीं दिखाई नहीं देता?"

राजकुमार ने दुःख-भरे स्वर में बताना शुरू किया, "वही तो बता रहा हूँ। जब हम राज्य की सरहद वाली नदी पार कर रहे थे तो अचानक नदी के तेज़ बहाव से मेरे घोड़े के पाँव उखड़ गए। मैंने बहुत कोशिश की, लेकिन घोड़ के साथ ही मैं भी पानी में डूबता-उतराता बहता रहा। फिर पता नहीं, घोड़ा कहाँ चला गया। मैंने बहुत हाथ-पाँव मारे, चट्टानों और पत्थरों से मेरे सारे कपड़े फट गए, शरीर लहू-लुहान हो गया। ख़ैर, जैसे-तैसे किनारे आया तो थककर इतना निढाल हो गया

कि चला ही नहीं जाता था। हारकर यहाँ पड़ गया। पता नहीं, मेरे छोटे भाई का क्या हुआ?" कहकर राजकुमार रोने लगा।

परी ने बड़ी मुश्किल से उसे चुप कराके कहा, "राजकुमार, तुम अपना मन मत ख़राब करो। तुम्हारा भाई ज़रूर कहीं-न-कहीं ज़िन्दा है और तुम्हारी तलाश कर रहा है। हिम्मत बाँधो और अपने भाई को खोजो। मैं तुम्हारी मदद करूँगी। जब तक मैं हूँ, घबराने की कोई बात नहीं है।"

राजकुमार बोला, "परी, तुम्हारी बातों से मन को बड़ी शान्ति मिलती है। अब मुझे भी ऐसा लगता है कि मेरा भाई ज़िन्दा है और ज़रूर मुझे मिल जाएगा। पता नहीं, तुममें क्या बात है कि तुमसे बातें करके मेरे भीतर का सोया साहस जाग उठा है। अगर तुम मेरे साथ विवाह कर लो तो मैं अपना राज्य भी वापस ले लूँगा।" राजकुमार ने फिर सोचकर पूछा, "तुम अपना नाम नहीं बताओगी?"

"मेरे पंख हंस की तरह सफ़ेद हैं, इसलिए स्वर्ग में मुझे सब कोई हंस-परी कहते हैं।" परी ने मुस्कराकर जवाब दिया। कहा, "लेकिन मुझे सिर्फ़ परी या हंसा कहकर बुला सकते हो।"

राजकुमार ने फिर पूछा, "परी, तुमने मेरे साथ विवाह करने की बात का जवाब नहीं दिया? इस समय मैं भिखारी हूँ, लेकिन तुम साथ आ जाओगी तो सारी धरती का राज्य मुझे मिल जाएगा।"

पहले तो परी उसकी बात पर हँस पड़ी, लेकिन फिर सोचते हुए बोली, "एक परी इस धरती के राजकुमार से विवाह करे, यह बात स्वर्ग में किसी के भी गले नहीं उतरेगी। अगर फिर भी मैं हठपूर्वक तुम्हारे साथ विवाह करती हूँ तो मुझे अपने पंख स्वर्ग में वापस करने होंगे।"

"मैं कभी तुम्हें पंखों की कमी महसूस नहीं होने दूँगा। तुम्हें स्वर्ग जैसा सुख देने की कोशिश करूँगा। जाने क्या बात है, तुमसे मिलकर फिर से जीवन शुरू करने की इच्छा होती है, वरना मैं तो सोचने लगा था कि इस नदी में ही कूदकर आत्महत्या कर लूँगा।"

परी राजकुमार की बच्चों जैसी बात सुनकर मुस्कराई। बोली, "अगर मेरा साथ होने से तुम्हें अपने भीतर इतनी ही हिम्मत और आशा लगती है तो मैं तुम्हारे साथ विवाह करने को तैयार हूँ। मुझे पंख लौटाने का भी कोई दुःख नहीं है। लेकिन इसके बदले मैं तुमसे एक प्रतिज्ञा चाहती हूँ।"

"क्या?" राजकुमार का दिल धड़कने लगा।

"राज्य वापस मिलने के बाद तुम एक आदर्श राजा की तरह राज्य चलाओगे। किसी के भी साथ कोई अन्याय या ग़लत काम नहीं करोगे। हर प्रजा-जन को उसका अधिकार दोगे।" परी ने कहा, "वरना मैं तुम्हारा मुँह नहीं देखूँगी। इसलिए ख़ूब सोच-समझकर वचन देना।"

"परी, मैं वचन देता हूँ।" राजकुमार ने दृढ़ता से ज़वाब दिया, "अगर मैं ऐसा नहीं करूँ तो तुम मेरा मुँह देखो या न देखो, मैं ख़ुद अपना मुँह नहीं देखूँगा।"

"यही होगा।" परी ने सोचते हुए कहा, "आज से जब मैं और तुम एक हो रहे हैं तो कुछ भी तुम्हें दिखाई नहीं देगा वह मैं ही देखूँगी। जब मैं तुम्हारा मुँह नहीं देखूँगी तो तुम ख़ुद नहीं देख पाओगे।"

उस समय राजकुमार की समझ में परी की बात का अर्थ नहीं आया। उसने उतावली से कहा, "मैं वचन देता हूँ...।" इसके बाद चिन्ता से पूछा, "तुम्हें स्वर्ग और पंखों की याद तो नहीं आएगी?"

परी जैसे सपनों में खो गई थी। धीरे-धीरे बोली, "राजकुमार, तुम बहुत सुन्दर हो। ऐसी सुन्दरता तो मैंने स्वयं में भी नहीं देखी।"

इसके बाद परी और राजकुमार ने आपस में प्रतिज्ञा करके वनदेवी के सामने विवाह कर लिया। परी ने प्रसन्नतापूर्वक अपने पंख स्वर्ग में लौटा दिये। राजकुमार को जैसे नया जीवन मिल गया।

अब वे दोनों छोटे राजकुमार को खोजने निकले। नदी पार करके छोटा राजकुमार पहाड़ों में चला गया था और वहीं की एक जंगली जाति के साथ उन्हीं की तरह ही खाने-रहने लगा था। वह इस तरह उनमें घुल-मिल गया था कि राजा के जासूस अब उसे देखकर भी नहीं पहचान सकते थे। बड़े राजकुमार के पास तो परी थी, इसलिए वह उसे पहाड़ों में ले गई। उसने बताया, "मुझे ऐसा लगता है कि तुम्हारा छोटा भाई यहीं कहीं है।"

उन्होंने वहाँ पूछताछ करके पता लगाया और दोनों खोजते-खोजते ठीक जगह पहुँच गए। छोटा राजकुमार जंगली लोगों का वेश बनाए लकड़ी काट रहा था। पास ही उसका घोड़ा खड़ा था। परी की सहायता और घोड़े के कारण बड़े भाई ने छोटे को पहचान लिया। पहले तो छोटा राजकुमार भी डरा कि कहीं राजा के आदमी उसे पकड़ने न आ गए हों लेकिन जब उसने परी को देखा और भाई को पहचाना तो दौड़कर पास आ गया, बड़े भाई के चरण छुए। दोनों लिपटकर रोने लगे। दोनों यही समझ बैठे थे कि दूसरे को या तो राजा ने पकड़ लिया है, या मर गया है। जीवित पाकर दोनों को इतनी ख़ुशी हुई कि देर तक दोनों एक-दूसरे को छोड़ते ही न थे। परी ने भाइयों का यह मिलन देखा तो उसकी आँखों से भी आँसू बहने लगे। थोड़ी देर बाद जब दोनों शान्त हुए तो परी का परिचय छोटे राजकुमार से कराया गया—"यह हंसा परी है। इन्होंने ही मुझे इतना साहस और ज्ञान दिया है कि मैं तुम्हें तलाश कर पाया हूँ। अब मुझे विश्वास है कि हमें खोया राज्य भी वापस मिल जाएगा।"

छोटे राजकुमार ने परी को प्रणाम किया और तीनों मिलकर अपना राज्य वापस लेने के तरीक़े सोचने लगे।

जंगली जाति के नौजवान और उत्साही लोगों को साथ लेकर उन्होंने फ़ौजें बनाने का काम शुरू कर दिया। परी ने औरतों की कई तरह की फ़ौजें बनाईं। हथियार तैयार किये गए और लड़ाई के नक़्शे बनाए जाने लगे। इस तरह चुपचाप उन लोगों की तैयारियाँ होती रहीं। परी की सुन्दरता, सूझ-बूझ और प्यार ने वहाँ के सारे लोगों का दिल जीत लिया। इन तीनों की वहाँ बड़ी इज़्ज़त थी। पहाड़ के लोगों को लगता था, जैसे राम-लक्ष्मण और सीता ही फिर से वहाँ आ गए हैं और उनकी सहायता करना उनका धर्म है।

कई बार परी और उसकी साथिनें बंजारों का वेश बनाकर पहले ही सारे राज्य का चक्कर लगा आई थीं। उन्होंने वहाँ की प्रजा में यह फैला दिया था कि एक दिन राजा दुर्दमनसिंह के राज्य पर हमला होगा और राज्य के असली हक़दार अपना राज्य वापस लेंगे। प्रजा दुर्दमनसिंह के अत्याचारों से बड़ी दुखी थी। राजा ऐयाश था और इसी के लिए ख़ज़ाना भरवाया जाता था। उसने प्रजा पर तरह-तरह के कर लगा दिये थे। बदले में किसी को कोई सुख-सुविधा देने की बात ही उसके दिमाग़ में नहीं आती थी। प्रजा भूखी है या बेघर, इस बात की चिन्ता राजा को नहीं थी। उसे तो अपने ही आराम और ऐयाशी से फ़ुरसत नहीं मिलती थी। सारे समय चापलूसों और ख़ुशामदियों से घिरा रहता था। मंत्रियों से लेकर प्यादों तक उसके सारे कर्मचारी भी एक सिरे से झूठे, मक्कार और स्वार्थी थे। राजा के सामने भले बने रहते और उन्नति पाने के लिए मनगढ़न्त बातें और योजनाएँ बनाया करते थे। ज़्यादातर दुश्मन-राज्यों से मिले थे और वहाँ ख़बरें पहुँचाकर अपना घर भरा करते थे। राज्य भीतर से एकदम खोखला और जर्जर हो गया था। बंजारिनों की बातें सुनकर लोगों को विश्वास हुआ कि शायद अब उनके दिन फिरेंगे। बड़े-बड़े सेनापतियों और सरदारों को उन्होंने लालच देकर अपनी तरफ़ मिला लिया।

इसीलिए जब दोनों राजकुमारों ने अपनी फ़ौजों के साथ राज्य पर हमला बोला तो सारी प्रजा और ज़्यादातर कर्मचारियों ने उनका साथ दिया। जिन गिने-चुने लोगों ने राजा की मदद भी की, वह किसी स्वामिभक्ति के कारण नहीं, बल्कि अपनी जागीरें और जान बचाने के लिए। यह भी सोचा, अगर राजा जीत गया तो उनकी पौ बारह हो जाएगी। लेकिन प्रजा ने ही उन्हें और राजा को पकड़कर ठिकाने लगा दिया। उन्हें बीच चौराहों पर पेड़ों से लटकाकर फाँसियाँ दे दी गईं। जब बड़ी शान-शौक़त और गाने-बाजे के साथ दोनों राजकुमार विजय का डंका बजाते हुए राजधानी में आए तो वह दृश्य देखकर उनको बड़ा दुःख हुआ। वे राजा से नाराज़ ज़रूर थे, लेकिन वह उनका चाचा था, इसलिए उसे मारने की नहीं, पकड़कर क़ैद कर देने की बात ही वे सोचते थे।

इसके बाद बड़े ज़ोर-शोर से राजतिलक की तैयारियाँ हुईं। जंगली जाति के लोगों को सेना और शासन के बड़े-बड़े पद दिये गए। उन्होंने मुसीबत में राजकुमारों का साथ दिया था। ख़ूब जागीरें और धन-दौलत बाँटी गईं। बड़ा राजकुमार अब राजा बना और छोटा प्रधानमंत्री और सेनापति। उन्होंने सारे राज्य की कमज़ोरियों और कमियों को एक सिरे से दूर कर दिया। सारी प्रजा उन्हें राम-लक्ष्मण और सीता की तरह ही प्यार करती थी। लगता था, जैसे अयोध्या का राज्य उन लोगों के हाथ में आ गया...

परी को कभी-कभी स्वर्ग की याद आया करती थी। तब वह बहुत दुखी और बेचैन हो जाती। उसका मन उड़कर लम्बी-लम्बी सैर करने को होता, लेकिन पंख उसने लौटा दिये थे। दोनों राजकुमार अक्सर शिकार और सैर को उसे अपने साथ ले जाया करते थे, लेकिन उसका मन नहीं बहलता। उन्होंने उसके लिए एक सतखंडा महल बनवा दिया था। महल को बड़े-बड़े कारीगरों ने बड़ी मेहनत से बनाया था और दूर से देखने पर एक बड़े कमल के फूल जैसा दिखाई देता था। नीचे की सारी मंज़िलें उसकी नाल लगती थीं, और सबसे ऊपर का हिस्सा हज़ार पंखुड़ियों वाले कमल जैसा लगता था। ऊपर ही फ़व्वारे लगे थे, संगीत के लिए बड़े-बड़े कमरे थे। लेकिन जब परी को स्वर्ग की याद आती तो उसे कुछ भी अच्छा नहीं लगता। सारा राज-पाट, ठाट-बाट, दासी-बाँदियाँ, नौकर-चाकर, झाड़-फ़ानूस, गहने-ज़ेवर, महल-अटारी, इत्र-फुलेल, नाच-गाना, खेल-तमाशे, कुछ भी उसका मन नहीं बहला पाते और वह सतखंडे महल के नीचे बने तहख़ानों में जाकर बन्द हो जाती। वह जैसे ही तहख़ाने में जाती कि सारे महल में तहलका मच जाता। दोनों राजकुमार सारा राज-पाट और दरबार छोड़कर भागे आते और बड़ी कठिनाई से तहख़ाने के दरवाज़े खुलवाते। जब योगिनी का वेश बनाए परी बाहर निकलती तो उन्हें सचमुच बड़ी दया आती। दोनों समझते थे कि परी को स्वर्ग की याद आती होगी। परी को यों उदास देखकर उन्हें बड़ा दुःख होता। उसकी वे लोग बहुत इज़्ज़त करते थे, उसके कारण ही तो उन्हें खोया राज्य वापस मिला था। वे उसे लेकर सैर करने चले जाते। जब ख़ुश होती तो दोनों को बड़ा सन्तोष मिलता।

परी जब ख़ुश होती तो कहा करती, "तुमने मुझे सारी सुख-सुविधा, इज़्ज़त, सम्मान दिये हैं, फिर भी पता नहीं, मुझे क्या हो जाता है! जब भी स्वर्ग की याद आती है तो सारी दुनिया बेकार लगती है, कुछ भी अच्छा नहीं लगता और मन होता है कि कहीं एकान्त में बैठकर रोती रहूँ। मुझे लगता है कि मैं यहाँ एकदम अकेली हूँ और मेरा कोई भी साथी नहीं है।" यह सब सुनकर राजा को जहाँ चिन्ता होती, मन में सन्तोष भी होता। अच्छा हुआ कि परी को अपने पंख लौटाने पड़े, नहीं तो वह

ऐसे समय ज़रूर स्वर्ग चली जाती। पता नहीं, फिर लौटकर आती भी या नहीं! परी के बिना अपने जीवन की वह कल्पना भी नहीं कर सकता था। तब उसकी ज़िन्दगी एकदम सूनी हो जाती और वह, हो सकता है, सब कुछ छोड़-छाड़कर संन्यास ले लेता। उसे विश्वास था, राज्य में सारी इज़्ज़त और व्यवस्था परी के ही कारण है।

मंत्रियों ने सलाह दी कि अगर छोटे राजकुमार विवाह कर लें तो छोटी रानी के साथ परी का मन लग जाएगा। उन्हें एक सहेली मिल जाएगी। इतने बड़े महल में बेचारी अकेली रहती हैं।

बात छोटे राजकुमार से कही गई तो उसने एकदम इनकार कर दिया। उसने बताया कि उसकी इच्छा कभी भी विवाह न करने की ही है। "मैं तो यों ही जीवन-भर बड़े भाई और भाभी की सेवा करना चाहता हूँ। कोई काम ऐसा नहीं करूँगा कि मेरा ध्यान इनकी सेवा से हटे।" हारकर बड़ा राजकुमार कोई और तरक़ीब सोचने लगा। उसने बड़े-बड़े ऋषियों और महात्माओं के दर्शन किये।

फिर सारे राज्य में इस सूचना से ख़ुशी की लहर दौड़ गई कि परी ने दो जुड़वाँ सन्तानों को जन्म दिया है—एक पुत्री और एक पुत्र। पुत्र राजकुमार जैसा था और पुत्री परी जैसी। घर-घर में उत्सव मनाए गए, सजावटें हुईं। दीवाली की तरह दीपक जले और अबीर की तरह लोगों ने एक-दूसरे पर फूल बनसाए। एक-दूसरे के गले लगे। राजा ने सारा ख़ज़ाना ही सारी प्रजा में बाँट दिया। कर्मचारियों के वेतन और सम्मान बढ़ाए गए। विद्वानों की सभाएँ हुईं और पुत्र का नाम विवेक और पुत्री का करुणा रखे गए।

धीरे-धीरे दोनों बड़े होने लगे। उनकी शिक्षा-दीक्षा और खेल-कूद में ही परी का अधिकांश समय निकलने लगा और उसे स्वर्ग की याद भी अब कम आने लगी। राजा भी अब अपना सारा समय परी और बच्चों की ही संगति में बिताने लगा। राज्य का ज़्यादातर काम अब छोटा राजकुमार ही देखने लगा।

एक दिन परी ने देखा कि राजा के चेहरे पर बड़ी बेचैनी छाई हुई है। वह बहुत घबराया हुआ सतखंडे की छत पर इधर-से-उधर अकेला चक्कर लगा रहा है। उसके मन को शान्ति नहीं है। चेहरे पर एक भाव आता है, एक जाता है। परी ने देखा तो डर गई। उसे लगा कि आज ज़रूर कोई अनिष्टकारी बात है। उसने पूछा, "आज क्या बात है, तुम बहुत परेशान दिखाई दे रहे हो?"

राजा इस तरह चौंक गया जैसे चोरी करते पकड़ा गया हो! उसने मन का भाव छिपाते हुए कहा, "नहीं तो, कोई भी बात ऐसी नहीं है। दोनों बच्चे किधर चले गए? ज़रा उनका ध्यान रखा करो।" परी को उसकी बात में कुछ अजीब-सी ध्वनि लगी। उसने राजकुमार की आँखों में झाँककर पूछा, "कोई ख़ास बात है क्या? तुम ज़रूर कोई बात छिपा रहे हो। तुम जानते हो, मैं परी हूँ, और मुझसे कोई बात छिपी नहीं रह सकती।"

राजा पहले तो घबराया, पर तभी उसे ख़याल आया कि परी झूठ बोल रही है। अब वह परी नहीं, साधारण रानी है। ग़ुस्से से बोला, "तुमसे जो कुछ कहा गया है, उतनी बात ध्यान रखो। बेकार मेरी चीज़ों में टाँग अड़ाने की कोशिश मत करो। राज-काज के बीसियों मामले हैं, सभी तुम्हें बताए जाएँ, यह ज़रूरी तो नहीं है। तुम बच्चों का ख़याल रखो।"

परी ने ग़ौर से देखा—क्या यह वही राजकुमार है? उसे राजा का चेहरा भी बदला-बदला नज़र आया। उसने दृढ़ता से कहा, "इतना मैं भी समझती हूँ, कि यह राज-काज का मामला है। जब-जब भी कोई परेशानी की बात आई है, तुमने हमेशा मुझे बताया है। इस बार भी मैं शायद कोई हल निकाल सकूँ। राजकुमार, तुम मुझे बदले हुए दिखाई दे रहे हो।"

राजा झुँझलाकर भड़क उठा, "बदलूँ नहीं तो क्या वही पहले वाला बच्चा बना रहूँ? मैंने कह दिया न कि यह मामला तुम्हारे जानने का नहीं है। तुम नीचे जाओ और अपना काम देखो। मैं आज ही उसे ठिकाने लगा दूँगा।"

परी चौंकी, लेकिन उसने शान्त भाव से राजा के पास जाकर उसके कन्धे पर हाथ रखकर पूछा, "राजकुमार, किसे ठिकाने लगाने की बात सोच रहे हो?"

राजा ने सोचा कि क्या वह एक भी काम अपने मन से नहीं कर सकता? हर बात की सूचना उसे परी को देनी होगी? तब तो वह केवल कठपुतली रह गया, असली राज-काज तो परी के हाथों में ही रहा। उसने दूर जंगल की ओर देखते हुए दाँत पीसे—"मैंने कहा न, मेरी बात में मत बोलो। जो ग़लती मैंने अपनी सारी बातें उस नीच को बताकर की हैं, अब उसे नहीं दुहराऊँगा। बड़ा साधु बनता है, ज़िन्दगी-भर मेरी सेवा करने की बात कहता है। अब मेरे साथ ही धोखा कर रहा है। सच है, राज-काज में किसी का विश्वास नहीं करना चाहिए।"

"किसके विश्वासघात की बात कर रहे हो? कौन है वह? छोटे राजकुमार?"

"हाँ-हाँ, वही। मुझे पता चला है कि सेना के साथ मिलकर वह मेरा तख़्ता पलटना चाहता है। मेरे ख़िलाफ़ पड़ोस के देशों से सहायता ले रहा है। कौन किसका भाई है। मैं तो आज ही उसे ठिकाने लगाता हूँ।"

परी ने उसे समझाना चाहा, "नहीं राजकुमार, किसी ने तुम्हें ग़लत ख़बर दे दी है। मुझे भी तो एक बार छोटे राजकुमार से बातें कर लेने दो। मुझे तो लगता है कि वह सचमुच साधु है। राजकुमार, ऐसा कोई काम न कर बैठना कि ज़िन्दगी-भर को पछताना पड़े।"

"हाँ-हाँ, तुझे तो सब साधु लगते हैं। मुझे उपदेश देने की एकदम ज़रूरत नहीं है। मुझे किसी ने ग़लत ख़बर नहीं दी। मैं आज ही रात को उसके टुकड़े-टुकड़े कराके फेंकता हूँ। सारा इन्तज़ाम पक्का हो गया है।" राजकुमार राक्षस की तरह हँसा।

परी भीतर से दहल गई, लेकिन हिम्मत करके बोली, "राजकुमार, जब तक छोटे राजकुमार से मैं नहीं मिल लूँगी, तुमको ऐसा नहीं करने दूँगी। अगर ऐसा किया तो मैं सारी प्रजा को बता दूँगी कि तुम हत्यारे हो...।"

राजा का हाथ तलवार पर चला गया, "हाँ, तुझे मुझसे क्या लेना-देना? तू तो स्वर्ग की रहने वाली है न! लगता है, तू भी उस नीच से मिली हुई है। वह मुझे मारकर राजा दुर्दमनसिंह की तरह राज्य करना चाहता है। मेरे बाद वह मेरी सन्तान को छोड़ेगा? मेरे पिता, बड़े महाराज ने छोटा भाई समझकर विश्वास करने की जो ग़लती की थी, मैं उसे दुहराने नहीं दूँगा। मैं साँप को दूध पिलाकर क्यों पालूँ? मैं आज ही रात उस हत्यारे की हत्या कर दूँगा। न रहेगा बाँस, न बजेगी बाँसुरी।"

अब परी ने निडर भाव से जवाब दिया, "छोटे राजकुमार ने मुसीबत में जिस तरह साथ दिया है, तुम उसकी बात भी तो सोचो। तुम्हारे चाचा ने जो किया, वह सारे छोटे भाई करें, यह कोई नियम नहीं है। वे चाहते तो क्या उसी समय अपना राज्य अलग नहीं बना सकते थे? देखो राजकुमार, मैंने तुमसे विवाह करते समय कहा था कि तुम कोई ग़लत काम करोगे तो मैं तुम्हारा मुँह नहीं देखूँगी। मुझसे तुम्हारा मुँह नहीं देखा जा रहा। पहले तुम मुझे अपने बच्चों को लेकर जहाँ मन हो, निकल जाने दो, इसके बाद जो मन हो, सो करना।"

"लगता है, तुम्हारे भी पर निकलने लगे हैं। तुम भी उससे मिल गई हो। उसने तुम्हें जो भी लालच दिया हो, लेकिन याद रखना कि बच्चों को बिलकुल ज़िन्दा नहीं छोड़ेगा।" राजा का चेहरा अविश्वास और ग़ुस्से से भयानक हो गया।

परी अपमान से तिलमिला उठी, "मुझसे तुम्हारा मुँह देखा नहीं जा रहा राजकुमार, एकदम राक्षस का मुँह हो गया है। दाँत बाहर निकल आए हैं, आँखों में ख़ून उतर आया है..." और परी एकदम मुड़कर तहख़ाने की ओर दौड़ी।

"ठहर, अभी तुझे राक्षस का मुँह दिखाता हूँ।" राजा नंगी तलवार लिये हुए उसके पीछे दौड़ा। उस समय न उसे अपने भले का होश था, न बुरे का। वह पागल हो गया था।

परी ने भागकर भीतर से तहख़ाने का दरवाज़ा बन्द कर लिया। पहले तो राजा दरवाज़े को ठोकरों और घूँसों से पीटता हुआ उसे गालियाँ देता रहा और चीख़-चीख़कर परी को निकल आने को कहता रहा। भीतर से परी बस यही कहती थी, "मुझे अपना राक्षसी चेहरा मत दिखाओ।" उसका मन हुआ कि तहख़ाने में आग लगवा दे। लेकिन उसने एक भारी-सा ताला लेकर बाहर लटका दिया और लोहार-बढ़ई बुलाकर बाहर से बड़े-बड़े लट्ठे ठुकवा दिये। कोई उसे फिर खोलकर न निकाल दे, यह सोचकर उसने ताली नदी में फिंकवा दी। 'इस हरामज़ादी की यही सज़ा है। अब मैं ख़ुद भी कभी नहीं खोल पाऊँगा।' उस समय उसके मन में बड़ी ख़ुशी हुई कि परी ने अपने पंख लौटा दिये थे, वरना इस समय वह कहीं यों हाथ

आती और वह यों इस बदतमीज़ी की सज़ा दे पाता? तब तो वह उड़कर स्वर्ग चली जाती...अब अच्छी तरह से स्वर्ग जाना...परी को भी तो मालूम हो कि कोई उसे सज़ा दे सकता है। और दाँत पीसता हुआ वह ऊपर आ गया मगर कुछ देर उसे लगता रहा जैसे परी के रोने की आवाज़ उसके पीछे-पीछे चली आ रही है।

ऊपर जाकर उसने तय कर लिया कि सारा इन्तज़ाम उसे अभी ही कर लेना है। तभी सेवकों ने आकर सूचना दी कि पुत्र विवेक और पुत्री करुणा का कहीं पता नहीं चल रहा है। सारा महल छान डाला गया, राजा अपने ख़ास सिपाहियों को लेकर छोटे राजकुमार के महल में पहुँचा और चारों ओर घेरा डालकर अन्दर पहुँचा। उसे बड़ा आश्चर्य हुआ कि वहाँ छोटा राजकुमार भी नहीं था। भूखे शेर की तरह राजा ने एक-एक कमरा, तहख़ाना, खिड़की, दरवाज़े, छत और मीनारें सब देख डालीं, लेकिन न कहीं छोटे राजकुमार का पता चला, न पुत्र-पुत्री का। इसका मतलब कि तीनों ही साथ ग़ायब हो गए हैं। पता नहीं, पुत्र और पुत्री अभी तक जीवित हैं या ठिकाने लगा दिये गए! दुख और ग़ुस्से से राजा आपे से बाहर हो गया। सेवकों और पहरेदारों से पूछताछ की गई, उन्हें मारा-पीटा गया, लालच और प्रलोभन दिये गए, मगर कोई नतीजा नहीं निकला। केवल इतना पता चला कि जब परी और राजा सतखंडे पर बातें कर रहे थे तभी एक बहुत पुरानी दाई नीचे खड़ी थी। हो-न-हो, उनके भागने में इसका ज़रूर हाथ है। जाँच-पड़ताल से यह भी मालूम हुआ कि वहाँ से भागकर दाई छोटे राजकुमार के यहाँ गई थी। शक पक्का हो गया। बहुत कोशिशों के बाद भी जब दाई ने कुछ नहीं बताया तो ग़ुस्से से अन्धे राजा ने उसे हाथी के पाँव के नीचे कुचलवाकर मरवा डाला।

सन्तान की याद और फ़िक्र में राजा कई दिनों बहुत दुखी रहा, चुपचाप रोया भी। ज़रूर छोटे राजकुमार ने उन्हें मरवा दिया है, लेकिन वह भागकर कहाँ गया है, इसका पता कैसे चले? उसने जासूस छोड़े, इनाम की मुनादी कराई कि जो भी छोटे राजकुमार को ज़िन्दा या मरा हुआ ला देगा, उसे मालामाल कर दिया जाएगा। ज़रूर वह किसी दुश्मन के साथ मिलकर राजा पर हमला करने की योजना बना रहा होगा। राजा ने सैनिकों के दल-के-दल सरहदों पर पहुँचवा दिये, चौकियों के पहरे कड़े कर दिये गए। कुछ लोग हैं जो उसके राज्य में उसके ख़िलाफ़ काम कर रहे हैं, यह भय उसे चौबीसों घंटे सताने लगा। समझ में नहीं आता था कि क्या करे!

भीतर से राजा इतना डर गया था कि उसने फ़ौरन ही फ़ौजों को तैयार होने का हुक्म दिया। ख़ज़ाने का अन्धाधुन्ध रुपया ख़र्च करके हथियार बनाने के नये-नये कारख़ाने चालू किये गए। बीस साल से ऊपर के सारे नौजवानों को ज़बरदस्ती फ़ौज में भर्ती कर लिया गया। जिस पर ज़रा भी शक होता या जो ज़रा भी विरोध करते उन्हें या तो मरवा डाला जाता या पकड़कर जेल में ठूँस दिया जाता। लम्बी सेवा के बाद जिन सैनिकों और सेनापतियों को पेंशनें दे दी गई थीं, उन्हें वापस

बुला लिया गया। ज़रूर पड़ोस के किसी राजा ने छोटे राजकुमार को अपने यहाँ शरण दी है और अब किसी भी समय उस पर हमला हो सकता है, यह सोचकर उसने ख़ुद ही पड़ोस के सबसे बड़े राज्य पर हमला बोल दिया।

पड़ोसी राज्य इस हमले के लिए तैयार नहीं था। वहाँ के लोग इस अचानक मुसीबत में ऐसे घबरा गए कि ठीक से अपना बचाव भी नहीं कर पाए। थोड़ी-बहुत लड़ाई हुई। राजा वीर और योग्य तो था ही, उसने लड़ाई जीतकर राज्य पर अपना अधिकार कर लिया। वहाँ का राजा मार डाला गया, लेकिन छोटे राजकुमार का वहाँ भी कोई पता नहीं चला। तब राजा ने दूसरी सरहद के राज्य पर हमला किया और उसे भी जीत लिया। आख़िर वे सब ग़ायब कहाँ हो गए, इस ग़ुस्से और जीत के नशे में चूर हमलों-पर-हमला करता गया। इस तरह उसका राज्य बढ़ता गया और वह चक्रवर्ती सम्राट कहलाने लगा।

लेकिन हर राज्य को जीतने के बाद उसे लगता था कि कहीं तहख़ाने से किसी के रोने की आवाज़ आ रही है, मानो उससे कोई कहता रहता था—'राजकुमार, तुमने मेरी और मेरे बेटे-बेटी की क्या हालत कर दी?' और इस आवाज़ को न सुनने के लिए वह फिर नया हमला कर देता। इस तरह भाग-दौड़ और लड़ाई-चढ़ाई में न तो उसे पुत्र-पुत्री की याद करने की फ़ुरसत मिलती और न परी की रोती आवाज़ सुनाई देती। सारा दिन घोड़े-हाथियों पर और सारी रात मंत्रियों के साथ सलाह-मशविरे या घायलों की चीख़ें, क़ैदियों की फ़रियादें सुनने में ही बीत जाती। मन में उसे विश्वास हो गया कि वे लोग या तो कहीं जंगल में जाकर मर-मरा गए या किसी ने उन्हें मार डाला। नये-नये राज्य, धन-दौलत, फैलती हुई कीर्ति और ताक़त के मद में उसे अब ध्यान भी नहीं आता था कि उसके कोई पुत्र-पुत्री, भाई या पत्नी भी थे। बस, कभी जब वह थककर सो रहा होता तो उसे ऐसा लगता, जैसे किसी की कराहने की आवाज़ आ रही है। और जब आँखें खोलता तो कोई भी नहीं होता। फिर उसे नींद नहीं आती। अब उसके राज्य के तीन ओर समुद्र और चौथी ओर पहाड़ थे, इसलिए आगे जीतने का भी कोई सवाल नहीं था।

अब उसे लगता, जैसे करने के लिए कोई काम ही नहीं रह गया। मन बहुत उदास और ऊबा रहता। एक बार मंत्री ने समझाया, "महाराज, अब जो हुआ, उसे भूल जाइए। राज-काज में बहुत-कुछ अच्छा और बुरा भूलना पड़ता है। कोई अच्छी-सी सुन्दरी देखकर पुन: विवाह कीजिए, ताकि वंश आगे बढ़े और युवराज आएँ।"

सम्राट को आजकल बड़ी थक़ान लगती रहती थी, और ऐसा महसूस होता रहता, जैसे वह बूढ़ा हो गया हो। मंत्री की बात पर उसने विचार किया और सोचा, शायद इससे उदासी कुछ कम होगी...वरना हमेशा कहीं हल्की-सी वही आवाज़ सुनाई देती रहेगी और उसे हमेशा लगता रहेगा जैसे अपनी पत्नी, पुत्र-पुत्री और भाई को उसने अपने हाथों से मार दिया है। विवाह किससे किया जाए? इच्छा हुई

कि शीशे में देखे कि इस विजय और साम्राज्य की थकान ने उसको कैसा बना दिया है? उसने शीशा मँगवाया, मुँह के सामने किया...थोड़ी देर आँखें फाड़कर शीशे में देखता रहा और फिर आश्चर्य और अविश्वास से उसका मुँह जैसे खुला रह गया...शीशे में चेहरे की कोई परछाईं ही दिखाई नहीं देती थी। इधर से देखा, उधर से देखा लेकिन शीशे में कोई छाया नहीं थी। शीशा हाथ से छूटकर नीचे जा गिरा...यह क्या हो गया? उसकी परछाईं क्यों नहीं दीखती है? घंटों सम्राट यों ही लकवा मारा-सा बैठा रहा, न कुछ सोचा, न अनुभव किया।

फिर धीरे-धीरे उसे ख़यालों ने आ घेरा। याद आया कि तहख़ाने की तरफ़ भागते हुए परी ने कहा था कि 'मुझसे तुम्हारा मुँह नहीं देखा जा रहा राजकुमार, एकदम राक्षस का मुँह हो गया है, दाँत बाहर निकल आए हैं, आँखों में ख़ून उतर आया है...' क्या सचमुच मेरा मुँह राक्षस का मुँह हो गया है? हो सकता है, उस बार शीशा देखने में कोई ग़लती हो गई हो। सम्राट ने दुबारा शीशा उठाया, आँखें मलीं लेकिन इस बार आश्चर्य और अविश्वास से नहीं, भय से उसकी साँस रुकी रह गई, सचमुच वहाँ कोई परछाईं नहीं दिखाई देती थी...शीशे में पर्दे, दीपदान, दरवाज़े, आसमान सब दीखता था, लेकिन सम्राट का चेहरा नहीं झाँकता था। डर से उसकी चीख़ निकलते-निकलते रह गई...उसने चोबदार को आवाज़ लगाई। और जब सब लोग आसपास जमा हो गए तो सहसा होश आया। किसी तरह कुछ कहकर सम्राट ने उन्हें हटाया, कहा कि उसकी तबीयत अचानक ख़राब हो गई है। फ़ौरन राज्य-भर के वैद्य-हक़ीम बुला लिये गए। उन्होंने बहुत तरह जाँच-पड़ताल की, लेकिन राजा को कोई रोग होता तो वे बताते। फिर भी अपनी-अपनी योग्यता जताने को उन्होंने दुनिया-भर की बीमारियाँ सम्राट में बताईं और हज़ारों तरह के उपचार, दवाइयाँ इकट्ठे कर दिये गए। सम्राट ने झुँझलाकर सबको भगा दिया। वह किसी को क्या बताता कि जो बात उसके दिल में पूरी ताक़त से फेंके गए भाले की तरह गड़ गई है, वह क्या है? शीशे में उसकी कोई परछाईं नहीं पड़ती। अब वह कैसे मालूम करे कि ख़ुद कैसा लगता है?

जब सब लोग उसे आराम करने को छोड़कर चले गए तो सम्राट को डर लगने लगा। यह अनहोनी बात हुई कैसे? क्या सचमुच उसका मुँह राक्षस का मुँह हो गया है? कैसे पता चले? किससे पूछे? यह बात पूछी भी तो नहीं जा सकती! वह सम्राट है, अपनी कमज़ोरी को दूसरों के सामने उजागर भी तो नहीं कर सकता। क्या परी ने सच ही कहा था कि 'तुम अपना मुँह ख़ुद भी नहीं देख सकोगे?' तो क्या उसने कुछ ग़लत किया है?

उसने अकेले रहना बन्द कर दिया। हमेशा वह शराब और नाच-रंग में डूबा रहने लगा। वह अकेला रह नहीं पाता था और दूसरों के सामने मुँह दिखाते शर्म आती थी। किसी को भी नहीं मालूम कि उसके साथ कैसी भीषण बात हो गई है।

उसे भीतर-ही-भीतर बेचैनी खाए जाती थी कि उसकी छाया शीशे में नहीं पड़ती। समझ में नहीं आता कि करे तो क्या? ऐसा तो न किसी के साथ देखा, न सुना। मन में यही बात उसके ऊपर भूत की तरह सवार थी कि उसके साथ बड़ी भयानक घटना हो गई है। न मालूम कैसे उसे यह भी विश्वास हो गया था कि तहख़ाने में उसने परी को ही बन्द नहीं किया, पुत्र और पुत्री को भी बन्द कर दिया है, अपने हाथों से उन्हें मार दिया है। इच्छा होती कि तहख़ाना खुलवाए और जाकर देखे कि उसमें कौन-कौन है। उसे मालूम था कि परी दो-तीन दिनों में ही भूखी-प्यासी मर गई होगी, अब तक उसके ज़िन्दा रहने का कोई सवाल ही पैदा नहीं होता। मगर फिर भी उसे लगता कि हो न हो, वह अभी तक ज़िन्दा है और उसे तहख़ाने की तरफ़ देखने या उसकी बात सोचने में भी डर लगता।

एक बार उसने बहुत घुमा-फिराकर यह बात अपने मंत्री से पूछी, "मंत्री, क्या हम अब अपने चेहरे से बहुत बदले हुए लगते हैं?" उसकी हिम्मत नहीं हुई कि पूछे कि क्या मैं राक्षस जैसा लगता हूँ?

मंत्री ने फ़ौरन ही जवाब दिया, "नहीं महाराज, आप चक्रवर्ती सम्राट हैं। आपके तेज़ के सामने बड़े-बड़े राजा-महाराजा सिर नहीं उठा पाते। कोई आँख नहीं मिला पाता। आपका मुख साक्षात् इन्द्र का मुख है...!"

"बकवास बन्द करो!" सम्राट ने उसे डाँट दिया और किसी तरह ग़ुस्से को पी गया। मन हुआ कि अभी इसे सूली पर चढ़ा दे...झूठा, चापलूस। यह बदमाश अपनी जान के डर से सच नहीं बोल सकता कि मेरा मुँह राक्षस का मुँह हो गया है। अब सम्राट को लगने लगा कि चापलूसी और ख़ुशामद में सब लोग उससे झूठ बोलते हैं, सच बात कोई नहीं बताता। ये लोग हर मामले में झूठ बोलते होंगे। सब जाल-साज़, झूठे और मक्कार हैं। जब विभागों के मंत्री, राज्य के कर्मचारी और सेवक आकर सम्राट को सूचना देते कि चारों तरफ़ किस तरह की ख़ुशहाली, सुख-चैन और व्यवस्था है और सारी प्रजा कैसे सम्राट की जय-जयकार कर रही है और उन्होंने अपने राज्य का प्रबन्ध कितने योग्य व्यक्तियों पर छोड़ रखा है तो सम्राट को याद आ जाता कि ये सब-के-सब एक सिरे से झूठे हैं। सिर्फ़ अपनी तारीफ़, तरक़्क़ी और धन लेने के लिए ये सब मनगढ़न्त बातें करते हैं। सम्राट को लगने लगा कि वह एकदम ग़लत लोगों से घिरा हुआ है और कोई भी उसका सच्चा मित्र नहीं है। वह बहुत ही अकेला है।

आख़िर सम्राट क्या करे? कोई भी तो उसे नहीं बताता कि उसका चेहरा कैसा है? अपना चेहरा उसे दिखाई नहीं देता। वह सुन्दर लगता है या कुरूप, वह राक्षस दीखता है या देवता, वह बूढ़ा लगने लगा है या जवान...इस बात को जानने का कोई तरीक़ा उसके पास नहीं है। किसी से पूछो तो वह सच नहीं बताता। सब सम्राट का मन और अपना स्वार्थ देखकर बातें करते हैं। फिर दूसरों के बताने से कहीं अपने

चेहरे के बारे में पता चलता है? वह तो ख़ुद ही देखकर जाना जा सकता है। और चेहरा है कि दिखाई नहीं देता। शराब या पानी पीते समय आँखें अपने-आप एकदम बन्द हो जातीं; उसे मालूम था कि उसकी परछाईं पानी में नहीं पड़ेगी। वह भूले से भी किसी शीशे के सामने से नहीं गुज़रता। यहाँ तक कि उसने नहाना बन्द कर दिया...कहीं पानी में झाँके और पाए कि उसकी तो कोई परछाईं ही नहीं पड़ती। जो बात आज सिर्फ़ उस तक छिपी है, कल उसे सारे सेवक-कर्मचारी जान जाएँगे। लेकिन लगता है कि मन की यह बेचैनी उसे पागल बना देगी। उसे हमेशा ऐसा महसूस होता कि वह कहीं गहराई में डूबा जा रहा है और उसकी साँस घुट रही है।

इस पागलपन से बचने के लिए उसने लम्बे-लम्बे शिकारों पर जाना शुरू कर दिया, एक-से-एक भयानक खेल-तमाशे अपने राज्य में शुरू कराए, ताकि मन इन्हीं में उलझा रहे और इस बात का ध्यान ही न आए कि उसकी परछाईं नहीं दिखाई देती। उसे निहत्थे आदमी और शेर की लड़ाई देखना बड़ा अच्छा लगता; जब ग़ुलाम एक-दूसरे के शरीर में भाले घोंपकर मारते, ज़िन्दा अपराधियों को गड़वाकर कुत्ते छुड़वाए जाते या उन्हें ज़ंजीर से बाँधकर हाथी से घसिटवाया जाता, गाँव जलाए जाते तो उसका मन बहला रहता, वह जोश में आ जाता और कभी खिलखिलाकर हँस पड़ता। तभी उसे लगता, जैसे जोश में उसका चेहरा राक्षस हो गया है, उसकी हँसी राक्षस की हँसी है। उसकी हँसी एकदम बीच में रुक जाती और सारा जोश ठंडा पड़ जाता। उसे कौन बताए, किस वक़्त वह कैसा लगता है? और तब वह अपने हार, मुकुट, मणिबन्ध सब इस तरह उतारकर फेंक देता, जैसे ये सब उसका गला घोंट रहे हों!

उसकी हालत बुरी होती जा रही थी। खाना खाते-खाते उसका हाथ रुक जाता और उसे कहीं से परी की कराह सुनाई देने लगती। रात-रात-भर नाच-गाना देखते वक़्त अचानक उसे ख़याल आ जाता कि आसपास के शीशों, झाड़-फ़ानूसों में हर आदमी की परछाईं दप्-दप् झिलमिलाती है, केवल उसकी परछाईं नहीं है और तब बेचैन होकर अकेले में चला जाता। लेकिन अकेलापन पाते ही उसे डर लगने लगता। झूठे और मक्कार लोगों से घिरे हुए वह कब तक अपने को सुरक्षित अनुभव कर सकता है? पता नहीं, कब कौन मार दे, उसे ज़हर दे दे या बाहर के दरवाज़े लगाकर ताला डलवा दे। इसके साथ ही सबसे ज़्यादा डर उसे अपने-आपसे लगता।

एक दिन उसके दरबार में एक साधु पकड़कर लाया गया। जटाजूट बढ़ाए, हाथ में कमंडल लिये, खड़ाऊँ खटखटाता वह रस्सों से बाँधकर दरबार के सामने पेश किया गया। अधिकारियों ने बताया कि यह राज्य का प्रसिद्ध डाकू है और आजकल साधु का वेश बनाकर प्रजा को ठग रहा है। सम्राट ने देखा कि पूरे साधु का ढोंग था। पहले तो उसे शक हुआ कि यह कहीं छोटा राजकुमार तो नहीं है? लेकिन काफ़ी जाँच-पड़ताल के बाद पाया गया कि नहीं, यह छोटा राजकुमार नहीं

है। सारी सभा की राय हुई कि इस ढोंगी को सीधे फाँसी पर लटका देना चाहिए। सब लोग ख़ुश भी थे कि जब इसे सूली पर लटकाया जाएगा या जलाया जाएगा तो राजा का एक दिन का मनोरंजन होगा। सम्राट ने पूछा—"बन्दी, तुमने यह ढोंग क्यों किया?"

साधु ने जवाब दिया, "महाराजाधिराज, मैं आपके सामने झूठ नहीं बोलूँगा। अब तो मुझे फाँसी ही होनी है। मरने से पहले आदमी को एक बार तो निडर होकर सच बोल ही देना चाहिए। मैं ही वह डाकू हूँ जिसने आपकी प्रजा में सालों से उत्पात मचाया हुआ है, और अगर मैं चाहता तो आज भी आपके चर मुझे पकड़ नहीं सकते थे। लेकिन मेरे गुरु ने एक बात बताई थी।"

सारी सभा के कान खड़े हो गए। साधु ने थोड़ी देर रुककर कहा, "मेरे गुरु ने कहा था कि हर आदमी के भीतर हज़ारों शक्लें होती हैं। उसका मन इन शक्लों का गोदाम है। अगर वह अपना असली चेहरा छिपा ले, उसे बिगाड़ डाले या उसका मोह छोड़ दे तो इस गोदाम से जो शक्ल चाहे चुनकर उसकी जगह लगा सकता है। महाराज, मैं पहले सीधा-सादा किसान था, सारे दिन खेती करता था। साँझ को मित्रों और परिवार वालों के साथ मन बहलाता था, मन्दिर में जाता था और धर्म-ग्रन्थ सुनता था। लेकिन आपके कर्मचारियों और प्यादों ने इतना तंग किया कि एक दिन गुस्से में आकर मैंने दो-चार का सफ़ाया कर दिया और जंगल में भागकर डाकू हो गया। इसके सिवाय कोई रास्ता ही नहीं बचा था। भोले-भाले किसान की शक्ल मुझसे छीन ली गई तो मैंने डाकू की शक्ल चुन ली। लेकिन उस शक्ल को शीशे में देखकर मुझे डर लगता था। मैं अपनी ही शक्ल से बचने लगा। होते-होते ऐसा हुआ कि मुझसे डाकू की शक्ल सही नहीं गई। मैंने अपने गर्व में एक भले आदमी का सिर काट डाला, लेकिन उस मरते हुए आदमी की आँखें मेरे भीतर इस तरह चिपक गईं, जैसे पत्थर पर खोदकर बना दी गई हों! आख़िर अपने-आपसे हारकर मैंने वह डाकू वाली शक्ल उतार फेंकी और साधु की शक्ल चुन ली। बस, अब आप मारिए या छोड़िए, सच बात यही है। मैं आज भी भीतर से वही पुराना किसान हूँ साधु की शक्ल भी मुझसे निभती नहीं है, क्योंकि मुझमें साधु जैसा कुछ भी नहीं है। मन होता है कि कहीं से फिर वही किसान वाली शक्ल मिल जाए तो उसे लगा लूँ। लोग अपने-अपने दुःख और आशाएँ लेकर मेरे पास आते हैं तो मैं उनकी बातें नहीं सुनता, सिर्फ़ अपनी पुरानी शक्ल खोजता हूँ।"

सम्राट ने आज्ञा दी कि साधु को छोड़ दिया जाए। इस आदमी को अपना चेहरा दीखता है, सम्राट को तो वह भी नहीं दीखता। मालूम नहीं, सम्राट के नाम से बैठा यह आदमी कैसा दिखाई देता है!

फिर सम्राट को लगने लगा कि वह कोई और है और सम्राट का चेहरा लगाए यहाँ बैठा है। छोटे राजकुमार की तरह वह भी कहीं से भागा हुआ आदमी है और

यहाँ आकर सम्राट बन गया है। किसान तो भरी सभा में यह कह सकता है कि वह भागकर डाकू बन गया था, अब साधु बन गया है। सम्राट तो किसी के सामने सच बात कह भी नहीं सकता कि वह तो नक़ली सम्राट है और असली व्यक्ति को तो उसने कहीं तहख़ाने में भूखा-प्यासा बन्द कर रखा है। लोगों को जो कुछ मालूम है, एकदम झूठ है। आसपास के धोखेबाज़ों और झूठों को सच बात बताकर वह क्यों ख़तरा मोल ले? अब तो जैसे वह झूठा है, वैसे ही आसपास वाले हैं। कोई भी तो उसका सच्चा साथी और मित्र नहीं है। यहाँ तो कब और किस तरफ़ से छुरा आकर उसे लगे और अगले दिन उसकी जगह कोई सिंहासन पर बैठा हो। सच्ची मित्र और साथी तो परी थी, सो...

और जब किसी तरह भी नहीं रहा गया तो बहुत हिम्मत करके उसने तहख़ाने के लट्ठे हटवाए, ताले तुड़वाए। बड़ी मुश्किल से दरवाज़ा खुला। राजा ने देखा और चौंककर उछल पड़ा—लगा, जैसे परी अपने पलंग पर गहरी नींद में सो रही है, मानो अभी-अभी सोई है। ख़ुशी से चीख़कर राजा पलंग की ओर दौड़ा तो परी की आँखें खुल गई। हँसती हुई वह उठी, "मुझे मालूम था कि मुझे मनाने तुम एक दिन ज़रूर आओगे, राजकुमार!"

आश्चर्य और आनन्द के साथ-साथ इस विचार से सम्राट की आँखों से आँसू निकल आए कि बेचारी को पता नहीं, कितना समय बीच से गुज़र गया है और वह अब राजकुमार नहीं रह गया है। बड़ी मुश्किल से उसके मुँह से इतना ही निकला—"तुम अभी तक जीवित हो हंसा, मेरी परी?"

परी ने मुस्कराकर कहा, "राजकुमार, मैंने अपने पंख भले ही स्वर्ग भेज दिये हों, लेकिन तुम यह शायद भूल जाते हो कि मैं परी हूँ और परी कभी नहीं मरती। तुम्हीं नहीं, बहुत से लोग परी को तहख़ाने में बन्द करके यही समझते हैं कि वह मर गई है, लेकिन वह हमेशा ज़िन्दा रहती है। आदमी ख़ुद अपने-आपको अपराधी समझता है, हत्यारा समझता है, लेकिन परी उसे माफ़ कर देती है। तुम मेरे लिए वही पहले वाले राजकुमार हो..."

"सच? परी, तुम सच कहती हो?" सम्राट पागलों की तरह परी के दोनों हाथ पकड़कर पूछने लगा। अचानक उसने देखा कि उसकी परछाईं परी की आँखों पर पड़ रही है, उसने घूमकर पीछे निगाह डाली तो दीवार पर लगे शीशे में उसकी छाया खड़ी थी। बरसों से शीशा साफ़ नहीं हुआ था और धूल जमी थी, लेकिन राजा की परछाईं पहचानी जा सकती थी। अब उसको ख़ुशी सँभालना मुश्किल हो गया, "अरे, इस शीशे में तो वही पहले वाला राजकुमार हूँ!" वह पागलों की तरह हँसने लगा।

अब परी ने चिन्ता से पूछा, "अरे, यह तुम्हें क्या हो गया, राजकुमार?"

"कुछ नहीं...कुछ नहीं...आज मैं किसी को भी नहीं बता सकता कि आज मुझे क्या कुछ मिल गया है। सारे धन-दौलत और राज्य जीतकर भी जिस गड़े काँटे को

दिल से नहीं निकाल पाया, वह मुझे आज किसी दूसरे के साथ हुई घटना लगती है। ऐसा सन्तोष तो मैंने वर्षों से नहीं जाना। लगता है, आज जैसे मेरे पंख निकल आए हैं, तुमने जो स्वर्ग लौटा दिये थे, वे ही मुझे मिल गए हैं और मैं उड़ने लगूँगा!"

और एक दिन सारी प्रजा ने सुना, सम्राट और सम्राज्ञी—दोनों अपने पुत्र विवेक और पुत्री करुणा को खोजने, छोटे राजकुमार से मिलने निकल गए हैं। किसी ने आकर उनका अता-पता दिया था।